面對崩盤 有底氣

全方位資產配置&理財規劃

股市崩盤是大賺一筆最好機會！只要你敢進場！有錢進場！
正確的資產配置，讓你在災難發生時，笑到最後。

吳盛富——著

作者自序
Foreword

資產配置的核心

本書是我從業十多年來所有投資心得與規劃經驗的總結。

《聖經‧馬太福音》第7章中有下面的描述：「把房子蓋在磐石上。雨淋、水沖、風吹，撞著那房子，房子總不倒塌。因為根基立在磐石上。」

資產配置的核心就是：把根基立在磐石上。

在理財上什麼叫做把根基建立在磐石上？這跟我幫客戶規劃的經驗就非常有關係了，我們先跟大家分享什麼叫做根基沒有建立在磐石上：投資市場有90％的時間會是震盪與平盤，只有10％的時間會是下跌的，而在財務規劃上，我們觀察一個組合是否優秀，就是在這10％下跌空頭的時間投資組合的表現。

而好的投資組合，遇到市場大崩盤時，可能不會下跌太多，甚至反而會上漲。

而什麼時候投資人最需要顧問？是市場大多頭，人人都是股神的時間？當然不是了。當人人都是股神，大家都獲利的時候，其實很少人會需要顧問的幫助，直到市場反轉為止。

在Covid-19前，筆者曾幫一位客戶做好資產配置，但是他認為這樣賺錢的速度太慢了，於是就加入了股友社，天天殺進殺出，直到Covid-19之後他

independent thinking 獨立思考

Investment Allocation

再次來找我，說他這幾年的時間內不僅僅沒賺到錢，反而還是大賠的。因為Covid-19來檢驗他投資的根基了，很遺憾他沒有把根基立好，Covid-19短短一個月的時間，把他2019年一整年賺的錢賠光，並且本金還承受了相當大的虧損。

而筆者在Covid-19時因為資產配置做得好，我還記得當時幾乎所有投資人都瞬間定格，而筆者當時卻沒有受到太大影響，反而可以逆勢加碼當時崩盤的股票。

可以貪婪的膽量與底氣

筆者在本書第一章要用實例分享波克夏最大交易回落（Max Drop Down）以及恐懼與貪婪的實務。我們追根究柢討論一個觀念：買股票或是買任何資產，我們要買貴，還是買便宜？

所有人的答案應該都是一致的：我們希望買便宜。

那什麼時候資產會比較便宜？是市場瘋狂上漲，景氣對策燈號紅燈且行情很熱的時候；還是市況冷清景氣面臨衰退，燈號藍燈的時候？

這個答案應該就是市況冷清，景氣面臨衰退的時候了。

商品	成交	漲跌	幅度
加權指	19830.88	1807.21	8.35%
台指近	19374	2152	10.00%
元大台灣 50	158.75	15.95	9.13%
統一價值成長 30N	23.49	1.86	7.34%
元大 S&P500	53.30	2.00	3.62%
群益 ESG 投等價 20+	16.32	0.04	0.25%
元大美債 20 年	32.20	0.92	2.94%
元大台灣價值高息	8.92	0.71	7.37%
台灣高鐵	28.90	0.95	3.18%
台積電	815.00	88.00	9.75%
聯電	49.95	2.95	5.58%

圖一：真正的空頭崩盤，下跌速度極快，並且兇猛，除非先準備，不然很難全身而退。　資料來源：ileader、作者整理

景氣不好面臨衰退的時候，因為股票崩盤，景氣不佳，大家都縮衣節食，自然也就不會消費，當消費降低，供給沒有降低太多時，那麼價格就會下跌了。股票就在這一種氛圍中，會有跳樓大拍賣的便宜價格可以撿。

但是如果我們的資產配置沒有做好，在面臨景氣崩潰的時候手上的股票、房子都不能賣個好價錢去買便宜的資產，這有什麼幫助？

筆者所說的資產配置的用意就下面一句話：別人恐懼的時候我要貪婪。但是當面對市場崩盤景氣衰退，我們要怎麼樣做才能有底氣貪婪？崩盤的那時候（熊市）我們口袋要有錢，面對2020年3月Covid-19產生的股災肆虐過後，滿地便宜與打到骨折的股票時，口袋裡面的錢那就是可以貪婪的膽量與底氣了。

筆者以最近發生一日股災的2024年8月4日來跟大家分享：

資產配置實務上做的就是當股災來臨時，所有股票價格都產生動搖的時候，它反而在那個時刻會顯現出它的特性：跟整個股票與大盤呈現反向的波動。當時台股期貨跌停，台積電在盤中也一度跌停，所有股票幾乎都是重挫。

面對這種大盤，覆巢之下無完卵，投資者怎麼留有一線生機？用一句大家都熟悉的話來說明：股票上漲，債券下跌；股票下跌，債券上漲。

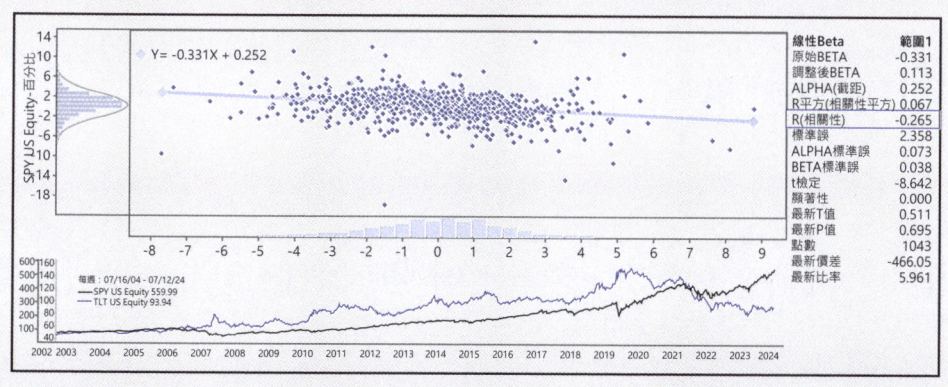

圖二：標普500ETF SPY 與美國長天期公債 ETF TLT 的相關係數。
資料來源：Bloomberg（2000年7月13日至2024年7月12日）

投資務必先思考最大的價格回落及違約。別忘了2024年8月的那一天，期貨跌停。Covid-19時是連續一星期指數都崩盤，崩到連媽都不認得。但那時候股票最便宜。

債券，最好是美國政府公債才能有效抵抗風險與波動。

學理上的經驗跟大家分享：美國長天期公債跟標普500的相關係數是-0.265。這在學理上是低度負相關，但是當市場價格崩盤風險來臨的時候，公債的效益就顯現出來了。

因為這時候股票都打折賣，如果這時候有現金，那麼我們可以直接用現金買進下跌的資產。而持有債券的人，這時候可以賣掉上漲的債券，去買下跌的股票，會不會比錢都放在銀行定存更有效率一些？

筆者是CFP認證國際理財規劃顧問，在2024年台積電上漲期間，無論在網路上、電視上、自媒體上都有許多少年股神的出現，他們不畏懼風險勇敢開槓桿向前，在筆者從業的經驗中，大約每幾年就會遇到一次這樣的狀況。

前一次2020至2022年之間有瘋狗流在市場上流竄，甚至有YouTube拍片說市場新手用500萬台幣在短短幾個月的期間市值來到了一億元。在2020時筆者也看過一些投機者押身家槓桿買GME（美股：遊戲驛站的股票），從賺幾千萬到把本金幾乎賠光的案例。當投資人求的是快與暴漲，那資產配置就沒有意義了。

但筆者相信不是每一個投資者都希望他的資產是暴漲暴跌，而是能緩步平穩地上漲，在本書中筆者會一一說明為了求穩健，我們應該具備什麼知識，我們要用什麼工具，我們怎麼判斷時間等。唯有經過深刻的思考與吸收，才能把知識變成實際行動，因為穩健的實際行動，才能取得穩健的投資成果。

回歸本質，資產配置的目的為何？就是面臨風險來考驗的時候。

因為我們把房子建立在磐石上,所以雨淋、水沖、風吹來考驗我們根基是否穩固的時候,我們因為做好配置,就得以穩固,不會動搖。

目錄 Contents

Foreword
作者自序 — P.004
資產配置的核心

01 獨立思考與數據的收集
從圍棋與哲學說起 — P.014
投資分析的哲學思辨方法 — P.022
波克夏的最大交易回落法（Max Drop Down） — P.028
恐懼與貪婪指數 — P.050
投資經驗筆記 — P.075

02 基礎投資理論與實務
資料網站分享 — P.088
政治干擾：2019 年 — P.100
疫情來時：2020 至 2021 年 — P.112
通膨作祟：2022 年至今（2024 年） — P.124
景氣衰退的訊息 — P.132

03 資產配置的原則
資產配置之目的 — P.144
資產配置之槓桿 — P.146
資產配置之股債 — P.155
資產配置之選擇對的國家——美國 — P.163
資產配置之選擇對的國家——印度 — P.174

Investment Allocation

04 保險
資產配置之保險	P.188
遠離投資能力低下的保險公司	P.189
資產配置之人身保障型保險	P.196
資產配置之理財型保險（傳統型）	P.204

05 不應忽視的結構型商品
結構型商品（FCN）的極端風險	P.214
FCN 之基本知識	P.220
FCN 的基本組合	P.225
FCN 在資產配置的功能	P.236

06 資產配置工具：債券、高股息股票、金融股、槓桿反向 ETF
資產配置實務之商品總覽	P.246
資產配置實務之債券	P.250
資產配置實務之高股息股票與存金融股	P.267
資產配置實務之槓桿反向 ETF	P.273

07 資產配置的實例
資產配置實務之投資心理	P.288
資產 1.5 億以上的配置	P.293
資產 1,000 萬至 1.5 億的配置	P.300
資產 1,000 萬以下的配置	P.305

08 總結
	P.310

Chapter 01
獨立思考與數據的收集

學而不思則罔，思而不學則殆，只有思考與學習並重，最後才能建立起自己的投資思考與決策體系。

從圍棋與哲學說起

《聖經》中有一句話：「萬事互相效力，叫愛神的人得益處。」意思是說過去的所有人、事、物都會轉換成幫助，成就我們在現在的工作事業上得到益處。

筆者在進入金融業之前，是非本科系畢業，大學念的是哲學，出社會後的工作是圍棋老師，表面上看起來風馬牛不相及，但是無論是哲學的思辨與圍棋的思路，都深深影響我的投資體系的建立。本書開頭第一章的第一個段落，筆者希望帶給讀者的是：筆者建立投資知識與判斷體系的底層邏輯與思考，說白話一點就是：思辨的能力，這在學習投資是重中之重。

思辨的重要

這一門功夫非常地難以表達，筆者盡其所能地透過文字的敘述，讓讀者能重新經歷我所經驗的，複製這種訓練方式，文史哲與圍棋的功夫。

呂世浩老師在TED上有一場非常棒的演講，裡面的觀念非常吸引我。

他提出了一個問題：「為什麼古代帝王將相，都以文史哲為帝王必讀的學問，而到了今天文史哲變成了背科，是陪襯的學科？」

古今到底發生了什麼事情？為什麼會有這樣的差異？

呂老師的回答：「因為方法不一樣，結果當然不一樣。」

現代的教育，是工匠養成的教育，讓你快速成為一個社會上有用的人。

而古代帝王將相的教育，是全人養成的教育，他重視的思辨的內在功夫，目的不一樣，當然養成的方法也不一樣。

呂老師在毓老師的門下，重新學習到了帝王之家訓練思辨方法的訣竅，方法很簡單，就是每一次讀到一段歷史，充分了解了人事時地物之後，蓋上書本，把自己當成書中的主角，在那一個時空中，我們面臨了什麼抉擇與挑戰？如果是我們，會怎麼去思考與判斷？

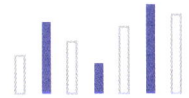

當進入了充分的思考與判斷之後,我們就會進行決策並且有相對應的行為與應對,這會不會跟歷史人物在當時的想法與實務不同,是否我們就能夠扭轉歷史?或是我們能比當時做得更好?

生活中,筆者非常喜歡看布袋戲,金光布袋戲中有一個角色非常吸引筆者,他是墨家鉅子默蒼離。他教導下一任墨家鉅子的方式單純,是思辨的教學方式。

默蒼離的教學方式是:不斷質問、質問、再質問,逼迫、強迫弟子去思考、思考、再思考,不斷地思考。重新回顧過去的思考與思考後決策與行為帶來的影響與結果,從中再次思辨,如果方法不一樣,是否結果會不一樣?有多少種可能?局勢是否會產生不同的變化?進而讓自己的思維更加深入與進步,透過持續思辨的功夫提升自己的智慧深度,跟現代教育使用的填鴨式教法完全不同。

默蒼離的名言:用思考代替發問。

是啊!用思考代替發問,投資上很多關於邏輯與體系的問題,也能透過這種思辨的方式得到提升,接下來就應用筆者在教圍棋上得到的思辨方式,幫大家做一個簡單的思考訓練。

瞭解圍棋規則與訓練思考

圍棋是與對手競爭,並且圍地取勝的遊戲;更直觀的一點,地多則取勝,並且如果能把對方都消滅,我們就能獲勝。

這是了解圍棋的第一堂課,也開展大家學習思考的第一步。

我們先了解圍棋吃子的基本規則,如圖 1-1:如果我們要把圖中的黑棋 A 吃掉,那我們需要四個步驟,分別是將黑棋 A 上下左右四個地方圍起來之後,就能夠順利吃掉將黑棋 A 了。

但是我們知道,要吃掉黑棋 A 需要四個步驟,那黑棋 A 會完全不知不覺坐以待斃嗎?現在我們就化身為白棋的角度思考這一件事情,因此棋局上的結果就會產生了變化。

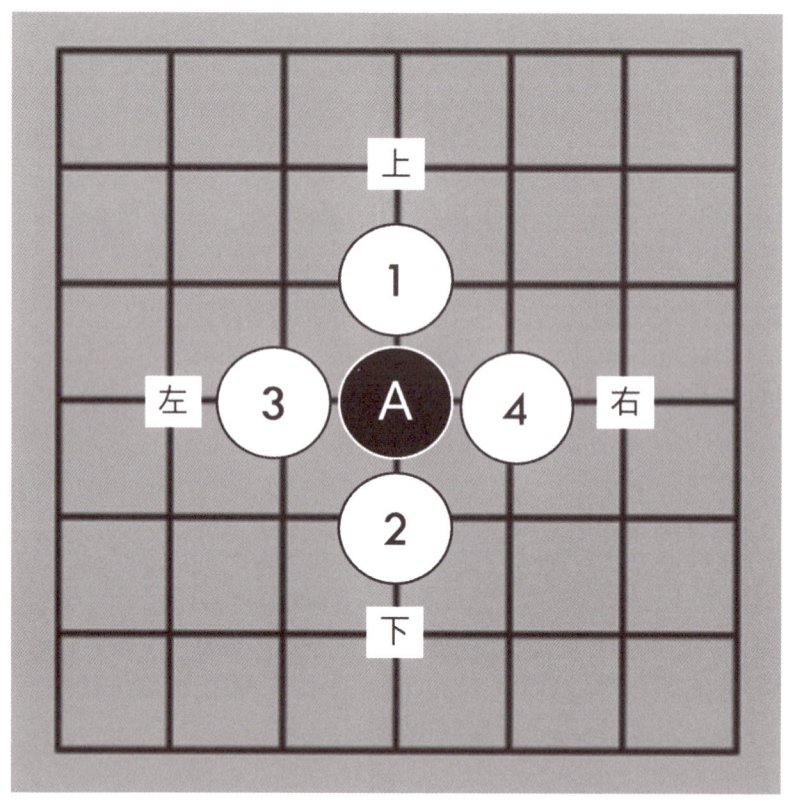

圖 1-1：將黑棋A上下左右四個地方圍起來之後，就能夠順利吃掉黑棋A。

資料來源：作者整理

第一層的思考練習：知己知彼，了解雙方的立場

圖 1-2 當白棋走到了第三步，就要思考黑棋不會坐以待斃的可能性，所以白棋當下了第三步之後，會自然而然要想到黑棋會逃跑這一件事情。

因此白棋只要思考就會得到下面的結論：

1. 當白棋下了第三步，打算收拾掉黑棋 A，黑棋自然而然地不會坐以待斃，會下黑棋 B（圖 1-2）這一步驟逃走。

2. 白棋下 3 這一個步驟，不能有效地消滅黑棋 A，因此白棋也能

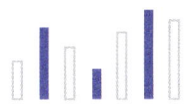

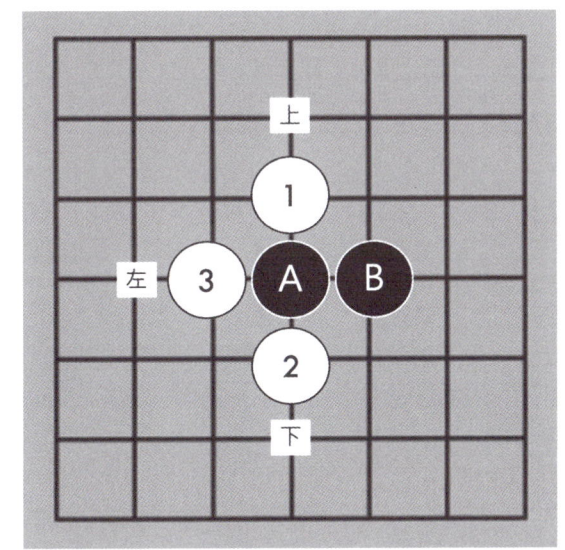

圖 1-2：如果現在我們化身為黑棋的一方，我們又能夠做什麼思考？

資料來源：作者整理

順便預測黑棋必然下黑棋 B 這一步驟。

3. 白棋如果要成功地消滅黑棋 A，必須要針對白棋下 3 第三步之後的後續做分析與判斷，這樣才能對後面消滅黑棋 A 做出預備。

以上光是一個白棋下步驟 3 這一手棋，一來一回，我們就思考了 3 個步驟以上，並且能分析效益與結果。除了白棋自己想要吃掉黑棋 A 這個立場以外，更能換位思考黑棋 A 的下一步會怎麼走。

第二層思考練習：換位思考

圖 1-2，如果現在我們化身為黑棋的一方，我們又能夠做什麼思考？所以現在我們把思考的立場轉換回黑棋。

當白棋進行了 1、2 兩個步驟之後，身為黑方就應該要能夠察覺下面的狀況：

1. 白棋有攻擊的意圖，並且進攻的方向有兩者，其中之一是 3 號位置攻擊，另外一個方向是 B 的位置進行攻擊。

2. 當黑棋能夠察覺白棋的意圖，我們就可以進一步分析逃跑是否為有效的步驟，所以必然的，我們思考當白棋進行 3 的位置進攻，黑棋會有 B 位可以逃跑，同樣的，如果白棋採取 B 位的進攻，黑棋可以進行 3 位置的逃跑。得知這個結論，我們就可以進行下一個步驟的思考。

3. 當白棋下了 1、2 兩位置準備進攻，黑棋已經能夠預先判斷白棋的下一步為何。經過分析之後，無論白棋從 3 位或是 B 位攻擊，都不能一擊必殺黑棋，黑棋都能有逃跑的手段，所以短期間內不用擔心白棋的進攻。

上面就是圍棋的思辨訓練，透過化身成為黑白棋雙方，進而猜測預判對方的下一步與我方的應對策略，以及進攻的有效與逃跑的方式，我們就能夠清楚知道棋局的走向，或是進行除了進攻以外其他的輔助手段（這又是另外一件事情了）。但是上面的簡單示範，我們已經進入了思辨的門。

第三層思考練習：同時身兼黑白雙方，比較應對效益與活用。

下面我們再舉一個例子跟大家分享：

圖 1-3 如果局面是下面一個狀況的話，我們該如何思考？我們先把自己化身為白棋，身為白棋我們的立場就是要進攻黑棋 A，我們就以這個立場思考進攻的方向。

思考的訓練是有步驟的，筆者把圍棋上面這個問題簡化成下面幾個步驟：

1. 先看清盤面，了解盤面的資訊。

2. 思考行棋的可能性與對方的應對。

3. 站在對方的立場思考，如果我是對方我會怎麼做？

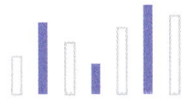

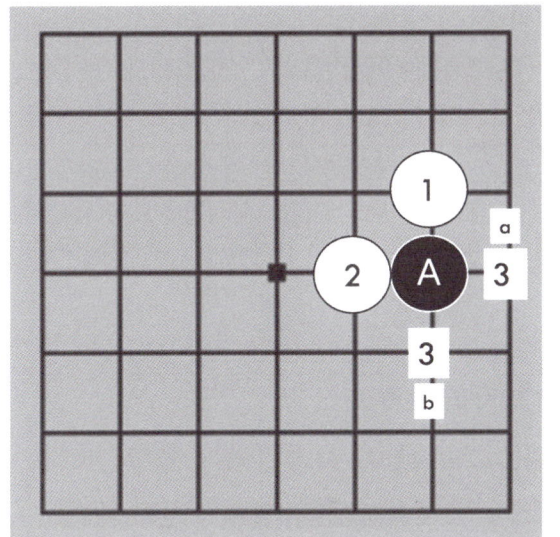

圖 1-3：身為白棋我們的立場就是要進攻黑棋 A，我們就以這個立場思考進攻的方向。

資料來源：作者整理

4. 從敵我雙方的反應與應對，就可以達成決策掌控盤面的走勢。

化身為白方思考

現在我們化身為白棋，首先我們要分析盤面與了解盤面資訊。

1. 盤面資訊解讀：跟最初我們學會的吃子四個步驟，目前已經進行到第二步驟：進攻的位置。

   原本的黑棋 A 從中心點跑到邊界上，位置不同會不會導致結果完全不同？

2. 目標是吃掉黑棋 A，白棋可以進攻的方向有兩個方向：3a、3b。3a 的進攻方向，黑棋會朝向 3b 的方向逃逸，被逼入邊境。3b 的進攻方向，黑棋會朝向 3a 的方向逃逸，逃入比較寬廣的方向。

化身為黑方思考

轉換立場成為黑棋的角度思考：黑棋即將受到攻擊，黑棋有二分之一的機率會被逼入牆角，這時候我們是否要提早準備，或是提早反制？如果不反應我們是否有萬全的機會逃跑？

思考完黑棋的立場之後，白棋必須要決定什麼時候發動攻勢，現在還是晚一點再發動攻勢，並且我們要決策從哪個方向發動攻勢才是有效的攻擊。

化身為黑白雙方的思考：

白棋：思考進攻的可能性與進攻的時機和方向。

黑棋：思考是否及早撤退避免損失，以及撤退的方向與可能性。

圍棋可說是牽一髮而動全身，那核心問題就在於現在換誰了。先發制人，後發制於人，在投資決策上也完全一樣。

圖 1-4 就是假設白棋先並且發動進攻的變化。很清楚的，如果我們身為白棋一開始就分析清楚，我們就知道下面所有的變化。

白棋的正確決策是：

1. 白棋會立刻發動進攻，斷絕黑棋的生路。
2. 白棋進攻的方向如圖 1-5，黑棋被逼入牆角之後就沒有生存的空間。
3. 現在盤面只有圖 1-3 單純的狀況，白棋下了 3b 位進攻之後，黑棋 A 必死，因此黑棋合理的決策是放棄黑棋 A，進行下一步的布局。白棋必須要衡量進攻黑棋 A 取得的戰果獲益較大，還是盤面上其他的進攻獲益較大，這又是後話了。

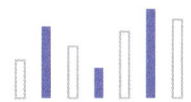

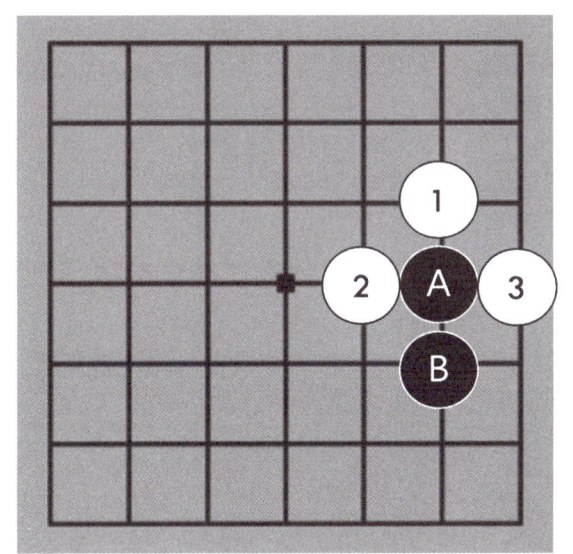

白子思考3的兩種選擇

黑子活路 白子出錯

圖 1-4：我們可以很清楚地看到，一旦進攻的方向是錯誤的，白棋就不能順利消滅黑棋，反而留了後患。　　　　　　　　　　　　　　　　　　資料來源：作者整理

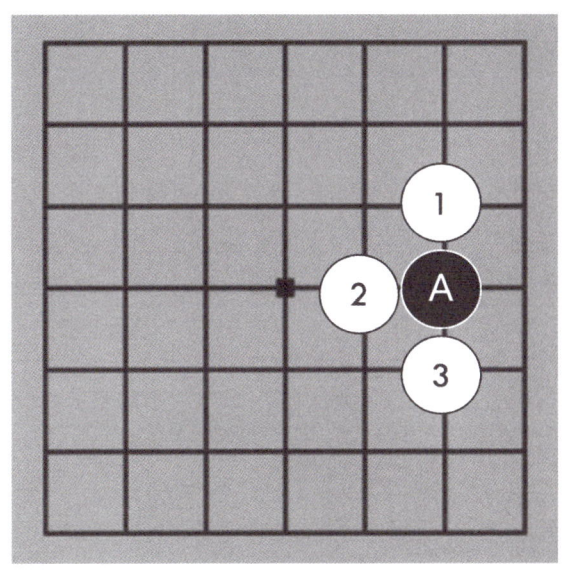

白子選擇3

黑子必死 棄子爭先

圖 1-5：黑棋如果遇到白棋選擇正確的進攻方式，那麼黑棋目前最佳的選擇就是放棄逃生，棄子爭先。　　　　　　　　　　　　　　　　　　資料來源：作者整理

獨立思考與數據的收集

在圖 1-5，白棋選擇正確的進攻方向，黑棋絕無逃生的可能，即使逃生了，最終也會被白子追殺至死，因此黑棋如果遇到白棋選擇正確的進攻方式，那麼黑棋目前最佳的選擇就是放棄逃生，棄子爭先。

透過上面圍棋兩個基本案例的分享與說明，我們就可以充分地知道什麼叫做思辨與分析的方法。

透過上面的圍棋思辨訓練，我們對投資邏輯與思辨會有一點基本的想法，咱們東方聖人孔子在《論語》中說：「學而不思則罔，思而不學則殆。」就是對我們後世的人提醒了思辨的重要，只是我們過去的教育中講求的是強記，而非思辨。

我們要怎麼把思辨放在建立投資哲學中？那就是下一個章節要分享的事情了。

投資分析的哲學思辨方法

哲學是愛智慧的學問，用一句話來說明什麼是哲學：能窮盡萬物的本源。哲學最終的目的是要解決一個問題：人從哪裡來，人往哪裡去。應用的方法與工具是思辨、邏輯、內觀、苦修等方法，在東海大學哲學系的訓練中，筆者學會的就是這一個精神與邏輯推論的方法。

在投資中的學問，如果要用一句話來概括就是：錢從哪裡來？錢往哪裡去？這些錢會造成什麼影響？並且投資的目標只有一個：就是賺錢、賺錢、賺錢，為了達到賺錢的目標，方法就五花八門了，基本分析、技術分析、籌碼分析、投資行為學、投資學、總經這些都是輔助我們做出投資決策的工具。

我們現在就延續前一個章節從圍棋歸納出來的邏輯與思辯方式，來看看這種方式如何應用在投資上。

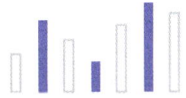

把圍棋的思考架構方式導入投資中

投資只有一個目的就是賺錢,但是在投資市場獲利的總是在少數,因此我們更需要精進我們的方法,我們就以圍棋的分析方法,應用在投資上。

投資思考的訓練是有步驟的,筆者把圍棋的分析與思考方法,應用在投資上並且用 4 個問題的詰問方式,簡化投資思考的流程,分別是下面幾個步驟:

1. 先思考現在的總經與政治經濟狀況,需要充分收集資訊。
2. 思考現在要投資的可能性與市場未來反應的應對。
3. 站在主力與大戶的立場思考,如果我是主力與大戶我現在會怎麼做?為什麼?
4. 預判市場的變化與我們投資的應對方法,就可以做出投資決策,並且監督掌控市場的走勢是否如我們預料。
5. 如果結果不如預期,做出調整與檢討,回頭去看哪一個步驟做得不夠確實,進而找出改進的方法。

上面就是筆者的思考邏輯與投資行為的基本方式,後面第二章我們再用過去的經驗跟大家分享,知道方法之後,筆者就用實務上的例子來跟大家分享。

筆者用 2021 年的一筆投資跟大家分享:勞斯萊斯的股票投資就按照上面的邏輯與方法和架構來分析勞斯萊斯這個投資的決策。

1. 先思考現在的總經與政治經濟狀況,需要充分收集資訊

個別的基本資訊:勞斯萊斯是一家英國公司,總部在倫敦。

勞斯萊斯最廣為人知的全球最高級的汽車品牌與賓利並列,除了豪華汽車品牌之外(汽車品牌已經出售給ＢＭＷ集團)。而筆者看上的不是汽車品牌,是飛機引擎。

常出國的人可能會注意到，全球的飛機引擎，只有三家巨型廠商，勞斯萊斯是全球第二大飛機引擎製造商，並且他很早就採取訂閱制度的創新商業模式。

關於勞斯萊斯的飛機引擎，天下雜誌曾經做過的報導，標題是《勞斯萊斯的傳奇競爭力》。

2021 年總經市場的盤面資訊：Covid-19 的發生，讓飛機的引擎行業瞬間急凍，僅剩下一點點的國防與基本需求。當時筆者有一個好朋友是做出國 Wi-Fi 機出租的行業，他跟筆者分享 2020 年 2 月營收還有 2 萬元，在 Covid-19 之前平均月營收在 300 萬至 500 萬元之間，到了 2020 年 3 月全球封鎖國境之後，他的 Wi-Fi 出租營收就直接歸零。

同理，勞斯萊斯當時也遇到了一樣的情形，他們的飛機引擎是按照飛行里程計算維修費用的（類似訂閱制）。當飛機都不飛了，營收獲利自然直接歸零。因此筆者觀察到原本股價在 300 元以上的勞斯萊斯崩盤，最低的時候只有 80 元附近，下跌的幅度高達 70% 以上。

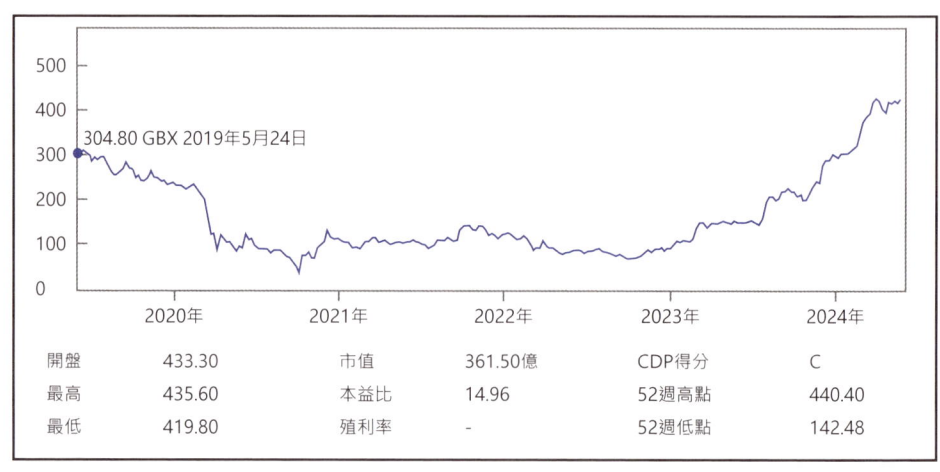

圖 1-6：勞斯萊斯股價受新冠疫情的影響而跌到谷底。　　　　資料來源：google

2. 思考現在要投資的可能性與市場未來反應的應對

首先針對勞斯萊斯自身公司的產業與競爭力,筆者問了自己一個問題:勞斯萊斯這一個具江湖地位的廠商,有可能在疫情之後發生天翻地覆的變化,失去世界第二的地位嗎?

根據當時筆者收集很多已知與未知的訊息之後,筆者自己回答自己,不會。因為飛機引擎是一個高度專業的行業,它需要非常強大的妥善率與信任,並且後面的競爭者如果要加入,需要花費數十年的認證與安全檢查,才有可能進入這一個產業。即使後進者進入了,更需要花費幾十年的時間取得客戶的信任,很難在疫情發生的短短幾年內,產業發生巨大的變化。

其次,2021 年下買股票決策之前,環境上已經發生了扭轉情況的可能性:2020 年 11 月美國總統大選塵埃落定後隔天,美國總統宣布美國食品藥物管理局(FDA)同意 Covid-19 疫苗正式發表,並且可以商業應用施打在人體身上,因此原本完全封禁的邊界,在不遠的將來有非常高的機率會回復到 Covid-19 之前的狀況。

雖然我們不知道時間需要多久,但是可以肯定勞斯萊斯的股票是相對便宜的。

3. 站在主力與大戶的立場思考,如果我是主力與大戶,我現在會怎麼做?為什麼?

如果我是公司經營者,面對 2021 這一個環境我會做什麼?英國政府會做什麼?筆者給自己的思考是,我知道的訊息勞斯勞斯官方也會知道,總有一天他們會重新回到榮耀,那麼現在需要做的事情就是續命,等待時機先躺平比較不會中槍,因此資訊顯示勞斯萊斯在 2020 全球疫情期間裁員 9,000 人,降低支出讓公司撐過最難熬的幾年。

英國政府的態度會不會就放手讓勞斯萊斯倒閉?勞斯萊斯是一家英國的重要企業,如果真的發生問題,英國政府應該不會放手讓它倒閉,畢竟這家公司如果落入競爭對手,對整個英國都是不好的影響(這是筆者自己的臆測,不代表英國政府)。

4. 預判市場的變化與我們投資的應對方法，就可以做出投資決策，並且監督掌控市場的走勢是否如我們預料。

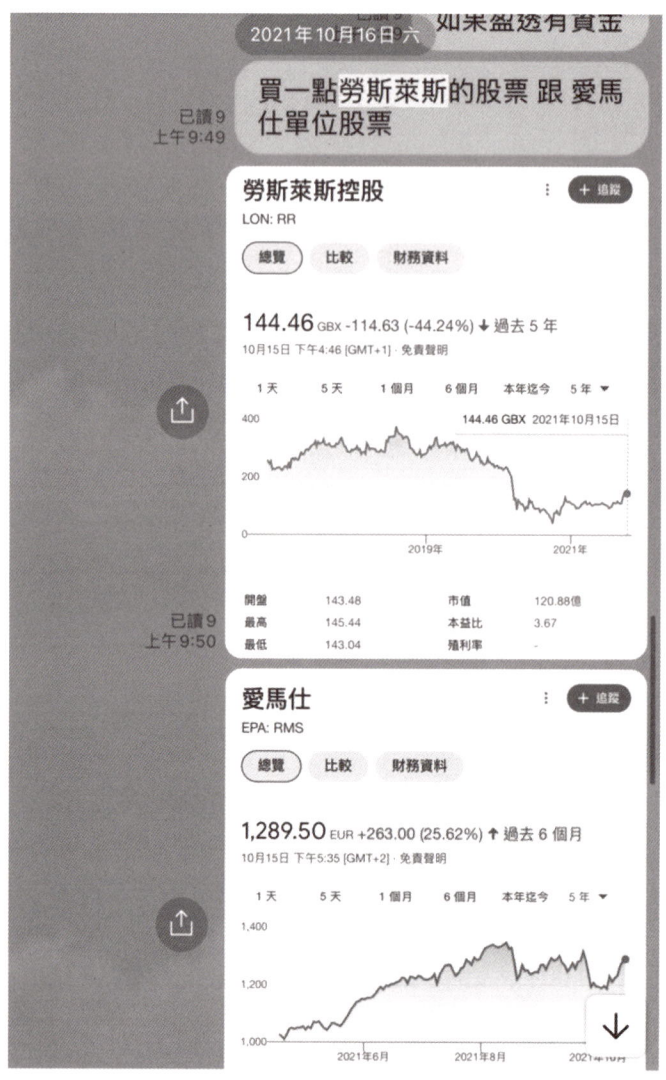

圖 1-7：分析情況後，決定買進勞斯萊斯。

資料來源：作者提供

因此當上面的核心思考細節與公司基本資料都收集完成，我們就要做出決策了，買或不買。如果決策是買：買多少？用哪個平台買？什麼時間買？相信實務上的問題就夠再燒一次腦袋。

最後筆者的決策是買，在 2021 年 10 月底分批執行，跟愛馬仕的股票一起買，交易平台是盈透證券。（PS：目前只有盈透證券能購買全球重要市場的股票、期貨、債券、衍生商品，是全球最大網路券商，信用評等 BBB 是投資等級。）

買入之後，2023 年 1 月再次跟客戶們分享，每一個買進的標的都應該持續追蹤。

我們持續追蹤，當然這一段期間勞斯萊斯的股價非常低迷，從買入到 2023 年 1 月仍是套牢的，但是在買進之前我們就能夠知道這一件事情，隨著 2022 年第四季，全球都解封了，民航機的引擎使用自然會回歸常軌，我們需要做的是等待，但是同一時間美股科技股、標普 500 是大漲的，而當時勞斯萊斯的報酬率仍然為負數。給筆者繼續持有下去的信心，是來自於前面深入的研究與思考。

到了 2024 年 5 月 24 日，勞斯萊斯是我們當初價格的 3 倍，不論是公司前景跟營收獲利，都比疫情之前更好，因此我們就考慮調節部分持倉部位了。

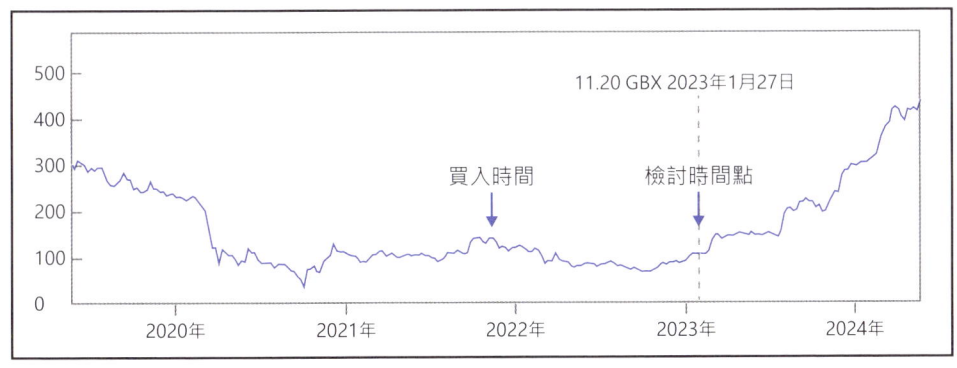

圖 1-8：買入及檢討決策的時間點。　　　　　資料來源：google、作者整理

上面勞斯萊斯這個案例，是成功的案例，但有成功就會有失敗，後面再跟大家分享筆者踩雷的經驗，每一次的投資都是經過同樣的架構，做過深度的思考，為什麼我們要這麼做？

　　跟大家分享一個簡單的數學：股票買進去之後不是上漲就是下跌，但是，如果我們毫無思考毫無分析就做出投資決策，那麼勝率為中立的數字，50％，這表示失敗的機率也是50％。每一次出手賺100元的機率是50％，賠100元的機率也是50％。但是大家別忘了，我們所有的買賣是有交易成本的，因此假設成本是1％，那我們每一次交易的期望值大致上會等於：每投資100元，我們能賺取99元，期望值是0.99。

　　當每一筆投資的期望值是負數，長期下來不虧錢都難，因為0.99的無限次方最後結果會非常趨近於零，也就像大家常常聽到的俗諺：十賭九輸。因為投資股票卻不提高勝率，最終就是會賠錢。

　　筆者就回歸一個最基本的問題，請問您投資的最終目的是什麼？

　　應該所有人的回答只會有一個：賺錢，那麼如果投資的行為跟賭博一樣，最終就是會賠錢，那您還投資嗎？ 不如洗洗睡，別貢獻交易手續費跟證交稅了。

　　《孫子兵法》有云：「多算勝，少算不勝，何況無算乎？」

波克夏的最大交易回落法（Max Drop Down）

　　筆者在投資生涯中勝率最高的策略就是波克夏海瑟威公司（Berkshire Hathaway）的MDD，截至2024年5月24日為止，這個方法的勝率是非常高的。筆者在學習投資的過程中，跟著恩師葉怡成教授的量化分析，做出各種交易模型，包含基本面、技術面、籌碼面、新聞面等非常多的面向，無論是單一因子、多因子、混合數據因子，都有所涉獵，最終葉教授跟我說了一個結論：複雜的方法，績效未必好；簡單的方法績效未必壞。波克夏MDD就是一個簡單的方法，不太需要多專業就可以順利執行，並且賺到能夠合理計算的報酬率。

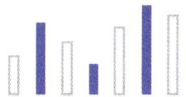

什麼是 MDD？MDD 是 MAX DROPING DOWN 的縮寫，中文直譯是最大交易回落。原理很簡單，當波克夏從歷史最高點回落，達到一定程度，我們就開始執行加碼買進的動作。同樣的我們回歸思考邏輯的架構，詮釋這個交易策略的核心。

表 1-1 1965 年至 2023 年波克夏投資報酬率

Berkshire's Performance vs. the S&P 500

Year	Annual Percentage Change in Per-Share Market Value of Berkshire	in S&P 500 with Dividends Included
1965	49.5	10.0
1966	(3.4)	(11.7)
1967	13.3	30.9
1968	77.8	11.0
1969	19.4	(8.4)
1970	(4.6)	3.9
1971	80.5	14.6
1972	8.1	18.9
1973	(2.5)	(14.8)
1974	(48.7)	(26.4)
1975	2.5	37.2
1976	129.3	23.6
1977	46.8	(7.4)
1978	14.5	6.4
1979	102.5	18.2
1980	32.8	32.3
1981	31.8	(5.0)
1982	38.4	21.4
1983	69.0	22.4
1984	(2.7)	6.1
1985	93.7	31.6
1986	14.2	18.6
1987	4.6	5.1
1988	59.3	16.6
1989	84.6	31.7
1990	(23.1)	(3.1)
1991	35.6	30.5
1992	29.8	7.6
1993	38.9	10.1
1994	25.0	1.3
1995	57.4	37.6
1996	6.2	23.0
1997	34.9	33.4
1998	52.2	28.6
1999	(19.9)	21.0
2000	26.6	(9.1)
2001	6.5	(11.9)
2002	(3.8)	(22.1)
2003	15.8	28.7
2004	4.3	10.9
2005	0.8	4.9
2006	24.1	15.8
2007	28.7	5.5
2008	(31.8)	(37.0)
2009	2.7	26.5
2010	21.4	15.1
2011	(4.7)	2.1
2012	16.8	16.0
2013	32.7	32.4
2014	27.0	13.7
2015	(12.5)	1.4
2016	23.4	12.0
2017	21.9	21.8
2018	2.8	(4.4)
2019	11.0	31.5
2020	2.4	18.4
2021	29.6	28.7
2022	4.0	(18.1)
2023	15.8	26.3
Compounded Annual Gain – 1965-2023	19.8%	10.2%
Overall Gain – 1964-2023	4,384,748%	31,223%

資料來源：波克夏公司 2023 年年報

先思考現在的總經與政治經濟狀況，需要充分收集資訊。為什麼選擇波克夏，其他公司不行嗎？標普 500ETF 不行嗎？

波克夏的老闆是股神巴菲特，依照現在最新的 2023 年波克夏年報，波克夏從 1965 年到 2023 年都有清楚的財報，年化報酬率是 19.8％（PS：當時筆者最早使用這個策略是 2014 年）截至 1965 至 2023 的歷史資料，波克夏這一間公司會持續創新高，因為波克夏公司獨有的護城河（參見表 1-1）。

關於波克夏的護城河筆者就舉一個例子：有關注股神的人都知道一個新聞，股神在 2019 之後破天荒的投資日股，全世界的投資人都驚呆了！當時日本是失落的 30 年的國家，為什麼能獲得股神青睞？（筆者在前一本書也有寫過）。

錢從哪裡來？錢往哪裡去？

筆者就在網路上搜尋相關資訊：當我們想知道金融市場的核心，就先問一個問題：錢從哪裡來？錢往哪裡去？因為投資這一件事情的最終目的只有一個，就是賺錢，那麼股神巴菲特的算盤是什麼？他心中是怎麼想的？

因此筆者就找到巴菲特投資日股的資金來源。波克夏公司在買日股之前，先在日本發債券。

下面資料來源是日經新聞的節錄：

巴菲特掌管的波克夏海瑟威 18 日敲定了日圓債的發行條件，年限為 3 年、5 年、6 年、7 年、10 年、20 年和 30 年等 7 款日圓債，發行總額為 2,633 億日圓，預計將在 4 月 25 日發行。波克夏在 2019 年首度發行日圓債、此次將為波克夏第 8 度發行日圓債。

據報導，波克夏此次發行的日圓債中，以 3 年債為中心、發行額達 1,690 億日圓，3 年債殖利率為 0.974％，其次為 7 年債的 353 億日圓（殖利率 1.457％）、5 年債的 220 億日圓（1.143％）。

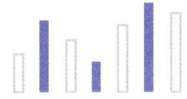

波克夏此次日圓債發行額規模超越前一次（2023年11月、1,220億日圓）、為該公司史上第2大規模（僅低於2019年9月的4,300億日圓）。

據報導，波克夏自2019年以來、每年皆發行日圓債，而發債籌得的日圓資金據悉用於投資商社股。

從上面新聞的側寫筆者就節省一些時間，分享筆者看到的重點。原則很簡單：錢從那裡來？錢往哪裡去？

1. 巴菲特投資日股是從2019年開始，當時日經不到15,000點，巴菲特在日本借款的成本平均落在1.4%至2%之間。
2. 當年的五大商社本益比不到十倍，現金殖利率超過2%以上（平均3%至4%之間）。
3. 日經225裡面的所有公司最大的股東除了商社本身交叉持股以外，最大單一股東是日本央行（PS：簡單來說共產國家是全部都是黨的。無論是公司、個人等所有資產，2019年的日本當時做到所有公司幾乎都可以收歸國有，比共產還要共產，只是日本央行沒有去干預公司治理）。

所以如果我是巴菲特光憑上面三個點，就可以歸納出結論：

1. 五大商社是日本的骨幹，背後最大股東是政府，出事了有政府扛，日本央行會印鈔票處理，這就代表風險可控，日本在不發生第三次世界大戰的情況下，不會有倒閉的風險。
2. 波克夏的借款成本是平均是1.7%，但是五大商社的股息現金殖利率平均是近3%，中間有1%以上的利差可圖。
3. 並且資金來源日本，借款的貨幣是日元，沒有匯率的風險，有大概率可以穩賺利差。

因此巴菲特的算盤打得很精，回歸思考的原點：錢從那裡來？從日本發行債券來。錢往哪裡去？用日本發債而來的錢，買日本的五大商社。

五大商社涵蓋了全球投資，並且買下整個日本的食、衣、住、行、育、樂，這個是巴菲特喜歡的模式。

　　筆者思考到上面的狀況，用一句話總結分享給大家：

　　巴菲特投資日股的最終目的是獲利，結構上是用日本人的錢，把日本買下來。所以巴菲特吃到甜頭之後，每年都在日本發行債券。

　　筆者用上面這一個例子，跟大家分享波克夏公司的獨有護城河，如果您是一般投資人，有可能複製巴菲特的模式嗎？很難。

　　除了上面的例子之外，波克夏還有另外一門絕技：現金為王。

　　巴菲特手上握有史上最高的現金存量 1,900 億美金（見圖1-9），這代表什麼意義？相當於 6 兆台幣，台股目前市值約 60 兆台幣（台積電一家約當 30 兆台幣市值）6 兆台幣可以做什麼事情？

　　把台灣所有上市櫃公司都買 10%，假設不買台積電，股神可以把台灣所有上市櫃公司都買 20% 的股權，成為大股東，成為名副其實的台灣島島主！

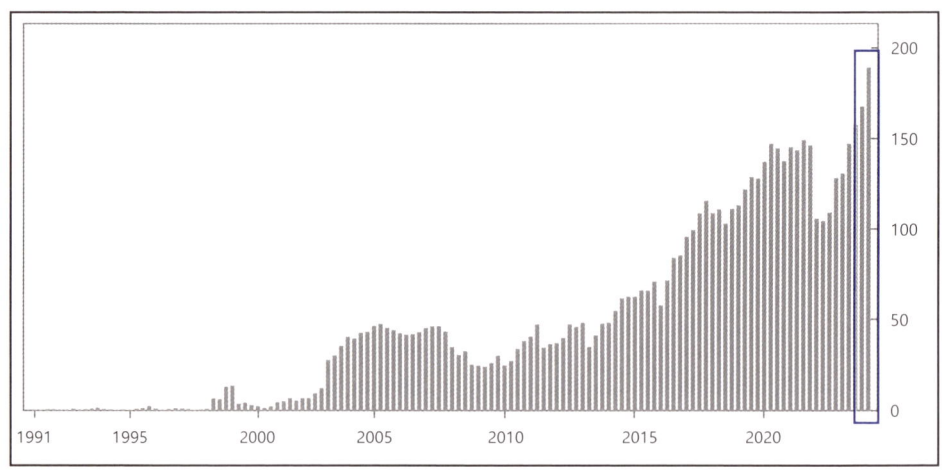

圖 1-9：1991 年至 2024 Q1 波克夏持有的現金量。　　資料來源：company filings

當然巴菲特不會這麼做，只是為大家說明 1,900 億美金是何等巨量的資金，現金可以做什麼？光是放美元定存，一年就是 5%的報酬率，相當於一年產生 90 億美金的利息收入，除了這個大家都會做事情，巴菲特在 2008 年的時候，因為手上持有巨額的現金，市場帶給他絕佳的投資機會：高盛特別股。

現金為王的金融海嘯

2008 年發生金融海嘯，雷曼兄弟倒閉，當年全球最大的保險公司 AIG 因為財務危機面臨滅頂，高盛金融集團也受到重創急需資金，這時候高盛去找主管機關，看看美國政府要不要出錢。當時美國政府跟高盛你看我我看你，整個美國財經部會包含聯準會主席雖然跟高盛有很深的淵源，但是美國政府的立場就是不能救高盛，因為雷曼讓它倒了，救了高盛，就還有第二家第三家會出現，這是美國政府不樂見的。因此美國政府這時拿出波克夏公司的電話，讓高盛去找巴菲特。

巴老爺是沙場老將了，趁你病，怎麼能不好好撈一筆？很快的高盛因為火燒屁股，答應了巴老爺的條件：

1. 巴菲特認購 50 億美元的高盛特別股，票面利率 10%，並且約定高盛在 3 年後要用溢價 10%買回去。這一來一回等於就是 12%以上的高利貸啊！

2. 除了上面的特別股之外，還要給巴菲特用 115 美元買進高盛普通股的認股權證，規模是 4,300 萬股。

PS：認股權證這有什麼利益？以最近一年平均高盛股價超過 400 元的狀況，巴菲特的 115 元認股權證可以在市價 400 元的時候，用 115 元向高盛買股票，隨即就可以在市場賣掉高盛股票，狠賺 3 倍，台灣最近很火紅的可轉換公司債也是類似的獲利結構。

但是高盛在 2008 年公司都快倒了，無奈之下也只能接受巴菲特的條件。沙漠中當你快渴死了什麼最值錢？水，因為人不喝水只能活 3 天，這時候有人開價一杯水 100 萬美金，為了求生存也只能接受。

而高盛的故事,也被台灣各大投信當作招攬特別股基金的文宣,豈不知這是趁你病大撈一筆的案例,並不是什麼成功投資的別股的案例。

從上面兩個例子,我們就可以深刻理解巴菲特設定波克夏公司的深層意義,波克夏有他獨特的護城河,因此筆者就選定波克夏來當 MDD 策略的核心。

當然筆者的客戶不少,這時就有客戶提問了:標普 500ETF 不行嗎?筆者當然思考過這個問題,因此就放上 2000 至 2010 年的標普指數說明了。(圖 1-1)

標普 500 在近代曾經套牢 10 年沒有突破新高,同一期間,波克夏 A 股是上漲的,可以在上面的年報中可以看到這些數據。因此筆者選擇了波克夏作為執行 MDD 買進策略的標的。

思考現在要投資的可能性與市場未來反應的應對

當選定波克夏 MDD 之後,筆者對自己進行了第二階段的靈魂拷問:MDD 這個策略的基礎條件,是標的物能夠持續創新高,那我怎麼

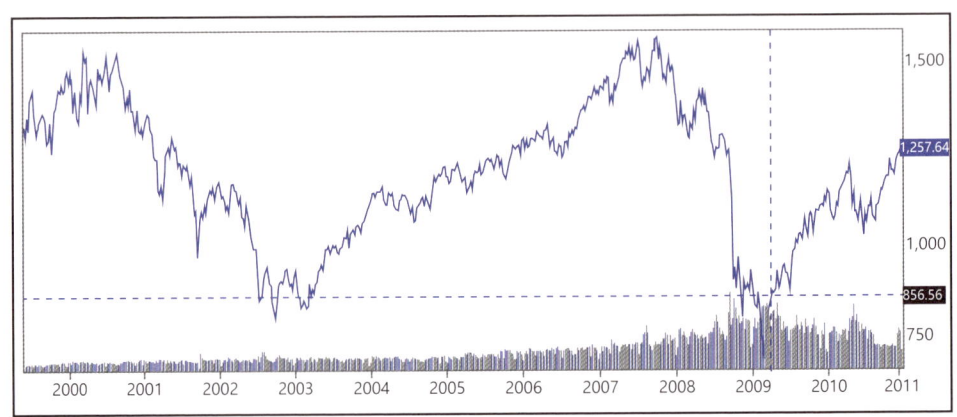

圖 1-10:2000 年科技泡沫之後,標普 500 指標有超過 10 年未創新高,甚至 2000、2001、2002 連續三年負報酬,僅有在 2007 最高峰罕見的創了幾天新高,但這期間波克夏是上漲的。

資料來源:美國 Yahoo

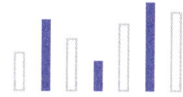

能確定波克夏能持續創新高？

筆者就對波克夏進行更深入的思考：波克夏的獲利大致上可以分為四大部分：1.保險公司；2.100％持有的公司；3.投資股票；4.現金與短期國庫券。

1. 保險公司：根據過去年報的數據，除了 2008 年與卡崔納風暴以外，50 年來保險公司沒有虧損。
2. 100％持有的公司：基本上跟美國的食衣住行高度關聯，例如波克夏能源：是當地知名的電力公司；Sees' candy 就是知名糖果公司，而這一部分的公司根據巴菲特給股東的一封信記載，即使連金融海嘯，也是獲利的。
3. 投資股票：當時最大持倉是美國銀行、美國運通、可口可樂等民生相關股票，用標普 500 年平均報酬率 7％計算（PS：筆者當時首次執行 MDD 是在 2015 年，2018 年巴菲特才買進蘋果公司）。
4. 現金：基本上沒有虧損的可能。

那我們化繁為簡，能讓波克夏公司產生鉅額虧損的只有 3，投資的股票按照巴菲特常用邏輯，都是民生必需股為主，除非是遇到景氣發生大問題，或是公司治理出狀況，才有可能造成長期虧損，例如近年卡夫亨氏就因為公司治理的關係，讓股價長期低迷不振。

然而波克夏公司因為不發行股利，因此每年的獲利最終都會回到股東權益（淨值）中，在 2018 年以前的年報中，波克夏公司都會紀錄 Book Value，只有在 2000 年科技泡沫與 2008 年是虧損。

所以波克夏的淨值會隨著獲利的不斷累計持續增加，也就是說，除非波克夏連續很多年都是虧損的，不然正常的情況下，隨著公司獲利持續的累計，公司淨值不斷地持續上升，股價也應該隨著淨值上升而上漲。

市場上也有用淨值比來去衡量波克夏股價的方法。根據歷史經驗，波克夏長期的股價都會落在淨值的 1.3 至 1.6 倍之間，偶而市場過度恐懼或是過度貪婪的時候，會超過這個區間。所以從上面的估價方

法看來，波克夏的股價會明確的跟隨著淨值的持續上升，股價也會持續創新高，甚至從（表 1-2）2018 年年報的數據分析，只要市場當年

表 1-2 1965 年至 2018 年波克夏獲利情況

Berkshire's Performance vs. the S&P 500

Year	in Per-Share Book Value of Berkshire	in Per-Share Market Value of Berkshire	in S&P 500 with Dividends Included
1965	23.8	49.5	10.0
1966	20.3	(3.4)	(11.7)
1967	11.0	13.3	30.9
1968	19.0	77.8	11.0
1969	16.2	19.4	(8.4)
1970	12.0	(4.6)	3.9
1971	16.4	80.5	14.6
1972	21.7	8.1	18.9
1973	4.7	(2.5)	(14.8)
1974	5.5	(48.7)	(26.4)
1975	21.9	2.5	37.2
1976	59.3	129.3	23.6
1977	31.9	46.8	(7.4)
1978	24.0	14.5	6.4
1979	35.7	102.5	18.2
1980	19.3	32.8	32.3
1981	31.4	31.8	(5.0)
1982	40.0	38.4	21.4
1983	32.3	69.0	22.4
1984	13.6	(2.7)	6.1
1985	48.2	93.7	31.6
1986	26.1	14.2	18.6
1987	19.5	4.6	5.1
1988	20.1	59.3	16.6
1989	44.4	84.6	31.7
1990	7.4	(23.1)	(3.1)
1991	39.6	35.6	30.5
1992	20.3	29.8	7.6
1993	14.3	38.9	10.1
1994	13.9	25.0	1.3
1995	43.1	57.4	37.6
1996	31.8	6.2	23.0
1997	34.1	34.9	33.4
1998	48.3	52.2	28.6
1999	0.5	(19.9)	21.0
2000	6.5	26.6	(9.1)
2001	(6.2)	6.5	(11.9)
2002	10.0	(3.8)	(22.1)
2003	21.0	15.8	28.7
2004	10.5	4.3	10.9
2005	6.4	0.8	4.9
2006	18.4	24.1	15.8
2007	11.0	28.7	5.5
2008	(9.6)	(31.8)	(37.0)
2009	19.8	2.7	26.5
2010	13.0	21.4	15.1
2011	4.6	(4.7)	2.1
2012	14.4	16.8	16.0
2013	18.2	32.7	32.4
2014	8.3	27.0	13.7
2015	6.4	(12.5)	1.4
2016	10.7	23.4	12.0
2017	23.0	21.9	21.8
2018	0.4	2.8	(4.4)
Compounded Annual Gain – 1965-2018	18.7%	20.5%	9.7%
Overall Gain – 1964-2018	1,091,899%	2,472,627%	15,019%

資料來源：波克夏 2018 年年度財報

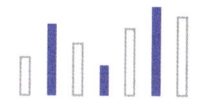

度報酬率為負數，但是波克夏 Book Value 仍然是正數，未來 1 至 2 年波克夏很容易在市場價格做出報復性反彈，反應波克夏的應有淨值。

從上面的辯證與反思之後，筆者認為波克夏不創新高的機率很低，除非市場連續多年的崩盤與暴跌，進入大蕭條，否則波克夏的股價應該會隨著 Book Value 的提升而持續創新高。近幾年隨著股市的高漲與巴菲特指標的持續上升到歷史最高的極端值，波克夏除了 Book Value 持續上漲以外，巴菲特也會因為市場沒有太多投資標的而執行庫藏股，這更會提高 Book Value 提升的速度，也會帶動股價一起反應。

最後筆者還多思考了一件事情：如果波克夏倒閉，那麼當時市場會發生什麼狀況？

1. 光是波克夏手上有千億美元的現金，相信遇到了金融風暴，能存活下來的公司中，絕對有波克夏，畢竟全球沒有幾間公司手上的現金能達到這種富可敵國的狀態，也因為手上現金非常多了，他可以撐過金融風暴。

2. 波克夏的獲利項目跟美國有深度連結；如果波克夏倒閉，大致上美國應該也是即將倒閉或是滅國。而如果美國滅國或是即將倒閉，那麼這應該是科幻電影才有的情節，或是第三次世界大戰的核戰了。

波克夏倒閉的機率不為零，但是真發生了，那我們也就鼻子摸摸吧！讓筆者想起愛因斯坦的名言：「我不知道第三次世界大戰會用甚麼武器，但第四次世界大戰中人們肯定用的是木棍和石塊。（"I know not with what weapons World War III will be fought，but World War IV will be fought with sticks and stones."）」

分享了這麼多，無非為了驗證一件事情：波克夏會持續創新高，這在股票市場裡面是非常獨特的存在，因此筆者在 MDD 的策略上選擇的波克夏當作主要投資標的。

回測 MDD 這個策略的應用與可能性

會放上這一張圖，主要就是因為這一次按照 MDD 的投資是筆者投資生涯中一次重要的成就（賺錢），在 2020 年 3 月因為 Covid-19 造成市場上重大回落並且買入比較大額的現貨。除了 2020 以外，波克夏過去也發生過較小幅度的回落，例如 2019 年中的中美貿易大戰，2018 年底的史上最慘聖誕節，2018 年 2 月的 3 天波動 1,000 點巨幅波動等等都出現過 MDD 超過 10% 的情況。

圖 1-11 是 2000 至 2020 年 3 月的波克夏 MDD。

根據回落的幅度不同，筆者把 MDD 分為三種，不過開始正式介紹之前，我們先跟大家溝通一個觀念：如果股票從 100 元下跌到 90 元，下跌的幅度是 10%，那股票從 90 元上漲到 100 元，請問上漲的幅度是多少？

答案絕對不是 10%，是 11%。

若股票從 100 元下跌到 80 元，下跌的幅度是 20%，那股票從 80

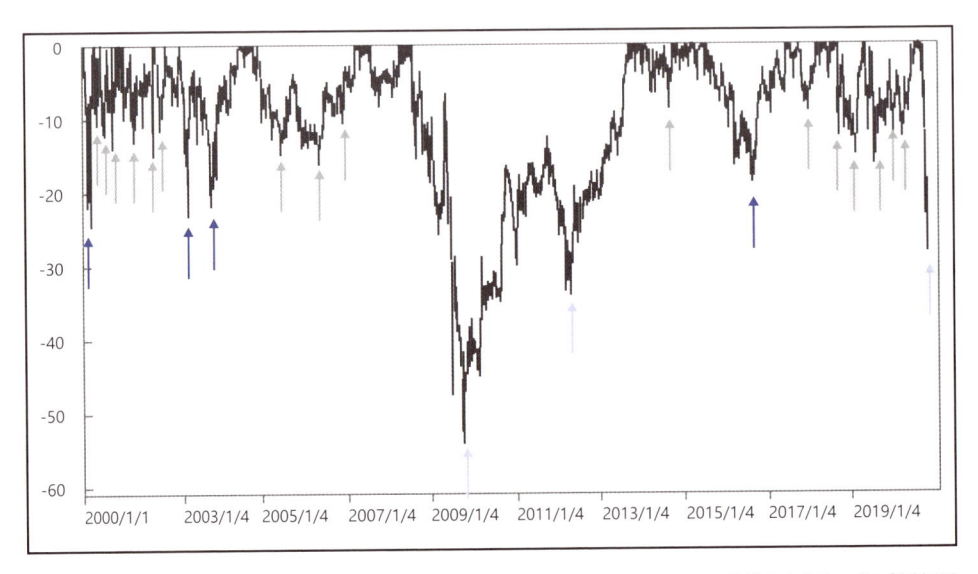

圖 1-11：BRK.B 回落情況。　　　　　　　　　　　　　資料來源：作者整理

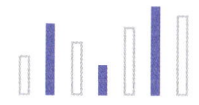

元上漲到 100 元，請問上漲的幅度是多少？答案不是 20％，是 25％。

若股票從 100 元下跌到 30 元，下跌的幅度是 30％，那股票從 70 元上漲到 100 元，請問上漲的幅度是多少？答案不是 30％，是 43％。

表 1-3 價值型股票回落所能帶來的報酬

當你的投資下跌這麼多	後續要上漲多少才能彌補下跌
-5%	5.3%
-10.0%	11.1%
-15.0%	17.6%
-20.0%	25.0%
-25.0%	33.3%
-30.0%	42.9%
-35.0%	53.8%
-40.0%	66.7%
-45.0%	81.8%
-50.0%	100.0%
-55.0%	122.2%
-60.0%	150.0%
-65.0%	185.7%
-70.0%	233.3%

資料來源：作者提供

當股票由高點回落的幅度越大，透過 MDD 這個策略去買股票，並且當股價回到新高之後，報酬率往往會同步被擴大。這就是 MDD 策略的魅力，如表 1-3 作者整理出來當價格回落多少，並且回到新高的時候投資人可以取得多少報酬率。

接著，筆者就從波克夏的 MDD 統計中，跟各位分享筆者按照過去統計中歸納出來的經驗。

如圖 1-11，當 MDD 來到 10%，2000 至 2024 年出現的次數是 19 次，這個數據相當於每 1.5 年會出現一次從高點回落超過 10% 的機率，並且根據過去的經驗，每一次從高點回落 10% 附近，股票就落底並且開始回復到創新高，歷史的經驗是 90 至 180 天，那麼我們就可以透過這個數據思考一下。

每 1.5 年會有一次 MDD10% 的機會，然後只要我們能把握住機會買進，在未來的 90 至 180 天就會創新高，投資人就可以確實取得 11% 的報酬率（當然創新高後不一定要出售），180 天取得 11% 的報酬率，就相當於一年 22% 的報酬率，這個報酬率相當不錯啊！

當 MDD 來到 20%，2000 至 2024 年出現的次數是 5 次，這個數據相當於每 4 至 5 年會出現一次從高點回落超過 20% 的機率，並且根據過去的經驗，每一次從高點回落 20% 附近，股票就落底並且開始回復到創新高，歷史的經驗是 180 至 400 天，那麼我們就可以透過這個數據思考一下。

讓波克夏公司造成 20% 回落的事件反思

2000 年科技泡沫

標普 500 指數在 2000 至 2007 年一直都維持著不創新高，甚至 2000、2001、2002 連續三年都呈現負報酬，直到 2003 年才開始落底有回升的跡象，並至 2007 年 5 月的收盤價與 2007 年 10 月的收盤價才超過 2000 年 8 月科技泡沫前的高點收盤價。

2000 年至 2002 年，標普 500 指數連續 3 年負數報酬，波克夏在這一段時間仍持續創新高。

2015 年 8 月美國升息前

該次升息循環從 2015 年 12 月第一次升息，到 2018 年末聯邦基準利率從 0 至 0.25 升高到 2.25 至 2.5 這個區間。

當年筆者印象最深刻的就是 2015 年 8 月 24 日，當時筆者在一間私人公司擔任操盤人，當天一早我就開車到南投的南崗工業區去拜訪上緯（南崗工業區有四家上櫃公司，分別是茂順、上緯、鑫永銓、廣隆）。當天期貨一開盤跌停，下跌幅度超過 600 點，這也是筆者第一次遇到期貨跌停的狀況！當時美元指數從 80 上漲到 100 以上，同一時間美元兌日圓從 80 元貶值到 122 元，俄羅斯更因為入侵克里米亞，匯率從 30 貶值到 70 元，台股也從 9,800 點下跌到 7,200 點。

2022 年美國暴力升息

這一次大家就歷歷在目了，美國 FED 從 2022 年 3 月至 2023 年 7 月花費一年半的時間把利率從小於 0 至 0.25 快速拉高到 5.25 至 5.5，當無風險利率快速調整，市場的股票估值也快速的調整，波克夏就從 361 歷史新高最低回落到 268，下跌幅度最深的時候達到 25%。

每 5 年會有一次 MDD20% 的機會，然後只要我們能把握住機會買進，在未來的 180 至 400 天就會創新高，投資人就可以確實取得 25% 的報酬率（當然創新高後不一定要出售），就以 400 天取得 25% 的報酬率，就相當於一年 22% 至 23% 的報酬率，這個報酬率相當不錯啊！

當 MDD 來到 30% 以上，這種狀況都是財富翻轉的好時機！

當 MDD 來到 30% 以上，這種狀況都是財富翻轉的好時機！

當 MDD 來到 30% 以上，這種狀況都是財富翻轉的好時機！

投資人務必要把握這種機會的出現。從 2000 至 2024 年出現的次數是 2 次：

2008 金融海嘯

2008 金融海嘯下跌的幅度是 53％,金融海嘯從房地產價格下跌,房貸無以為繼造成房屋貸款的衍生性商品發生問題,然後延燒到發行券商雷曼兄弟倒閉,造成全球經濟大損傷。

Covid-19

因為 Covid-19 疫情爆發,導致全球政府封閉邊界全球貿易,訂單急速的萎縮,在非常短的時間之內,美股竟然連續出現 3 次的熔斷,直到 2020 年 3 月 16 日聯準會降低利率為零,並且宣布無限量 QE,到了 2020 年 3 月 18 日 股市仍然因為恐慌而下跌的幅度最深是 33％,隨後恐慌賣壓結束,市場才開始慢慢回到穩定。

然而 MDD30％就是說明經濟發生重大轉折的系統性風險,並且這種大幅度崩盤的週期相當於每 10 年就會出現一次。這是人生財富大轉折的時間,請務必一定要把握住。

開盤	406.90	市值	8818.44億	52週高點	430
最高	407.96	本益比	0.0080	52週低點	317.71
最低	405.50	殖利率	-		

圖 1-12:股票創新高之後,不一定要賣出。　　　　　　資料來源:google

但是問題來了，如果你沒有做任何預備，當 MDD30％的股市大崩盤發生了，口袋空空怎麼翻轉財富？因此就需要資產配置讓我們在面對這種 MDD30％以上系統性風險發生的時候，仍留有子彈，可以在低點搜刮別人廉價砍出來的資產。細節後面再跟大家分享。

並且根據 Covid-19 的經驗，從高點回落 30％附近，股票就落底並且開始回復到創新高，歷史的經驗是 1,000 天。當時 2020 年 3 月 18 日創當年度最低，並在 2020 年 11 月美國總統大選確定，波克夏 B 股當天從 200 元跳空開高來到 220 元，而隔天宣布 Covid-19 疫苗確定誕生。2020 年 12 月 31 日當晚波克夏股價又創了歷史新高，當天收盤價 231.87，前一次的歷史新高 231 元則是 2020 年 1 月 17 日盤中創下的。

筆者還記得 2020 年總統大選塵埃落定當天，雖然看到當天波克夏 B 股的股價已經從 200 元跳空開高到 220 元，仍單筆加碼直接追買波克夏，到了 2020 年 12 月 31 日筆者再追加買一筆波克夏的 B 股。

因為創新高的股票代表的籌碼意義為，「從此沒有人套牢」，沒有人套牢表示沒有賣壓，沒有賣壓就很容易持續一直創歷史新高，MDD 是一個撿便宜策略，但是不是每一次創新高，都需要賣股票，反而創新高後要停看聽，不要急著賣股票。

因此根據上面所有的資料，筆者規劃出一個結論：波克夏的 MDD 就是一個典型的逆市場策略，股價左側交易的策略，他注重的是心理素質與資金控管，筆者從使用這個策略到今天，沒有失敗過的經驗。

2020 Covid-19 的加碼經驗分享：分享時間 2020 年 3 月

當年筆者從 MDD 10％從波克夏 B 股 199 元，一直加碼到到 MDD 30％波克夏 B 股 159 元。

為什麼不等市場見底之後一次敲進？如果您本身有這種特異功能，那請跟我說，我可以拜您為師，請教這次會跌到什麼時候，並且什麼點位，這時如果您說的是真的，那應該壓身家期貨放空，到底部時，期貨全力做多，這樣直接就財富自由了，根本不用買股票。

表 1-4 波克夏 MDD 在 Covid19 的數據

時間	當天收盤	歷史最高收盤價	MDD 幅度
2020/3/9	193.13	230.2	-16.10%
2020/3/10	202.73	230.2	-11.93%
2020/3/11	194.64	230.2	-15.45%
2020/3/12	175.97	230.2	-23.56%
2020/3/13	196.4	230.2	-14.68%
2020/3/16	177.77	230.2	-22.78%
2020/3/17	187.6	230.2	-18.51%
2020/3/18	172.44	230.2	-25.09%
2020/3/19	174.68	230.2	-24.12%
2020/3/20	170.06	230.2	-26.13%
2020/3/23	162.13	230.2	-29.57%
2020/3/24	178.2	230.2	-22.59%
2020/3/25	180.47	230.2	-21.60%
2020/3/26	183.9	230.2	-20.11%
2020/3/27	179.66	230.2	-21.95%
2020/3/30	183.18	230.2	-20.43%
2020/3/31	182.83	230.2	-20.58%
2020/4/1	175.95	230.2	-23.57%
2020/4/2	179.73	230.2	-21.92%
2020/4/3	178.34	230.2	-22.53%
2020/4/6	185.24	230.2	-19.53%
2020/4/7	185.25	230.2	-19.53%
2020/4/8	191.01	230.2	-17.02%
2020/4/9	193.84	230.2	-15.79%
2020/4/13	188.77	230.2	-18.00%
2020/4/14	192.94	230.2	-16.19%
2020/4/15	188.57	230.2	-18.08%
202014/16	187.96	230.2	-18.35%
2020/4/17	191.2	230.2	-16.94%
2020/4/20	188.75	230.2	-18.01%

資料來源：作者整理

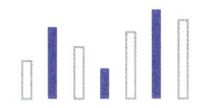

因為我們沒有辦法確認，因此採取這種機械化的操作方式，避免人為的情緒影響到該做的事情。

這是一個可執行，可複製，並且簡單易懂的操作方式，並且長期而言，很難賠錢，有這樣勝率很高的計畫，為何不實行？

其他投資人看 Covid-19 是金融風暴，我看到的反而是絕佳的機會，巴菲特 89 歲才學到原來市場可以短期間內熔斷多次，我們很年輕就能見證歷史，我們很幸運。

而巴菲特也準備了 1,280 億的現金，正等著好公司的價值浮現，我個人預估，最差的情況，就是他自己把波克夏買下來，直接庫藏股，無論是哪一種狀況，對我們來說，都是好狀況。

三年後（1,000 個交易日後）回頭來看，這可能是我們過去投資經驗中最大的勝利之一，因為我們買的部位夠多、夠大。

波克夏會變成宏達電？

波克夏 MDD 策略的最後，筆者還是持續反問自己，如果有一天波克夏不適用 MDD 從長期的成長股，變成宏達電（景氣循環股）怎麼辦？或是我們有什麼辦法知道波克夏變成宏達電了？因此筆者思考了幾種波克夏質變的可能性，提出來跟大家共同思考。

1. 接班人問題：

蒙格在去年年度末的時候逝世了，2024 年的波克夏股東會迎來第一次沒有查理・蒙格（Charles Munger）的股東會，筆者就在直播中看到巴菲特還是很習慣的喊這一個問題讓蒙格來答覆，巴老爺等了很久，沒有回應，轉頭一看，啊！原來蒙格走了。跟他共事多年的老師老友走了。

現在在股東會上坐在巴菲特身邊的，就是波克夏的接班人之一阿貝爾（Greg Abel），目前掌管著波克夏公司的非保險公司部門。因此波克夏已經做好了接班準備，畢竟巴菲特已經 93 歲了，他隨時都有可能離世，所幸筆者在 2018 年到奧瑪哈親自參與波克夏股東會，親眼見

過查理・蒙格本人跟巴菲特本人,是沒有遺憾的追星!

因此美國公司在接班的問題上,處理的往往比台灣的公司好,因此就 2024 年波克夏股東會的安排來看,波克夏公司已經準備了接班。

圖 1-13:筆者曾親自參加波克夏 2018 年股東會。 資料來源:作者提供

39) ADJ 波克夏海瑟威公司 ASC 842 ? 頻率 年 幣 FRC (USD)

1) 主要統計 2) I/S 3) B/S 4) C/F 5) 比率 6) 分類 7) 其它 8) ESG 9) 客製化

11) 彭博調整後重點提要 12) 彭博GAAP重點提要 13) 公司模型 14) 盈餘 15) 企業價值 16) 企業價值(不含營業租賃) 17) 財務比率 18) 每股 19) 股票價值

以百萬計/幣USD	2018 Y	2019 Y~	2020 Y	2021 Y	2022 Y	2023 Y	目前/LTM	2024 Y 預估	2025 Y 預估	2026 Y 預估	2027 Y 預估	2028 Y 預估
12 個月結束	12/31/2018	12/31/2019	12/31/2020	12/31/2021	12/31/2022	12/31/2023	03/31/2024	12/31/2024	12/31/2025	12/31/2026	12/31/2027	12/31/2028
資本市值	502,146.0	551,833.8	537,012.4	665,821.1	684,192.9	782,184.7	873,476.9					
- 現金及約當現金	321,847.0	412,214.0	457,173.0	529,917.0	490,556.0	574,307.0	571,609.0					
+ 特別股及其它	3,797.0	3,772.0	8,172.0	8,731.0	8,257.0	9,497.0	6,295.0					
+ 總債務	97,490.0	109,250.0	122,364.0	119,253.0	127,683.0	133,570.0	122,754.0					
企業價值	281,586.0	252,641.8	210,375.4	263,888.1	329,576.9	350,944.7	430,916.9					
營收(調整)	247,837.0	254,616.0	245,579.0	276,203.0	302,020.0	364,482.0	368,958.0	326,969.0	344,554.0	375,206.5	387,342.0	453,965.0
成長率%,年比	3.3	2.7	-3.5	12.5	9.3	20.7	16.5	-10.3	5.4	8.9	3.2	17.2
毛利(調整)	54,609.0	56,198.0	66,769.0	75,365.0	81,660.0	91,426.0	94,637.0					
獲利率%	22.0	22.1	27.2	27.3	27.0	25.1	25.6					
EBITDA(調整)	45,255.0	44,988.0	41,043.0	48,891.8	52,334.7	62,521.5	65,232.5					
獲利率%	18.3	17.7	16.7	17.7	17.3	17.2	17.7					
淨利(調整)	24,781.0	24,476.8	21,922.0	27,714.0	31,038.2	37,476.0	40,633.0	36,347.7	37,412.3	18,426.5	75,293.0	53,247.0
獲利率%	10.0	9.6	8.9	10.0	10.3	10.3	11.0	11.1	10.9	4.9	19.4	11.7
每股盈餘(調整)	15,075.48	14,980.15	13,748.78	18,351.45	21,130.59	25,865.50	28,127.84	25,450.31	26,560.91	23,225.21	57,616.30	42,031.29
成長率%,年比	71.50	-0.63	-8.22	33.48	15.14	22.41	28.73	-1.61	4.36	-12.56	148.08	-27.05
營業現金	37,400.0	38,687.0	39,773.0	39,421.0	37,350.0	49,196.0	51,069.0					
資本支出	-14,537.0	-15,979.0	-13,012.0	-13,276.0	-15,464.0	-19,409.0	-20,089.0					
自由現金流量	22,863.0	22,708.0	26,761.0	26,145.0	21,886.0	29,787.0	30,980.0					

圖 1-14：波克夏盈餘預估。 資料來源：Bloomberg

2. 公司沒辦法盈利？

波克夏公司的分析，筆者在文章前半段有粗淺的分享，接著公司是否盈利，筆者想波克夏公司的盈利跟美國景氣與全球景氣息息相關。從 1965 年到今天為止，唯二兩年的負報酬與虧損發生在 2000 年與 2008 年，也就是說即使經過 1955 至 1975 年的越戰、1973 一次石油危機，1979 二次石油危機與 1980 年代多次冷戰與其他區域戰爭，波克夏公司都能保持盈利，可見波克夏公司的根基很深。

當然波克夏也不能說完全不會發生極端事件，但我們投資人能做的事情很少，只能時時去關心公司的治理了。筆者相信一件事情：當公司的經營者是公義與信實的，如同巴菲特與查理・蒙格，那麼波克夏公司即使短時間遭遇到市場逆風，最終也能回歸常軌，期待接班人也能如此。

最後附上 Bloomberg 對波克夏未來盈餘預估的圖。根據 Bloomberg 的資料，至少到 2028 年波克夏盈餘都是正數。

3. 美國不再具有優勢淪落為第三世界

筆者想過這種狀況的發生：最大的可能就是美債違約導致美元被全世界所唾棄，並且所有的商品交割結算，換到其他更有公信力的貨幣，美元體系崩壞造成美國崩壞並且造成美國內戰。

不過上述發生的可能性極低，如果我們了解過現在貨幣發行的底層，其實就是貨幣準備制度。而非美國的貨幣發行，通常需要美元當作價值的準備，並且最新的貨幣準備報告中，美元仍在全球貨幣儲備的 59%。

美元最有可能的挑戰者是人民幣，不過因為中國本身的共產與獨裁政權加上人民幣無法自由流通等因素，人民幣在全球貨幣儲備中僅占了 2.29%，並且隨著美元的高利率持續與中國的鎖國，很多國家紛紛拋棄人民幣回到美元的儲備中，因此要看到人民幣超越美元或是取代美元，在我們這一代人可能很難看到這種狀況。

並且，美國掌握了下一代的產業升級契機：AI、機器人，這將會讓全世界再一次的展開翻天覆地的變化。中國雖然想要極力追趕，但是因為中美之間關係破裂，導致美國全力封殺中國的 AI 發展，限制晶片相關的技術輸入中國，未來甚至一些生產晶片的基礎化學物品，包括光阻液、極紫外光機、晶圓製造等，都有機會因為美國的禁令而禁止銷售給中國。

因此中國科技跟美國科技的差距，將會快速被拉大，而 AI 晶片的最大的公司 NVDA 幾乎所有高階產品都禁止銷售往中國，僅有一些低階晶片（效能是高階晶片的 1/1000）能到中國去，因此在地緣政治與科技落差兩點考量，中國很難追上美國。

再加上中國因為 Covid-19 的爆發時高強度的封城清零，提早引爆了中國內部的問題：房地產泡沫與人口負成長的提早到來，並且因為清零等壓迫性的政策，讓許多中國人潤走，而潤走的目的地竟然是中國視為敵人的美國，正是李斯〈諫逐客書〉中所描繪的「臣聞地廣者粟多，國大者人眾，兵彊則士勇。是以泰山不讓土壤，故能成其大；河海不擇細流，故能就其深；王者不卻眾庶，故能明其德。是以地無四方，民無異國，四時充美，鬼神降福，此五帝、三王之所以無敵也。今乃棄黔首以資敵國，卻賓客以業諸侯，使天下之士退而不敢西向，裹足不入秦，此所謂『藉寇兵而齎盜糧』者也。」

筆者認為美國在短期間仍將會持續稱霸，直到美國連續犯錯為止。筆者是哲學系畢業的，看了古往今來多數偉大帝國的毀滅，都是因為連續犯錯才導致。目前筆者看到美國雖然也犯了很多錯誤（收割盟友、收割新興市場、只關注美國利益等），但是相較於中國犯的錯誤相比，美國仍是能稱霸世界幾十年，可能 20 年後的印度正式崛起之後，才有機會跟美國一較強短。中國隨著人才出走，資本流出，機率變得渺茫。

　　除了競爭者崛起之外，其他因素就是科幻片中的情節了：超級火山黃石公園噴發、彗星撞地球、外星人入侵這些因素了。本書是討論經濟與投資的，這些還是讓專家來分享，筆者就不在此書討論了。

　　根據上面 3 大面向分析之後，筆者認為波克夏仍是目前最有機會持續使用 MDD 策略的公司，其他想要模仿波克夏的公司，最終通常都是各家公司分割上市，沒有辦法像波克夏一樣成為一家公司，這在全世界的市場都是這種狀況，因此筆者會持續使用 MDD 這種方法加碼波克夏公司。如果您想知道過去筆者透過這種方法成功獲利的案例，可以在筆者部落格 Just a café 搜尋關鍵字 MDD，可以找到很多過去成功的案例（PS：因為波克夏持續創歷史新高，因此至今尚未出現失敗的案例）。

小結

　　最後波克夏的 MDD 筆者花了將近萬字來把前因後果，一次講清楚說明白，無非是想跟大家分享內心最深刻的思想。筆者在從業十多年的時間中，深深覺得如果是聽聽名牌、聽聽方法，這樣投資股票通常都是意思一下，不可能成為一個策略與習慣。

　　西方哲學的研究分享了一個關鍵。當一個人深刻理解了並且認同，必然會影響著行動並且落實；當行動持續落實下去，就會變成一個習慣；當習慣養成之後，就會影響著人的命運。投資也是一模一樣的。當我們沒有深刻了解與認同，做出來的行為就沒有根基，只是偶而跟風的行為，沒辦法落實策略。

筆者把波克夏 MDD 做深刻的分享,無非就是認同這種做法,並且在歷史的回測中是成功的。筆者 2012 至 2013 年第一次用史考特證券買入波克夏開始,就一直使用這個策略加碼波克夏,並且長期持有,這些成功的經驗,變成了養分與信念,因此遇到 2020 年 Covid-19 才能冷靜下來。

　　雖然當時波克夏持續創低價,但是筆者仍不手軟從 MDD10％一直加碼到 MDD30％,心想,如果 MDD 來到 40％時手上現金用光了,我可能就要拿出房子抵押了。這是多麼強的信念,讓人這樣無所畏懼?不就是經驗與成功行動的持續累計?

　　本文雖然較長,但是非常值得一讀再讀,這是筆者多年投資經驗的濃縮,如果說只能用一個投資策略來加強投資報酬率,筆者就會選擇波克夏 MDD 這個策略,因為他是筆者自以為策略中最為穩妥的。並且,波克夏本身股票性質的關係,筆者買完之後可以好吃好睡,如果能讓我一睡多年,筆者多年後醒來,總是會發現:喔!波克夏又翻倍了啊!就是這麼簡單單純。

恐懼與貪婪指數

　　當別人恐懼的時候我們要貪婪,當別人貪婪的時候我們要恐懼,這一句話是股神巴菲特的名言,但是我們一般投資人又怎麼能判斷現在市場是充滿恐懼還是貪婪呢?因此這個 CNN 編製的恐懼與貪婪指數,就是我們非常好的依據。

　　結論先跟大家分享:

1. 恐懼與貪婪指數通常代表的是當年度相對好的買點,不代表能買到最低點。
2. 恐懼與貪婪指數用來當成賣點,最後很容易在波段起漲點賣掉股票。

3. 恐懼與貪婪指數是擺盪型的參數，很容易有高檔低檔鈍化的現象（指標意義降低）。

在開始分享這個指標之前，先跟大家分享 Covid-19 期間的內心深處的經驗：當全市場充滿恐懼的氛圍，因為 Covid-19 造成全世界的經濟與景氣急速降溫甚至凍結，甚至是沒有人知道什麼時候會有疫苗，什麼時候生活才能回復常軌，甚至獅子王在人與人之間的連結在台灣持續發酵的時候，投資人怎麼能鼓起勇氣投資？因此別人恐懼的時候我們要貪婪，別人貪婪的時候我們要恐懼，這一句話是說起來很簡單做起來很困難，正如同前一個章節說明的波克夏 MDD 一樣。

筆者還深刻的記得，2020 年 2 月 28 日當天，筆者在羅東村卻酒店泡溫泉，這時候好朋友老邱打電話進來了：說市場崩了，我回答說很棒啊！我們之前的布局要發酵了。此布局為何？就是在 2019 年的時候，筆者幾乎讓所有新客戶、熟客戶都做同一件事情：買美國長天期公債。當時我們主要買的是美國 30 年期公債，從到期殖利率 3％一直加碼到 2％。筆者最後一筆加碼公債是買在 2020 年 2 月 16 日。

按照歷史的循環經驗，平均每 3 至 5 年會遇到一次股市崩盤、跌幅超過 20％的情景，以當時 2019 年的歷史背景，前一次的循環是在 2015 年 8 月 24 日下跌到低點。筆者還記得當時的情景，當天 8：45 分期貨開盤，瞬間跌停鎖死，這時候券商中 over lost 砍倉的聲音此起彼落，市場一片肅殺之氣，這也是筆者生平第一次親眼見證原來期貨是可以跌停的！所以到了 2019 年，筆者算算週期，應該也即將發生循環了，並且當時美國十年期公債殖利率超過 3％是海嘯後少見的高，因此我們就大舉進場買入公債。

這一個布局，到了 2020 年 2 月 28 日開始發酵，因為 Covid-19 發生了，隨後的 3 週，市場發生了歷史最大的波動，恐慌指數（VIX）的收盤價格是歷史最高，達到了 86，而金融海嘯收盤最高僅 82，這時候老邱問了，現在我們等到了該怎麼做？筆者回答：我們準備賣掉公債轉入股票。

應用策略

應用的策略就是波克夏的 MDD 加上恐懼與貪婪指數，時間進入到 2020 年 3 月，筆者跟客戶分享逆勢的波克夏 MDD 策略從 199.8 開始往下掛買單，199.8 恰巧就是當時的 MDD10%，根據機率來說是一年會遇到一次。並且在 2020 年 2 月曾經出現過 199.8 的價格，並且如果當時應用這個策略成接到之後，2 個交易日之內，波克夏還曾經快速反彈到 220 左右的價格，一瞬間可以多賺到 5% 的價差。

為什麼會提到 199.8 跟 220 這一個區間？因為 2018 至 2019 波克夏持續在 200 至 220 之間來回震盪，因此筆者當時也用了一部分資金使用這個震盪策略，直到 Covid-19 來臨為止，所以當時幾乎所有的客戶都知道筆者使用這樣的策略，當筆者跟客戶們分享我們應該要掛買單掛在 199.8 的時候，那叫一呼百應啊！幾乎所有的客戶都能跟進，因為我們採取機械化的掛單方式。

可是這一次我們遇到的是 Covid-19，當 199.8 掛買成交的時刻，沒多久股價就來到了 189，這時候筆者按照機械化的策略 189 當然也是買進啊，所以就掛單成交了，這時候還有一半左右的客戶願意跟我一起執行 MDD 的策略，但是時間來到了 3 月 12 日恐懼與貪婪指數來到了歷史最低 1 的時候，波克夏的股價已經是 179 以下了，這時候筆者一樣按照規律持續買進，同一時間能跟進的客戶已經剩下 10% 了。

但是市場在恐懼與貪婪指數來到 1 的時候就反轉了嗎？當然沒有，並且下一週是證券市場最慘烈的一週。

從前我們都說黑色星期一，但是事後我們知道了，Covid-19 是黑色一星期啊！隨著 3 月 12 日一開盤，市場就發生了熔斷，179 的波克夏立刻就崩盤，價格來到了 169 附近，筆者這時候已經出現失能的狀況，雖然腦袋告訴自己應該要繼續加碼，但是按下單的食指，就是有點不太聽話！經過多次的理性與肉體的掙扎之後，筆者還是掛出了買單，但是還依稀記得當時的情景，掛出 169、167、165 的買單之後就去睡覺了。

隔天醒來，筆者都驚呆了，第一次遇過這種掛連續買單的會一晚

Fear & Greed Index
What emotion is driving the market now?

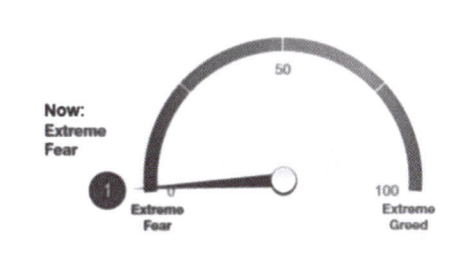

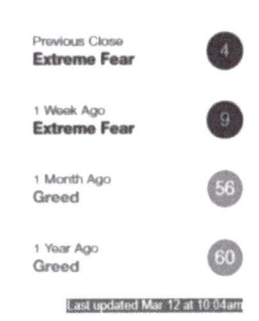

Now: Extreme Fear — 1

Previous Close: Extreme Fear — 4
1 Week Ago: Extreme Fear — 9
1 Month Ago: Greed — 56
1 Year Ago: Greed — 60

Last updated Mar 12 at 10:04am

Seven Fear & Greed Indicators
How we calculate the index More »

圖 1-15：恐懼與貪婪指數是買進的良好指標。

資料來源：CNN（2020 年 3 月 12 日）

上全數成交，當天美股盤中再次熔斷。當天願意跟著一起掛單的夥伴已經是鳳毛麟角了，幾乎所有人都被美股這一波下跌給嚇死了。

時間來到 2020 年 3 月 18 日開盤，筆者手上現金備用資金幾乎用盡，剩下不多的資金，當時波克夏開盤 159，筆者想了想，159 這個數字好熟悉啊，不就是多年前筆者在投資公司操盤時第一次買波克夏的價格嗎？沒幾天的功夫，波克夏的價格回到了 5 年前，這時候筆者的心態已經是涼涼的了，不如死馬當活馬醫，最多就是準備把房子、車子貸款壓身家就是，隨後還是掛單了 159、157、155。隔天醒來收盤波克夏在 156，筆者第一次感覺了山窮水盡，加上信心被擊倒的感覺。而 2020 年 3 月 18 日跟著筆者一起下單的就剩下阿迪、阿遠等幾位不知天高地厚的投資戰友了，此時如果要形容當時的心境，大概就是風蕭蕭兮易水寒，那樣的場面跟情景了。

巴菲特在 Covid-19 之前曾說：我這投資人生中曾遇過 1 次熔斷，這是 1997 年的往事了，不過 2020 年 Covid-19 的發生讓股神也驚呆。

（2020年3月8日，巴菲特：我活了89歲，只見過一次美股熔斷。）

2020 年 3 月 9 日：標普 500 指數開盤後跌 7%，觸發熔斷機制。

（2020年3月9日，巴菲特：我活了89歲，只見過兩次美股熔斷。）

2020 年 3 月 12 日：標普 500 指數開盤後短時間內跌幅超過 7%，再次觸發熔斷。

（2020年3月12日，巴菲特：我活了89歲，只見過三次美股熔斷。）

2020 年 3 月 16 日：標普 500 指數開盤下跌 220.60 點跌幅 8.14%，第三次觸發熔斷。

（2020年3月16日，巴菲特：我活了89歲，只見過四次美股熔斷。）

2020 年 3 月 18 日：標普 500 指數盤中下跌 177.29 點跌幅 7.01%，第四次熔斷。

（2020 年 3 月 18 日，巴菲特：……

在波克夏 MDD 的實務經驗中，我們跟隨著恐懼與貪婪指數判斷買點，當恐懼與貪婪低於 25 以下，沒記錯當時應該是 2020 年 2 月 28 日，筆者第一次掛單買進委託價格 199.8，但是隨後的故事，前文也分享給大家了，當別人恐懼的時候我們要貪婪，說起來很容易做起來很困難，從原本的一呼百應，到了後來只剩下知心戰友還願意在最恐慌的 3 月 18 號仍繼續加碼，這是多麼堅強的心性，才可以做出的行為？

如果想要使用恐懼與貪婪指數當作買點，請務必把上面的經驗反覆閱讀，並且思考一下，別忘了 2 月 28 號當天下單時買進的價位是 199.8，當價格來到 189 帳面上損失 5%時您還敢加碼？如果是 179 帳面損失 10%仍能加碼？如果是價格來到 169 帳面損失 15%仍是加碼嗎？最後價格來到 159，光是兩週的時間我們的一筆加碼的波克夏已經損失了 20%，請問您這時候下單的食指還功能正常嗎？心臟還夠力嗎？

筆者會把波克夏 MDD 跟恐懼與貪婪指數放在一起，主要也是因為每一次波克夏 MDD 發生的時候，恰巧都跟恐懼與貪婪指數低於 25 的時間吻合。

筆者就用實際的例子跟大家分享！

恐懼與貪婪指數是 CNN 編製的指數，一般投資人都可以在 CNN 網站上找到資料，但是問題是他的數據算法與量化的知識，基本上沒有對外公開，並且目前在 CNN 的網站上只有 6 個月的歷史資料，即使是財經 M 平方也只能找到最長 3 年的資料，因此就數據上他就有隱密性，讓人比較難以見到全貌。所幸筆者很早以前就使用這個資料，所以資料最長可以追溯到 2010 年，因此下面就分享給大家 2010 年至今恐懼與貪婪指數的歷史資料。

恐懼與貪婪指數的歷史資料

驗證的是：恐懼與貪婪指數來到 25 以下，市場呈現極度恐慌的時候，當時通常是相對好的股票買點。

恐懼與貪婪指數低於 25 就代表市場現在極度的恐慌，從圖 1-16 來看 2010 至 2013 年指數低於 25 以下的一共有 5 次，平均每一年會遇到一次恐懼與貪婪指數低於 25 的情況，如果還記得波克夏 MDD 的參

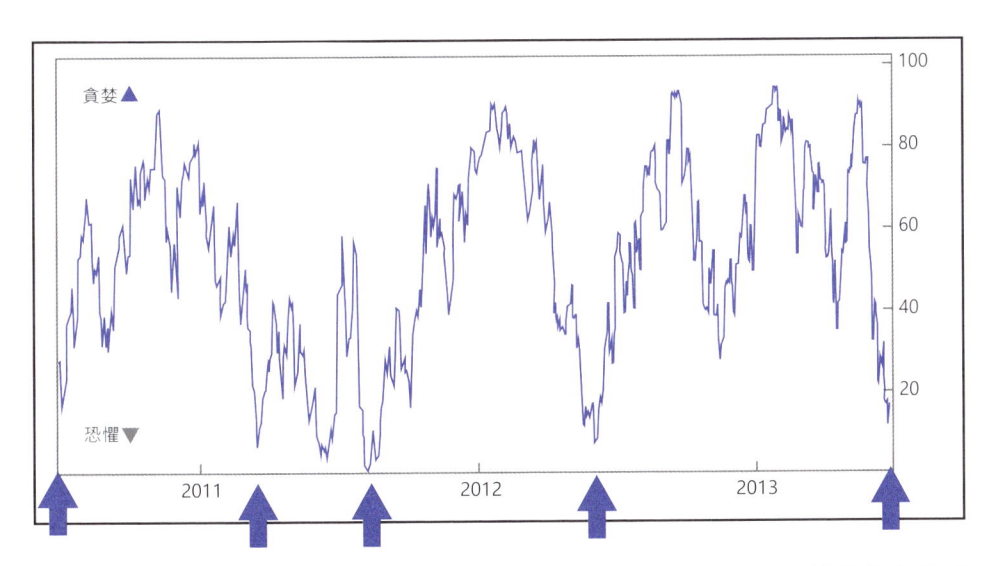

圖 1-16：2010 至 2013 年的恐懼與貪婪指數。　資料來源：CNN 網站與作者整理

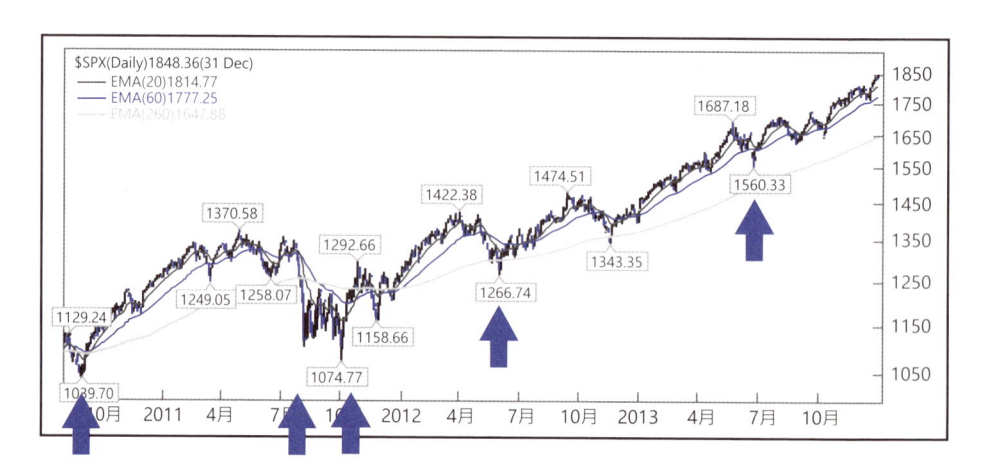

圖 1-17：2010 至 2013 年恐懼與貪婪指數低於 25 時標普 500 指數的表現。

資料來源：StockQ 與作者整理

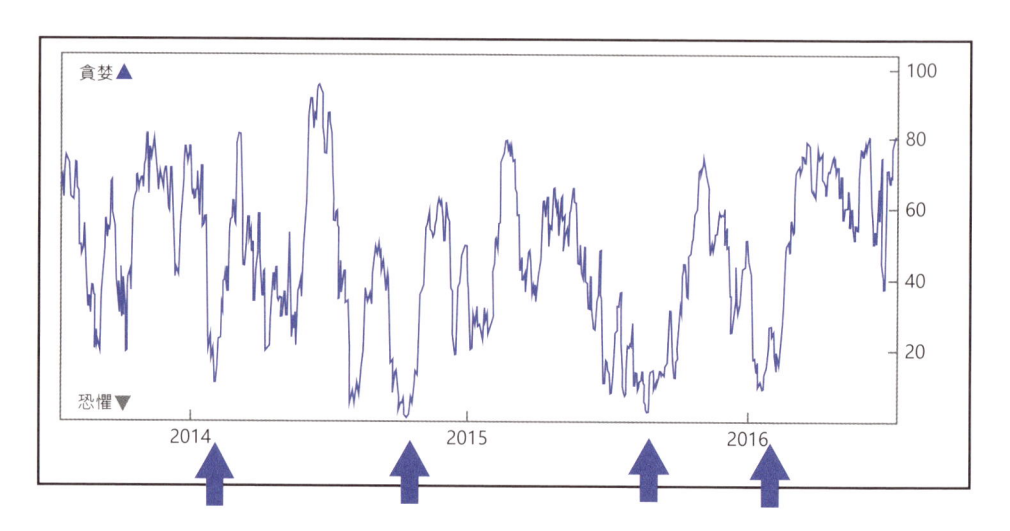

圖 1-18：2013 至 2016 年恐懼與貪婪指數。　　資料來源：CNN 網站、作者整理

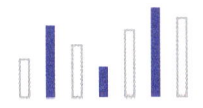

數，是不是恰巧跟 MDD10％發生的機率相當？這是筆者多次使用波克夏 MDD 的經驗。

圖 1-17 給大家當作參考：筆者把當時標普 500 指數的數據跟大家分享。我們很容易就可用肉眼對照出來，每一次恐懼與貪婪指數低於 25 的時候：

1. 通常會觸碰到年線（MA240）；

2. 如果把時間拉長一點觀察：每一次恐懼與貪婪指數低於 25 通常是波段的相對低點，也是近期相對好的買點。這不表示每一次都能買到最低點，但是能買到相對的低點。

其次提供給大家的是 2013 下半年至 2016Q3 的恐懼與貪婪指數。我們從圖 1-18 可以知道幾件事情：這約當四年的時間中，出現了四次恐懼與貪婪指數低於 20 的時間，筆者最有印象的是 2015 年下半年還有 2016 年第一季的這兩次。

2015 下半年開始，美國聯準會開始跟市場溝通準備升息，因此整體股市就從下半年開始下跌，到了 2015 年 12 月聯準會終於結束了長達 3 至 4 年的嘴砲升息，正式升息，市場情緒就從不確定轉為確定。

2016 年第一季同樣的升息聲音不絕於耳，加上 2015 年下半年的崩盤，經濟尚未出現很強勁回升，因此 2016 年第一季，股市再次崩跌，恐懼與貪婪指數再次回到 20 以下。

圖 1-19 提供當時的標普 500 指數給大家當作參考：

1. 通常會觸碰到年線（MA240），有沒有發現這個性質重複發生了！2010 至 2013 年也是這個樣態。

2. 2014 年初低於 20 以下，與 2014 年末低於 20 以下，都是急跌之後快速回彈的上漲，那時候只要能進場撈底，通常都能短期間取得不錯的報酬率。

3. 2015 年 Q3 的市場大跌，因為聯準會升息的因素，我們也看到了市場快速地向上回彈

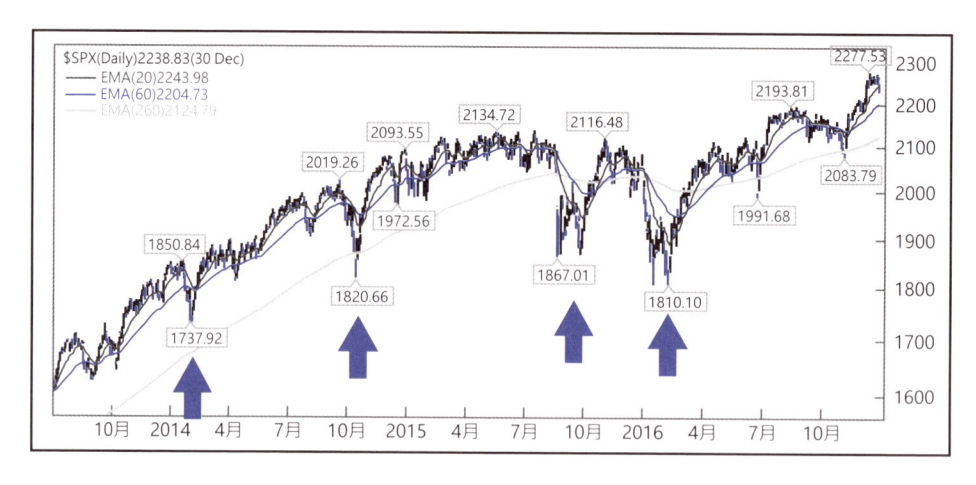

圖 1-19：2013 至 2016 年恐懼與貪婪指數低於 20 時標普 500 指數的表現。

資料來源：StockQ、作者整理

4. 2016 年 Q1 市場再次大跌，從事後來看，也是很棒的買點。

連續看了 7 年的經驗，筆者認為這個策略是有效並且可以執行的，因此就把他搭配波克夏的 MDD 一起使用，而這幾次的下跌幅度最深就是大約 20% 附近，我們也可以從下圖觀察到，如果在恐懼與貪婪指數相對低點買入之後，通常很快的也就能夠接近或是創新高，也就剛好吻合前面跟大家分享的波克夏 MDD 的下跌後回升的幅度與時間，也就在這一段時間，筆者經過歷史經驗的觀察與思考，恐懼與貪婪指數加上波克夏 MDD 的策略，就成為筆者加碼股市的一個重要策略。

思考與觀察

學習一件新的知識並且做出行為，是需要時間與經驗的淬煉。

當我們聽到一件新的知識，要深刻學習他，必然是要加上實務去執行體會，筆者就是從 2013 至 2016 年開始進行執行與持續反思波克

夏 MDD 這個策略與恐懼與貪婪指數，這就是一個完整的學習與體驗的過程，如人飲水冷暖自知。

2016 至 2024 年是筆者正式大規模應用恐懼與貪婪指數與波克夏 MDD 的時間，並且筆者在部落格中有記錄下來實戰的結果與心得。

筆者的投資恩師曾說過，投資不是時間長就會賺錢，很多散戶股齡超過 30 年，都還是散戶，這是為什麼？因為散戶永遠不會把經驗累計下來，很多資料與判斷只在下單當下，但是人的記憶有限，當沒有確實的記錄下來之後，很快的我們就會把這一次投資的經驗忘記了，無論他是成功的還是失敗的。

所以筆者記得這一點，用部落格當成投資筆記，持續記載著筆者做過的決策與學習體會到的功課，這是讓自己能夠持續進步的來源，也跟筆者學習的圍棋經驗一樣，復盤：把過去每一手下過的棋，都重新回顧利害關係，並且尋求是否有更好的一手、更好的思路，讓我們能持續進步。

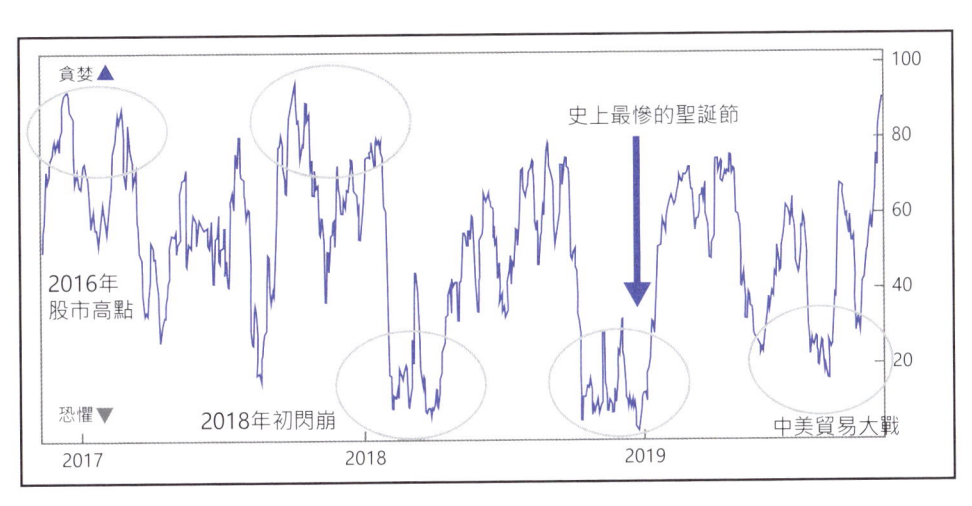

圖 1-20：2016 至 2019 年恐懼與貪婪指與股市的表現。

資料來源：CNN 網站、作者整理

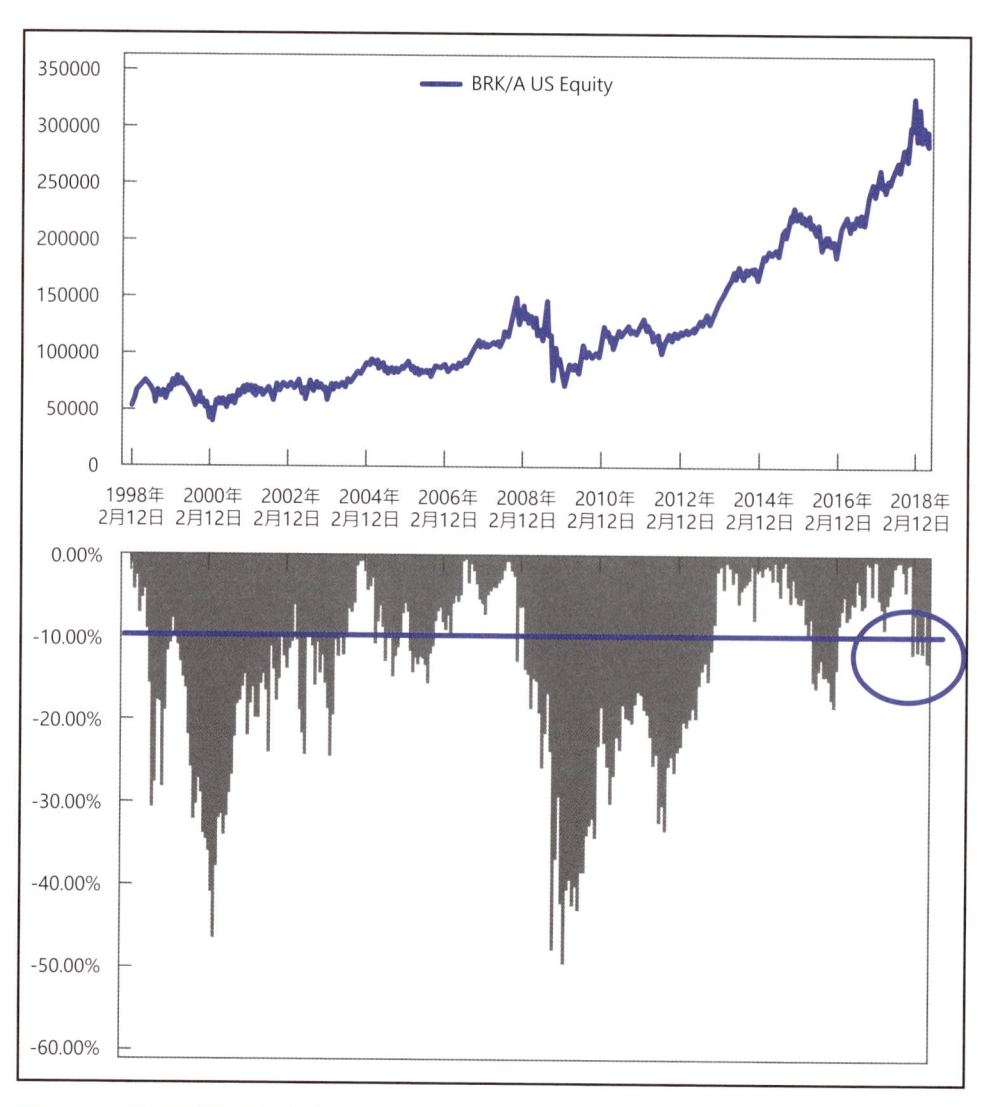

圖 1-21：波克夏股價與波克夏 MDD。　　　　資料來源：Bloomberg、作者整理

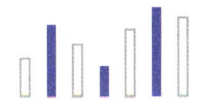

圖 1-20 就是 2016 年度末到 2019 年度末的恐懼與貪婪指數：

我們用肉眼觀察的結論還是老樣子：

1. 發生的頻率仍是一年一次的節奏。

2. 這一階段筆者就憑藉著數據與經驗進行實戰的驗證了。

在 2018 年初股市閃崩的時候，筆者留下了歷史的記錄：

大家用肉眼就能清楚辨識，當時波克夏 A 股的 MDD 來到了 10%，因此筆者就毫不猶豫的買波克夏的股票。（圖 1-21）

在 2018 年末當時市場上的氛圍充滿著悲觀：號稱史上最慘的聖誕節。

當大家看到標題，也就知道當時的氣氛如何了！記載在筆者部落格 2019/01/02 的文章中。（圖 1-22）

而恐懼與貪婪指數，就是圖 1-20 所示 2018 年度末低於 20 的那一段時間。

筆者同一時間接到多位客戶緊急 Line 表示因為他們受不了下跌的壓力而失眠了！其實投資顧問有時候很像導師，有時候很像精神科醫師，要安慰很多投資經驗不足的投資人，因為他們不理解大跌的意義，甚至是從來沒有親身體會過股票在一天內大跌，口袋裡面的錢一瞬間就蒸發的感覺，所以表現出來的就是恐慌，因此筆者認為投資最大的阻力，其實不是知識，而是無法抵抗的恐懼情緒。

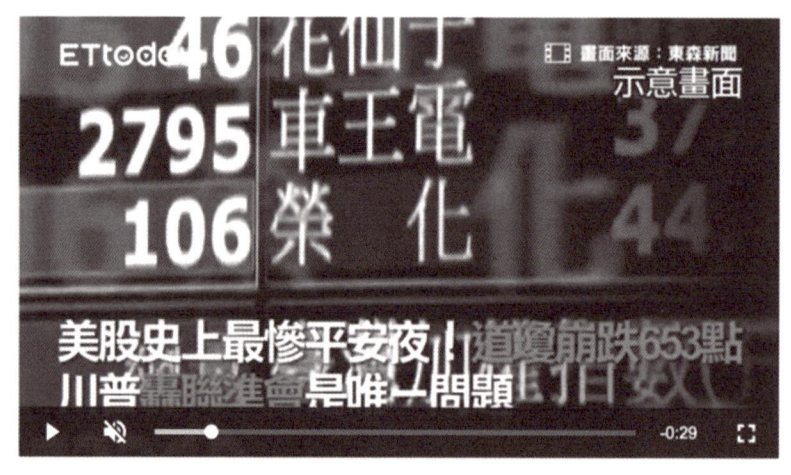

圖 1-22：作者部落格與網路新聞 時間：2019 年 1 月 2 日。　資料來源：作者整理

　　下面就用兩個 Line 對話來表達當時客戶的恐懼。（圖 1-21 圖 1-24）

　　這是一位大學教授的恐懼，講述了葛林斯潘的意見，可是葛林斯潘不是專業投資人投資的判斷，應該要看巴菲特的動作才會比較接近正確答案。

　　而筆者的實務作法，就是別人恐懼的我要貪婪！按照 MDD 的數據，加碼波克夏股票，市場越絕望，市場越恐懼，後來驗證通常都是很棒的買點，也許很難買到最低點，但是能買到相對低點。

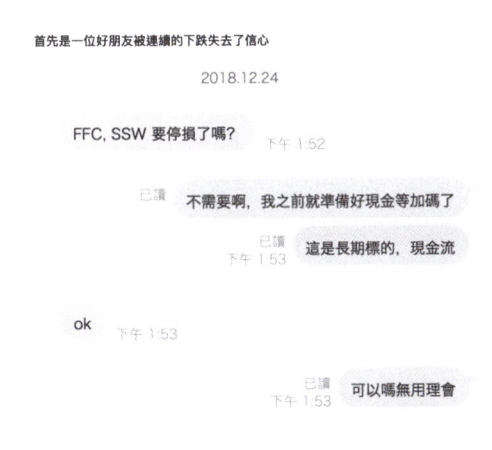

圖 1-23：客戶下午緊急傳來訊息。

資料來源：作者提供

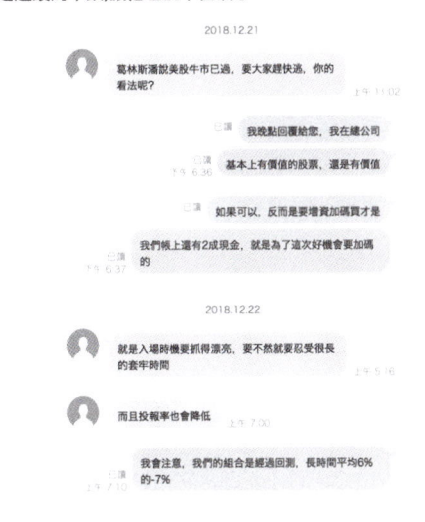

圖 1-24：大學教授的恐懼。

資料來源：作者提供

　　隨後當市場極度的恐慌，新聞標題都寫上了史上最慘的聖誕節，然後市場就反彈了，並且開始落底回升，展開了 2019 年大多頭的一年，直到 2020 年 Covid-19 的發生。

　　圖 1-20 無非就記錄市場的奇特，史上最慘的聖誕節過後市場迎來了極大的反彈。

　　其實波克夏不是我買上去的，我就買了 50 股怎麼能把波克夏的價格拉起來？那是因為市場因為過度的恐慌，造成有價值的股票大打折，我只是趁著股市周年慶打折賣股票的時候，快點出手採購一些。

　　在 2016 年末到 2019 年的經驗，就是筆者應用恐懼與貪婪指數與波克夏 MDD 的實證時期，並且經過多次的驗證與經驗，讓我的投資心性更為成熟與穩重。

　　但是當筆者覺得安全的時候，就迎來了筆者應用恐懼與貪婪指數與波克夏 MDD 之後的最大考驗，Covid-19。即使是史上最慘的聖誕

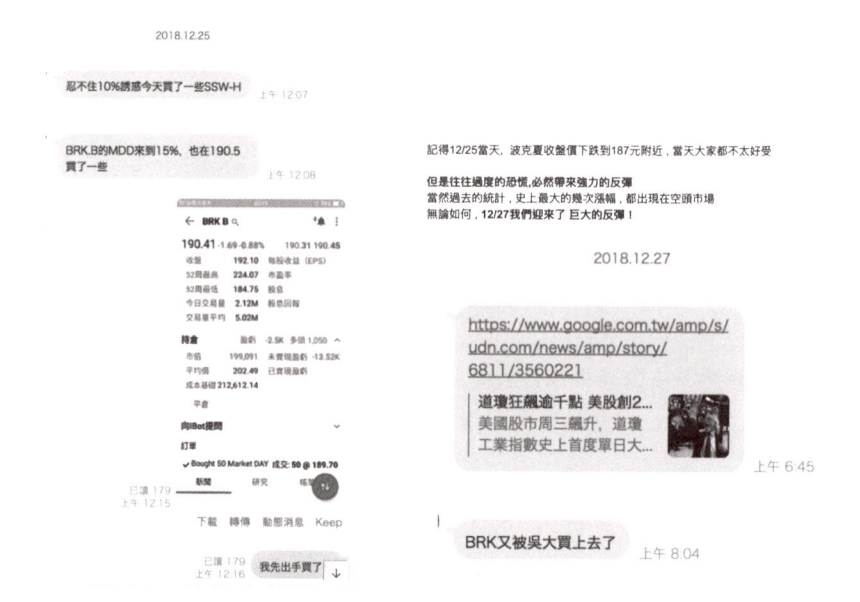

圖 **1-25**：筆者實務的交易。資料來源：作者提供（2018 年 12 月 25 日）

圖 **1-26**：12 月 27 日我們迎來巨大的反彈。　　資料來源：作者提供

節，波克夏的 MDD 也沒有超過 20%，Covid-19 給筆者的考驗則是超過 30%的 MDD，把手上的資金用到山窮水盡，甚至槓桿，考驗的是內心的堅定信心（說是信仰也不為過）。說實在的如果投資生涯沒有遇到過大崩盤，這個投資生涯還真是經驗不足啊，只有在崩毀的時候才能更明白自己的風險承擔能力。

　　筆者在金融從業的經驗中，常常看到一些人自稱自己風險承受的程度很低，只能接到 10%以內的價格折損，並且不能受到損失，但是這一些投資人在買股票的時候，往往都選擇股本 5 億元以下的小型股，或是生技醫療股，真不知這這些投資人在做什麼？相信這些人完全不了解自己，不了解投資，所以心中只想到了報酬率。就如同牛頓所說：我能計算天體運行的軌道，卻計算不出人心的貪婪一樣，利令智昏啊！

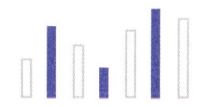

時間來到了 2019 至 2021 年這個時間點，這是筆者使用恐懼與貪婪指數與波克夏 MDD 體悟最深的一次！

一如往常的，我們先來看恐懼與貪婪指數：（圖 1-27）

1. 頻率也是約當一年一次。

2. 只要是恐懼與貪婪指數低於 20，就是相對好的買點。

   1) 2019 年 Q3：川普中美貿易大戰，造成股市動盪。

   2) 2020 年 3 月 Covid-19 股市崩盤，是最近十年最大的回落，並且終結了 2015 年 12 月以來的升息循環，也因為景氣瞬間急凍崩盤，三大央行：聯準會（FED）、歐洲央行（ECB）、日本央行（BOJ）展開了史上最強的無限量 QE 挽救了市場經濟，造就了後續的股市榮景與近 50 年最強的通貨膨脹。

這是當時波克夏的 MDD 數值，放上來給大家參考：因為計算的是收盤價，因此大家沒有在數據上看到 MDD30％ 的發生，實際上盤中價格有到達 MDD30％。（表 1-5）

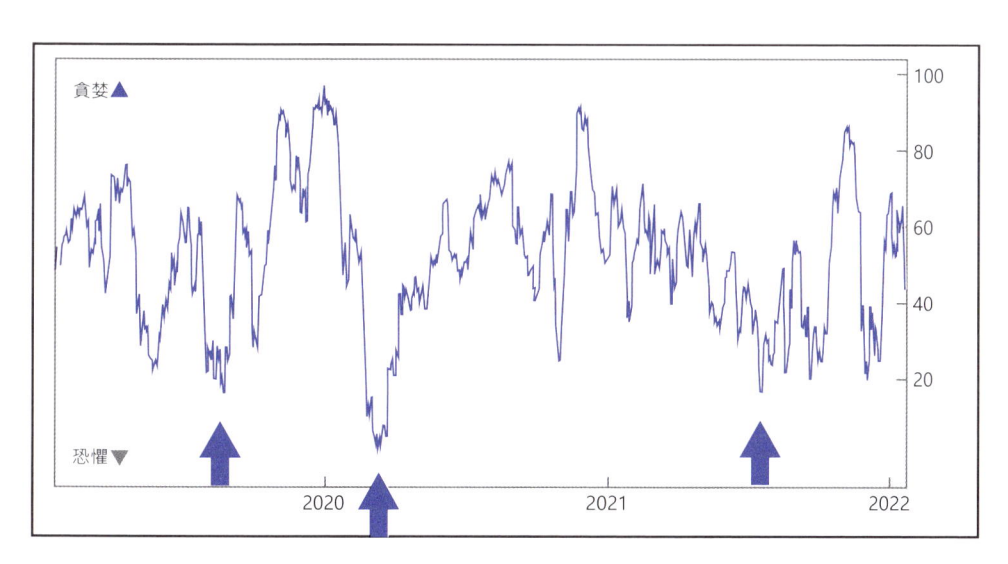

圖 1-27：2019 至 2021 恐懼與貪婪指數。　　資料來源：CNN 網站與作者整理

來自香港的求救信

筆者跟大家分享 Covid-19 發生的故事,這是一封來自香港的求救信,在 Covid-19 的崩盤中,筆者還能發揮社會穩定的力量,很是開心。(圖 1-28)

2020 年 3 月 21 日,一位香港的護士傳來下面的訊息給我,幫大家整理一下內容重點:

1. 兒子需要醫藥費,所以把希望寄託在股市(從 2008 年開始市場風行一種現金流投資,我想應該是《窮爸爸與富爸爸》這本暢銷書的影響,讓很多人都不顧風險投入)。

2. 他做了高度的槓桿,因此遇到市場價格大幅度崩盤的時候,沒有抵抗的能力,隨時準備被斷頭。

3. 他投資的標的是高收益債、特別股、ETD 等 2008 至 2019 年風行的標的(真正開花結果應該是 2016 年之後,很多存股與現金流的書籍面市後),但這些標的屬於筆者歸納的風險資產中,並且如果對這些標的有研究,這些標的在 2008 年的時候,下跌的幅度甚至高過股票的跌幅,是波動非常劇烈的資產。

為什麼要資產配置?無非就是當風險來臨的時候,我們的投資部位能夠更安全一些,不至於因為錯誤的財務規劃與投資組合配置,面臨滅頂的狀況。

當資產進入急診狀態,優先要做的就是先止血,不要一次就往生了,先處理即將被斷頭的部位,再來處理其他資產。(圖 1-29)

這位好朋友犯了幾個致命的錯誤,用這個例子分享給大家,資產配置時不要忽略的錯誤。

1. 不要過度槓桿,不要過度槓桿,不要過度槓桿:很重要所以說三次。

2. 如果非要槓桿,務必選擇不會被迫停損斷頭的方式,例如房屋增貸、信用貸款等還款金流穩定、不怕市場波動的。股市融資會因為保證金不足而被斷頭,不適合做過高的槓桿。

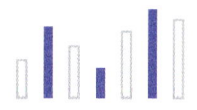

表 1-5 2020 年 3 至 4 月波克夏 MDD 數字

日期	BRk.B 收盤價	BRK.B 當時歷史最高收盤價	MDD 最大幅度
2020/3/9	193.13	230.2	-16.10%
2020/3/10	202.73	230.2	-11.93%
2020/3/11	194.64	230.2	-15.45%
2020/3/12	175.97	230.2	-23.56%
2020/3/13	196.4	230.2	-14.68%
2020/3/16	177.77	230.2	-22.78%
2020/3/17	187.6	230.2	-18.51%
2020/3/18	172.44	230.2	-25.09%
2020/3/19	174.68	230.2	-24.12%
2020/3/20	170.06	230.2	-26.13%
2020/3/23	162.13	230.2	-29.57%
2020/3/24	178.2	230.2	-22.59%
2020/3/25	180.47	230.2	-21.60%
2020/3/26	183.9	230.2	-20.11%
2020/3/27	179.66	230.2	-21.95%
2020/3/30	183.18	230.2	-20.43%
2020/3/31	182.83	230.2	-20.58%
2020/4/1	175.95	230.2	-23.57%
2020/4/2	179.73	230.2	-21.92%
2020/4/3	178.34	230.2	-22.53%
2020/4/6	185.24	230.2	-19.53%
2020/4/7	185.25	230.2	-19.53%
2020/4/8	191.01	230.2	-17.02%
2020/4/9	193.84	230.2	-15.79%
2020/4/13	188.77	230.2	-18.00%
2020/4/14	192.94	230.2	-16.19%
2020/4/15	188.57	230.2	-18.08%
202014/16	187.96	230.2	-18.35%
2020/4/17	191.2	230.2	-16.94%
2020/4/20	188.75	230.2	-18.01%

資料來源：作者整理

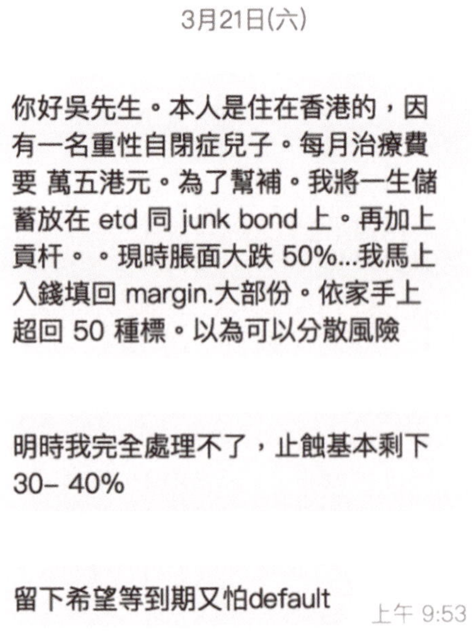

3月21日(六)

你好吳先生。本人是住在香港的，因有一名重性自閉症兒子。每月治療費要 萬五港元。為了幫補。我將一生儲蓄放在 etd 同 junk bond 上。再加上貢杆。。現時賬面大跌 50%...我馬上入錢填回 margin.大部份。依家手上超回 50 種標。以為可以分散風險

明時我完全處理不了，止蝕基本剩下 30-40%

留下希望等到期又怕default　　上午 9:53

圖 1-28：使用了會被斷頭的槓桿導致價格波動時被追繳。　　資料來源：作者整理

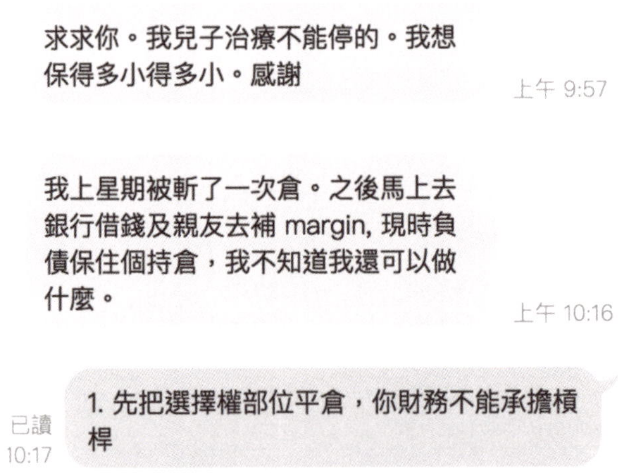

求求你。我兒子治療不能停的。我想保得多小得多小。感謝　　上午 9:57

我上星期被斬了一次倉。之後馬上去銀行借錢及親友去補 margin, 現時負債保住個持倉，我不知道我還可以做什麼。　　上午 10:16

已讀 10:17　1. 先把選擇權部位平倉，你財務不能承擔槓桿

圖 1-29：當波動來臨時優先降低槓桿，避免斷頭。
　　　　　　　　　　資料來源：作者整理

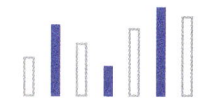

3. 一開始買進的標的，就要顧及投資組合的平衡，各種標的的波動性與報酬率必須事前就了解，並且做出對應方式，才能比較安穩。

就在 Covid-19 發生，市場極度動盪危急的狀況下，反而去加碼股票，這也是第一次筆者下單時手指會發抖，並且冒冷汗的時刻，人生第一次啊！逆勢加碼這是需要多大的勇氣？還有堅定的信心？最好要有強健的身體，不能失能。

當時筆者的症狀是：腦子想著要買進，手指卻不聽話，或是想要飄移到點賣出，這是極度恐懼的症狀，所幸筆者心臟夠力，不然早中風了。

如果光有勇氣與信心是不夠的，帳戶上沒錢不也白搭？所以才需要透過配置的方式，在最危險的時候，能夠買到最便宜的股票：這不就是巴菲特的絕學？（PS：根據媒體報導，2024Q1 波克夏公司帳上現金與美國國庫券有 1,900 億美金，並且有將近 1,300 億是美國公債）

別人恐懼的時候我們要貪婪

當崩盤發生的時候才有便宜的好價格筆者在 2020 年 9 月寫了一篇過去半年的回顧，其實就是要跟大家分享那時候的心情，是最恐慌的時刻，筆者還是能堅持自己學過的理論、使用過的方法，然後加碼股票。

實務上大家可看到圖 1-30 的對帳單：4 月 15 至 28 日之間筆者大幅度加碼股票。除了市政債、標普 500ETF、波克夏以外，還有一個標的：艾克森美孚

如果您還對 2020 年 4 月的情境有印象，必然會記得歷史上唯一一次出現油價負數的時間，就是在 2020 年 4 月的時刻，那時候所有石油公司股價崩盤，甚至傳出可能倒閉，筆者就在那時候去買入筆者衡量過，應該不會倒閉的石油公司：艾克森美孚（世界第二大石油公司，世界第一大是沙特阿美，因為沒有上市，所以選第二大買入）。

為什麼選擇 4 月加碼？因為筆者觀察的一個指標，在 4 月才正式到了筆者大幅度進場的標準，後面筆者在其他章節分享這個細節。

是否覺得事後來看大家都是諸葛亮神機妙算？早知道當時就押身家就財富自由了；早知道當時就買爆台積電，這一系列的垃圾話，筆者在事後聽過很多很多，千金難買早知道。

往往散戶的特質就是：說的跟做的不相符。實際上對筆者來說，就是認知不足以產生行動。沒有行動的規劃是空話，一點效用也沒有，白搭。只有真正認識並且實務執行之後，才能知道一個想法或是策略的優點與缺點，好處與壞處，如人飲水冷暖自知，筆者透過親身經驗讓大家更了解當時的心路歷程。

恐懼與貪婪指數是一個非常具有指標意義的參數，他能夠讓我們知道什麼時候是相對好的買點，但是知道是相對好的買點，還要克服兩點：

圖 1-30：最大的恐慌，反而帶來最大的機會。　　資料來源：作者部落格與作者整理

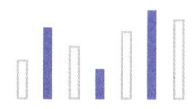

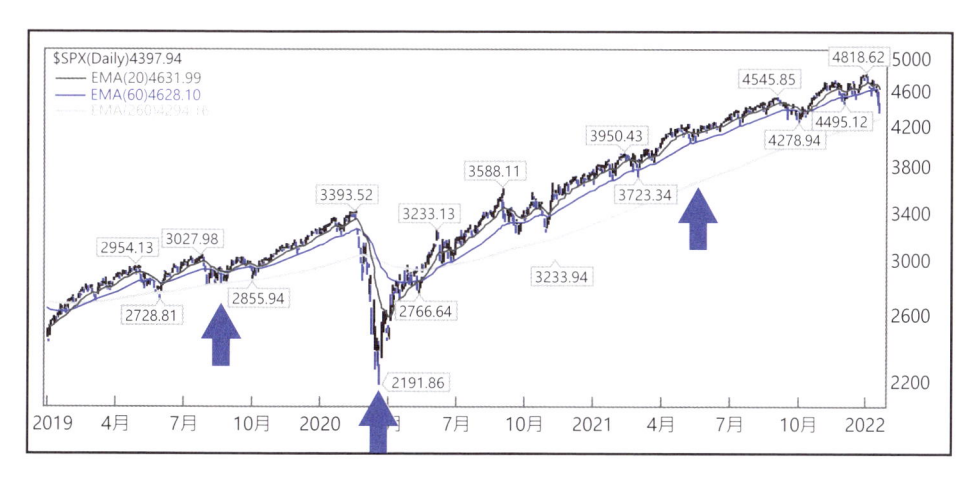

圖 1-31：2019 年至 2021 年來標準普爾指數及恐懼與貪婪指數 25 以下的時點。

資料來源：StcokQ 與作者整理

1. 你銀行帳戶還有錢，這樣才能下單。
2. 你的身體沒有問題：心臟好，手指沒有失能，手腦要協調，才可以順利下單。

學習到一個新知識之後，務必落實在生活中，並且去執行，沒有執行的計畫是空談。

圖 1-31 為 2019 年至 2021 年末的標普 500 指數，給大家當作參考：

不就是再次跟大家強調，當恐懼與貪婪指數 25 以下就是當年度的好買點嗎？

文章的最末，筆者就引用財經 M 平方的資料了。

這是 2021 年至 2024 年 7 月的一張圖，他整合了標普 500 與恐懼與貪婪指數，讓我們能夠更方便的比對。資料時間最長是 3 年多一點，因此早期的資料取得不易，所以就在本書分享給讀者了。

圖 1-32 我們就可以清楚比對恐懼與貪婪指數跟標普 500 的相關性：

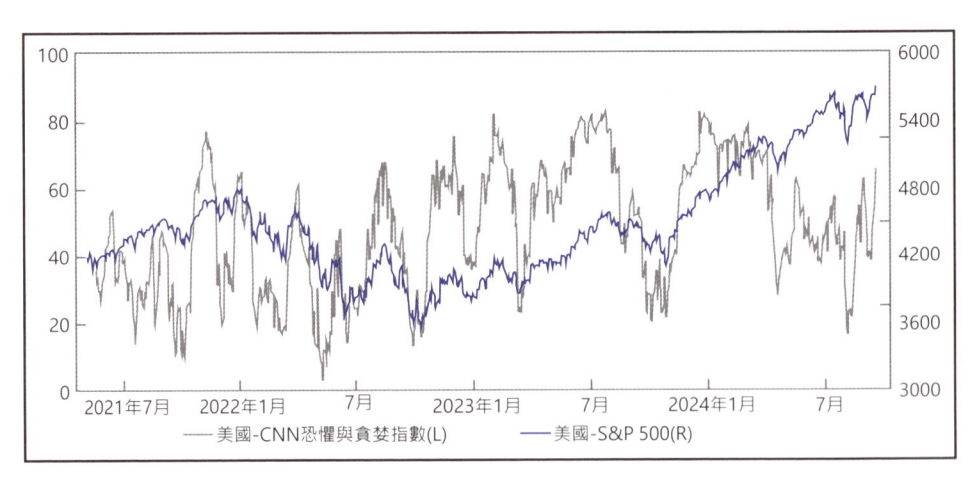

圖 1-32：2021 年至 2024 年標準普爾指數與恐懼與貪婪指數。　資料來源：財經M平方

1. 2022 年美國開啟了 50 年以來最強大的升息，所以標普 500 在 2022 年年初見到高點之後，就一路崩跌倒 2022 年底。但是筆者過去的研究經驗表示：升息初期雖然容易下跌，但是整段升息循環通常都是上漲的。

    例如：2015 年的升息造成股市崩跌，但是緊接而來的 2016 至 2017 年是大漲的。2004 年的升息也同樣造成市場動盪，但是隨後的 2005 年至 2007 年是大漲的

    因此升息循環的回落，通常都是股市的買點（根據歷史經驗）。

    我們在 2024 年回頭來看 2022 年的恐懼與貪婪指數的與標普 500 指數的低點，也完全提供了我們驗證基準。

2. 2023 年也曾經出現過恐懼與貪婪指數低於 25，比對之下也是相對好的買點。不過筆者真的沒有印象當時發生什麼事情了。

    直到 2024 年 9 月 19 日股市仍持續創新高，恐懼與貪婪指數的位置也還落在 66 上下，很中性的數據。

    筆者花了很大的篇幅跟大家分享這個指數，無非就是跟大家分享巴菲特的名言：別人恐懼的時候我要貪婪，別人貪婪的時候我要恐懼。

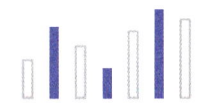

每一次市場進入到極度恐懼的時候，通常就是股市相對好的買點，但是我們一般投資人怎麼能夠知道現在是否是極度恐懼？我們就可以使用 CNN 編製的指數來當作依據。

最後附上筆者做出的結論：

1. 恐懼與貪婪指數通常代表的是當年度相對好的買點，不代表能買到最低點。

但是實務上，要做到下跌的時候仍有金錢可以加碼，那就是資產配置的功效了。

2. 恐懼與貪婪指數用來當成賣點，最後很容易在波段起漲點賣掉股票。

從上面的標普 500 表現可以知道，通常在貪婪的時候賣掉股票，未必是好事，最大的問題就在，如果股票後面又創新高了，投資人真的有勇氣用更高的價格把賣掉的股票追回來？

筆者就遇過很多投資人，看到波克夏漲多了，就忍不住賣掉，例如 2022 年的客戶，270 至 280 元之間買了股票，結果 310 元賣掉之後，股票就持續上漲創新高，雖然我不斷的提醒，要保留一定的部位。（PS：投資人常常有落袋為安的習慣，但是一家會持續成長的公司，最好的策略就是買入持有，低點加碼。）

下面就是筆者的日常……當時創新高價格是 360 元以上（2022 年 Q1 創下的），當時股價應該落在 330 至 350 元之間。

3. 恐懼與貪婪指數是擺盪型的參數，很容易有高檔低檔鈍化的現象，因此如果我們 Covid-19 時

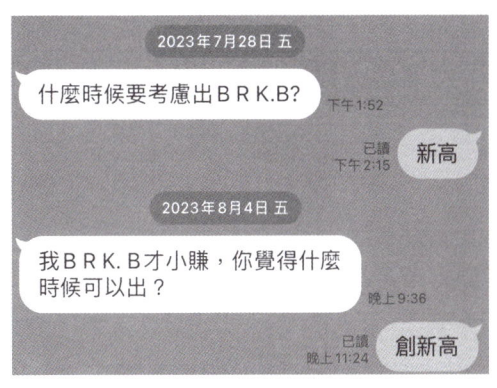

圖 1-33：多數投資人沒有耐心長期持有，有獲利就想賣出。　資料來源：作者提供

獨立思考與數據的收集

> **巴頓將軍：**
> 我是一位忠實的基督徒。
> 想得到想要的東西要做出三種努力
> 1. 周密的計畫
> 2. 辛勤的工作
> 3. 虔誠的祈禱
>
> 在計畫與執行中間存在決定勝敗未知的東西
> 有人稱之為運氣：我說是上帝

圖 1-34：巴頓將軍名言。　　　　　　　　　　資料來源：作者提供

低於 25 就立刻出手槓桿壓身家買股票，那瞬間就會遇到黑色一星期，買入的資產在兩週內蒸發 20%，所以筆者親身的體驗是，當恐懼與貪婪指數低於 25 或是波克夏 MDD 來到 10%，我們要分批買入股票，當然如果能直接肯定知道最低點，那麼就在最低點壓身家買了，通常能知道股市最低點跟最高點的，應該是神供人參拜，或是早就變成世界首富了，所以我們凡人能做的是，分散分批加碼。

最後有一段話想跟大家分享：筆者是基督徒，我們能做的就是把所有已知的東西規劃好，知道他的原因與理由，並且持續精進。

二次世界大戰名將巴頓將軍（George Patton Jr.）名言：

「在計畫與執行中間存在決定勝敗未知的東西，有人稱之為運氣：我說是上帝。」

本章節專精圍棋的筆者分享了圍棋的思維邏輯、總經的體系，也分享了多重考量因素的波克夏 MDD 與實務上需要克服內心恐懼的恐懼與貪婪指數，從基本概念到實務上的生理狀態與心理狀態都詳實的跟大家說明，相信能給大家耳目一新的感覺，每一次閱讀希望都能讓讀者感受到親臨現場的即時感。

投資經驗筆記

筆者常常跟客戶與投資人見面，其中並不難發現很多投資人與客戶的股齡很長，但是其知道的專業與細節都不是很清楚，大致上都只知道投資多少錢，賺了多少？很少聽見投資什麼股票賠錢的經驗。

筆者就有一個疑問了，如果每一次投資都這麼美好，那為什麼現在資產沒辦法累計？投資水位也不高？甚至市場經驗與專業知識都相對貧乏？

最後筆者想了想：大概就這麼一個理由可以解釋這個問題，因為多數投資人把賭博賺錢當成投資賺錢了。

筆者就以親人的經驗當作分享，筆者是新竹縣人老家竹東，距離新竹科學園區大約 10 至 15 分鐘的車程，親人是很早期就會投資股票的股票一族，因為國中幹事的身分，因此同事很多女老師的先生都在竹科工作（是高級工程師或是主管）。

20 多年前的偏鄉國中，尤其是距離新竹山區很近的偏鄉國中（從竹東開車也不用 30 分鐘的距離），那是一個退休天堂啊！正如同相聲瓦舍的段子：5 點下班 3 點就在家看電視的公務人員生活（只要沒有課就可以離開了，反正也沒人管），而當時筆者就曾經在國小、國中遇到過一些外省老伯伯當老師教英文的，但是外省老伯伯的國語比英文難懂多了，天知道他在講哪一國語言啊！

還耳聞過，因為校長為了世界的和平與社區的關係的和諧，往往一早就跟鄉民們交關，一早就開始了一天的小米酒就喝飽行程，不到 12 點就達到不問世事又如何的飄然境界。

在一片祥和的工作環境中（說一片醉茫茫的李白境界也可以），老師們也就很喜歡烙坑聊股票。小時候筆者就曾經親身耳聞：老公在某公司說股票要上市要不要來買一點？或是老公的同學在某公司，說接到某公司的大單，準備噴出了，又或是聽到某某內線消息，股票準備要動了等等。而長輩的生活也是 57、58 台電視聲陪伴入眠的一族，這麼認真做功課又這麼多內線消息，不就早發達了？為什麼沒有？

因為在錯誤的道路上奔跑，怎麼能取得真正的知識？

筆者自問以下的問題：

問題 1：聽到同事報明牌，雖然說得活靈活現的，自己實務上會怎麼做？

筆者大概就會半信半疑，然後買個 10 張 20 張試試，因此實務上就是買個 10 張股票未上市市值 100 萬好了，即使賺價差 50 元，一張賺 5 萬了不起也就賺 50 萬，不會一次爆富，更別說，很多內線最終都是慘賠歸零的結果。這種行為本質上不也跟賭博相同？因此這並不能給投資人新的啟示與知識。

筆者在執業過程中，遇到過一位資深的退休刑警，當時他住在潭子，聽他的分享他是曾經躲在車上埋伏跟監陳進興的老幹員，有一次他跑來跟我分享，叫我一定要跟著買銘異（台股代號 3060）。

手上有一本很像大學影印的教科書的文件，裡面印滿了簡報內容，說那是銘異董事長跟他吃飯時有說，他們即將把股票炒到上千元，又說有超級好的基本面，還有接到 WD 的大單，很快就要噴出了。

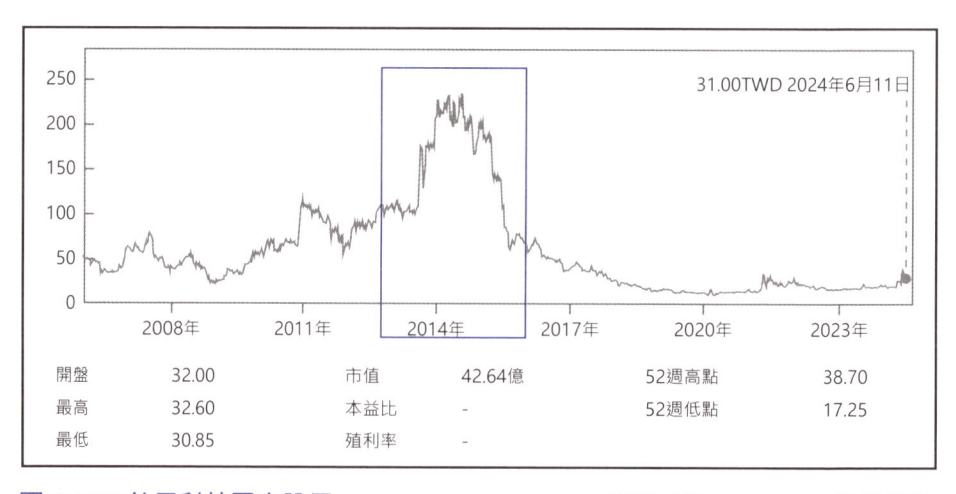

開盤	32.00	市值	42.64億	52週高點	38.70
最高	32.60	本益比	-	52週低點	17.25
最低	30.85	殖利率	-		

圖 1-35：銘異科技歷史股價。　　　　　　　　　　資料來源：google、作者整理

這位刑警當時把房子拿去抵押，借錢出來用融資壓身家買入 3060，筆者跟他再三強調，這通常是拉最後一支老鼠的手法，最後老刑警把房子抵押借款過後，從側面得知他大批買入 3060，我按照他借款的時間點推測：他的成本是 180 元附近，如果後續，他沒有賣出股票，那筆者就能夠知道他的結果了，不過他在房子抵押貸款後，就沒有他的消息了。

　　上面這個案例不就是我們身邊常見的例子？筆者列出幾個不合理的事項跟大家分享：

1. 董事長會跟散戶吃飯？不合常理。
2. 如果公司會大賺錢，如果您是董事長，會先怎麼做？先買股票，那什麼時候會告訴散戶這些消息？要出貨的時候。
3. 如果真的是一定會賺錢的，那請問董事長為什麼要把消息放給散戶？

不合理，通常都是因為要出貨才會。

4. 刑警大人給我看一本號稱《葵花寶典》的書，裡面記載著公司利多等，怎麼看都是投顧老師的手法，不是公司董事長會做的事情，因此這一點也不合理。

因此從上面幾個疑點來看，最終都導向一個結果。

　　人會被騙通常不是因為他笨，而是因為他貪心，利令智昏，即使他原本是追擊最兇惡罪犯的刑警也不例外。

　　問題 2：聽到別人說的內線消息，筆者的反應是：別鬧了，散戶不會有真的內線。

　　說公司即將接到大單或是準備要被合併，其實散戶能真實知道會賺大錢或是無風險套利的機率很低、非常低、低到爆炸。

　　如果有，那也是會上新聞的內線交易。

記得多年前的新聞：漢微科準備被 AMSL 併購，當時主管併購的外資券商的美女分析師在家中講電話的時候，恰巧被旁邊經過的老公聽到了，老公聽到這個消息之後，立刻就用人頭帳戶下單，買進漢微科……然後就因為內線消息被起訴判刑了。

試問了，如果不是上述這種會被判刑的內線交易，那您該掂量掂量自己的斤兩，真的值得別人冒著判刑被關的風險，把這天大的機密跟您分享嗎？

專業券商的案例：也因為被併購的消息搞到大虧。

這是幾年前某某證券的自營部門因為收到美光併購華亞科的消息，事前在市場上大買華亞科的股票想要套利。結果遇上了罕見的併購延遲，結果某某證券的自營部門大虧數億元，逼得該證券當年度狂逼經紀部門業績，要讓經紀部門的獲利補上自營部門的虧損，那時真的很同情某某的經紀部門，要幫自營部門背鍋。

連專業的自營部門都會敗在併購的消息了，何況是一般散戶投資人？

最後一個併購的案例，是曾經也讓筆者身邊很多位理專與金融從業人員中槍的樂陞案。

當年樂陞聽說要被一家日商公司高價併購，收購價格 120 元，但是根據筆者之前遇到併購的經驗，通常宣布併購之後，股價通常會鎖死在 119.9 元或 120 元整，讓套利交易完全沒有空間執行，但是很神奇的，當時樂陞的股價一直維持在 100 至 110 之間，完全不合乎過去的經驗與常理，這時候筆者就接到來自理專好朋友的電話：說樂陞可以套利，他已經進場大買一筆了，跟我說這是千載難逢的好機會，筆者的經驗告訴我，這其中有鬼！

天上從來不會為了散戶掉餡餅，散戶也絕對不會在資本市場上莫名其妙得到甜頭，會讓散戶接到的通常是狗屎，散戶通常就是各方主力要割的韭菜，最多就是給點小甜頭，目的是為了割韭菜。

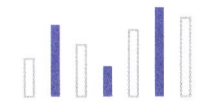

而過了一陣子，就爆發了樂陞購併案根本是造假，這也讓筆者長智慧了，原來主力可以這樣割韭菜啊！手法真是日新月異。

所以筆者仔細思考一件事情，為什麼散戶永遠都是散戶？因為他們總是把無法累計經驗，尤其是失敗的經驗。

而成功的經驗往往也是我多少錢買的，多少錢賣了，這種膚淺的價格記憶，沒辦法深入的知道他怎麼贏、如何贏、贏在哪？這些需要深入思考的問題。就跟牌桌上大家總是會讓新手贏一樣，不然新手一開始就輸了而且還輸到脫褲，後面不來怎麼辦？主力要是源源不絕的新韭菜啊！

而失敗的經驗，通常都是深埋在記憶中，筆者就曾經挖到家中的一些壁紙：金雞蛋休閒農場的股票，聽說當時募股的時候，筆者小時候念的二重國小當時的校長王ＸＸ還在台上大聲跟大家分享說可以入股，多年過去了，金雞蛋農場現在就是一片荒蕪，股票也早就變成壁紙了，這就是散戶的常見的命運。

散戶也會被主力當成走路工

當年日月光併購矽品的時候，當時號稱矽品老闆娘的黃姐，來請家人一起加入他們的行列，他們要抵抗惡意併購，所以找家人去當時台中新天地（崇德路上的新天地婚宴會館）抗議日月光的惡意併購，一起幫忙捧個人場，就跟政治場子去凱達格蘭大道抗議一樣，叫遊覽車到現場發便當，幫別人當走路工。

筆者當時就在想，當日月光想要併購矽品的時候，矽品真的很愛自家公司，那就應該拿出資本市場解決事情的方式，而不是請人當走路工抗議惡意併購，拿錢出來！

當日月光出每股 45 元收購股票，矽品經營者可以拿出每股 48 元公開收購，那麼市場所有人都會把股票賣給出價高的矽品。

揭開序幕、矽品的反抗

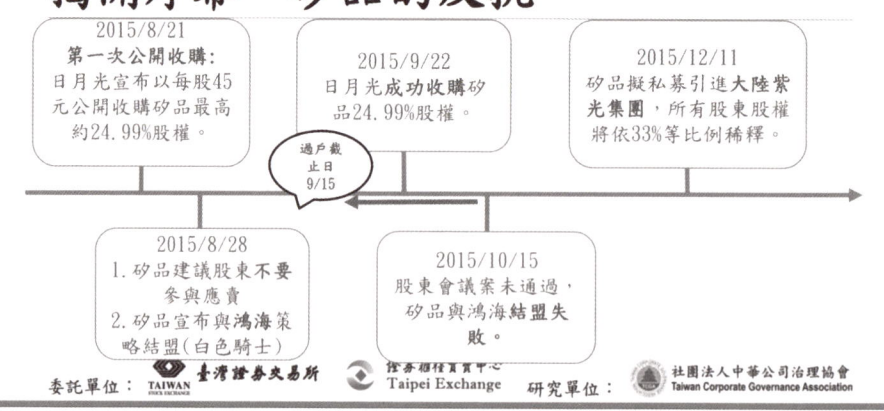

2015/8/21 第一次公開收購：日月光宣布以每股45元公開收購矽品最高約24.99%股權。

2015/9/22 日月光成功收購矽品24.99%股權。

過戶截止日 9/15

2015/12/11 矽品擬私募引進大陸紫光集團，所有股東股權將依33%等比例稀釋。

2015/8/28
1. 矽品建議股東不要參與應賣
2. 矽品宣布與鴻海策略結盟(白色騎士)

2015/10/15 股東會議案未通過，矽品與鴻海結盟失敗。

委託單位：臺灣證券交易所　證券櫃檯買賣中心 Taipei Exchange　研究單位：社團法人中華公司治理協會

圖 1-36：日月光併購矽品歷史事件。　　資料來源：財團法人中華公司治理協會

　　而同一時間，黃姐他們家聽說剛買下豪宅，並且做了超高級的裝潢，總共花了新台幣一億元，那時候筆者就在想，有錢買豪宅跟裝潢，真心喜歡自己的公司，並且認為公司在自己的治理下會更好，賺更多，怎麼不買自己家的股票？

　　何況這個敏感的存亡關頭，還在買豪宅並且高檔裝潢，這是一個要繼續經營公司的態度嗎？因此筆者當時就覺得矽品最後一定會被併購，因為大股東跟經營者的心態不對，這不是準備跟惡意併購者拼命的心態跟行為，反而比較像找人拉抬聲勢，準備拉高價格的狀況。

　　事後我們都能夠理解最後矽品就被日月光給併購了，當然這個結果筆者不意外就是。

　　而筆者收集到了這些故事跟親身經驗並且記錄下來，就是要時時提醒自己的身分不是什麼皇親國戚，也不是什麼達官貴人，自然不會有人口中所謂的天上掉下來的禮物，而資本市場更殘忍，會落在散戶手中的訊息，通常都是狗屎。我們要深刻記得上面的資訊，不要忘了自己的身份。

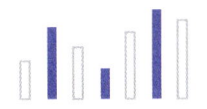

那筆者是怎麼做自己的投資筆記,讓經驗能夠記錄下來的?其實筆者的部落格就是我的投資筆記與心得,只是不會把所有的事情都講清楚而已。

那我們怎麼確認投資筆記是有效的,不是自己亂想亂呼嚨,運氣好遇到的?筆者就拿以前寫過的部落格來跟大家分享:晶華酒店的投資經驗。

以 2021 年財報我們看到的是,當時收入比例如下表 1-6。

筆者在投資任何股票之前,一定會變成他的產品使用者,並且深入瞭解公司的營收與獲利狀況。

表 1-6 的資訊一眼就可以看出,客房收入佔了 27.95%,假設營業獲利為 100。但是筆者用親身訂房可以知道,2022 年 10 月解封過後,晶華酒店的房價暴漲。

表 1-6 晶華酒店 2021 年年報營收比例表

項目	佔 110 年度營業收入比例
餐飲服務收入	57.95%
客房服務收入	27.95%
技術服務收入	2.74%
其他服務收入	1.84%
租賃收入	9.52%

資料來源:晶華酒店年報電子書

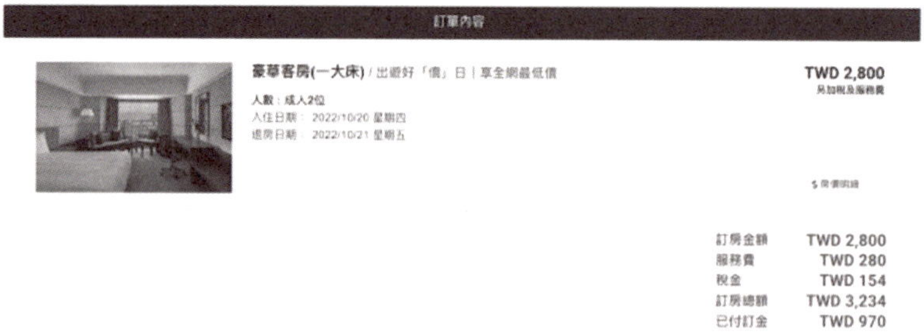

圖 1-37：晶華酒店 2022 國境開放前訂房資料。

資料來源：作者提供、晶華酒店官網

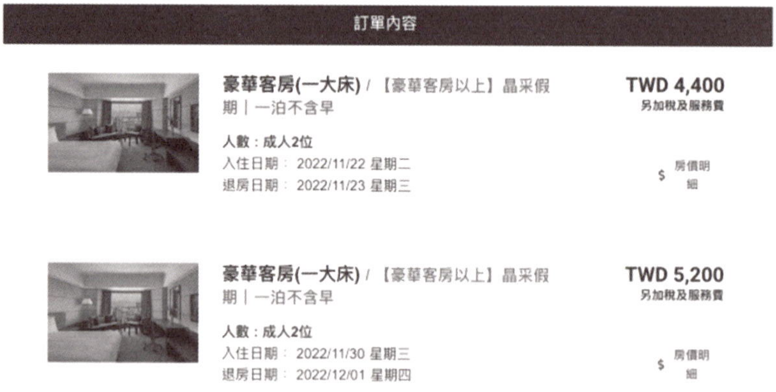

圖 1-38：晶華酒店 2022 疫情前訂房資料。

資料來源：作者提供、晶華酒店官網

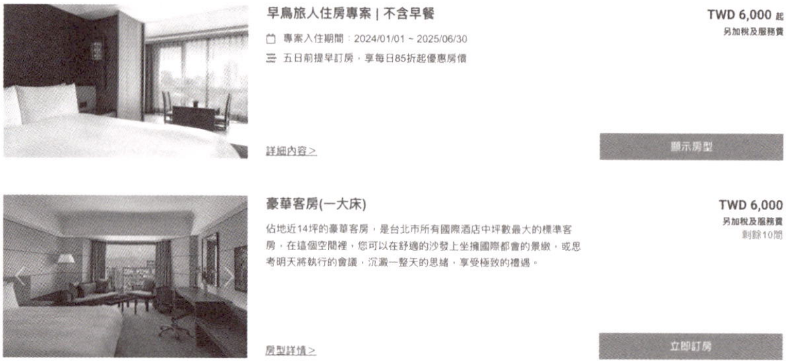

圖 1-39：晶華酒店 2024 訂房價格。

資料來源：作者提供、晶華酒店官網

圖 1-37 其實就是筆者的住房，我們一眼就能看出，房價幾乎以 100% 幅度快速增加。

　　如果您是有經驗的投資人，請問當商品價格上漲 100% 獲利會增加多少？假設原本是 10%，那麼獲利可不是從 10% 到 20%，而是會遠遠超過 20% 的，因為飯店的固定成本沒有太大的改變，但是房價卻是大幅度上漲，因此我們光從這兩樣資訊，就可以知道未來房價的收入會大幅度增加。

　　到了今天，晶華酒店的房價，也遠遠超過當時。即使是早鳥訂房，一天也是超過 6,000 元不含稅及服務費，那公司獲利將會如何？應該是大幅度上漲吧。

　　所以我們即可推估，相較於 2021 年，2022、2023、2024 營收狀況應該都會比之前更好，股價自然也會比 2021 年來的更高一些。

　　而這就是有效的投資筆記，很單純地從生活經驗跟自己喜歡的產品作為出發點，觀察我們自己的消費習慣，挖掘背後的投資經驗。

　　筆者過去也曾經很喜歡騎腳踏車，因此有關注到 5306 桂盟借殼上市的新聞（2012 年桂盟借殼〔訊康〕上市），當時正是全民瘋腳踏車的時間，也遇到了馬英九總統發放 3,600 元消費券，當時只要讓 8 公斤以下的腳踏車的總重量降低 100 公克，就需要花費 1 萬元台幣（當時 8 公斤以下的腳踏車通常都是碳纖維車體，搭配日本變速器或是速聯的變速器，要降低車種，通常是由其他配件改裝），而桂盟生產的黃金鏈條就是當時車友們改裝腳踏車的熱門品項：一般腳踏車鍊條一條就是 300 元以下，而桂盟的黃金鏈條因為中間簍空重量較輕，並且塗裝顏色特殊因此大受車友喜愛，筆者也在這種經驗中，去投資桂盟的股票。

　　其實這些有效的經驗俯拾即是，我們要知其然並且也要知其所以然，這樣才能把投資的經驗與知識累計下來，當我們們有足夠的知識與經驗之後，還要反覆的應用此章前兩節的復盤方式，持續的回顧刷新思維，這樣我們的投資就會越來越順利。

我們常聽到的：不是憑藉實力賺來的錢，會隨著實力把他輸回去。

筆者就曾聽一個客戶分享：在 2019 年他因為信任筆者，所以跟著筆者買美國公債，並且在 2020 年 3 月高點賣出公債後，大賺一筆，但是隨著 2020 年後半市場開始瘋狂上漲，他就跟著市場去做期權，結果就是投資沒有捷徑，總是要繳一些學費的。

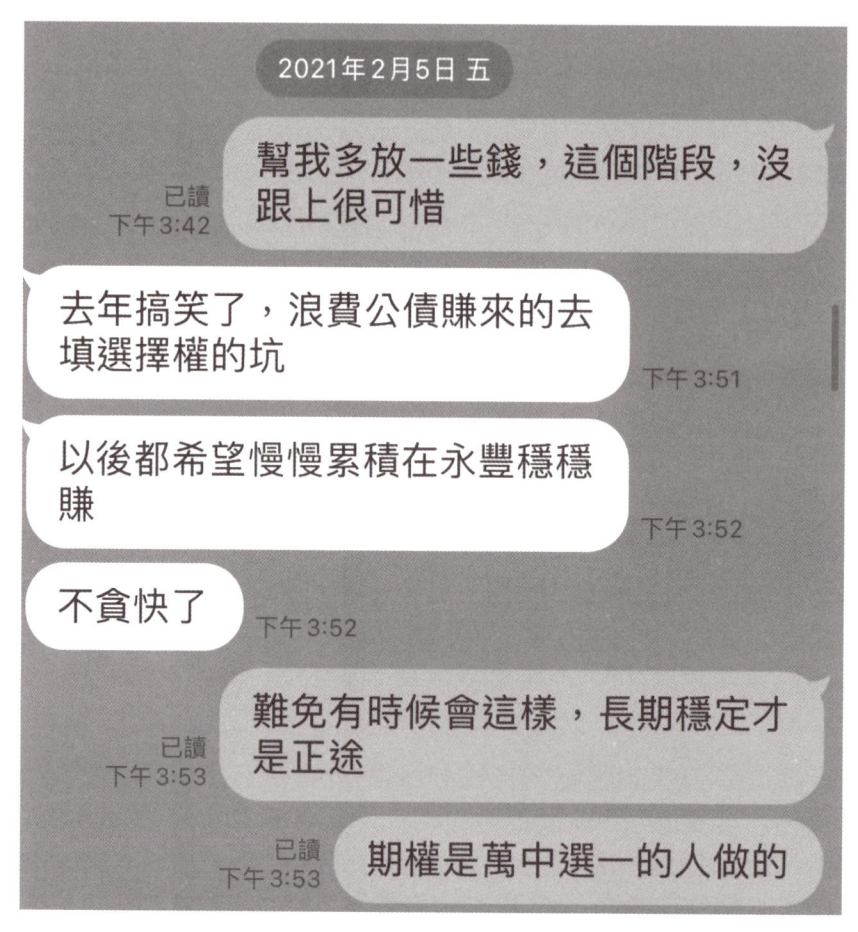

> 2021年2月5日 五
>
> 已讀 下午3:42　幫我多放一些錢，這個階段，沒跟上很可惜
>
> 去年搞笑了，浪費公債賺來的去填選擇權的坑　下午3:51
>
> 以後都希望慢慢累積在永豐穩穩賺　下午3:52
>
> 不貪快了　下午3:52
>
> 已讀 下午3:53　難免有時候會這樣，長期穩定才是正途
>
> 已讀 下午3:53　期權是萬中選一的人做的

圖 1-40：投機造成過去的獲利被吞噬的案例。　　資料來源：作者提供

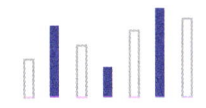

賺快錢，都是萬中選一的天之驕子，我們凡夫俗子就穩健一點吧！

需要的，其實就是穩健一步一步的腳踏實地，不貪快， 先求不敗，在穩中求勝。

最後跟大家分享一個筆者高中老師的笑話。以前新竹中學有三公：楊公、張公、黎公，這三公是新竹中學學生最喜歡的幾位老師，能跟我們高中賀爾蒙爆炸的男校學生相處融洽的，都有他的本事了。

筆者在高一就上過楊公的課，上課時楊公看到一位同學在睡覺，楊公就說跟我們說了一個笑話：賣二手參考書保證全新，有成績單為證！

楊公雖然在諷刺那位睡覺的同學（想知道誰是那位睡覺的同學？那就問他有沒聽過楊公講的笑話就知道了，睡覺的都沒聽過……），這笑話是真有一分道理啊。不要到了股齡一大把，還是當韭菜，總是被主力收割。

笑話：老韭一批，有對帳單為證！

2

Chapter 02
基礎投資理論與實務

　　本章節一開始先介紹作者常用的工具網站，接著以過去客觀的數據，當作預測未來基礎，讓讀者能從回顧歷史與數據中，能夠找到經驗展望未來。

資料網站分享

工欲善其事，必先利其器，無論我們做什麼研究，其中最基礎的工作就是找到正確的基本資料，這是所有研究基礎中的基礎。舉個例子來說好了：如果我們專心股票研究，找到公司財報，深入的分析剖析研究之後，做出結論。但是事後發現，我們的資料來源有誤，我們用心分析剖析的資料是不正確的資料，請問我們的研究有意義嗎？

在錯誤的基礎上建立的任何東西，都會是錯誤的，如果不小心正確了，那也只是個意外，因為基礎錯了，結果很難正確。正如同我們要研究黃金的物理性質，但是我們用白金實驗一樣；正如我們要的是鑽石的性質，結果我們拿莫桑鑽來去研究一樣，這是誤把張飛當岳飛啊！基礎錯了，結果可能很類似，但這個研究就一點價值也沒有。

因此第二章的一開頭，就跟大家分享筆者使用的資料網站，基本上這些網站的資訊正確性很高，並且都有註明資料來源，重點是：這些資料多數是免費的，這些資料多數是免費的，這些資料多數是免費的，重點筆者要說三次！

當然如果您有金融研究的大殺器 Bloomberg 系統，那就用 Bloomberg 即可，那是法人取得資料、交易、各種訊息最佳的資訊來源，但是我們一般投資人真的難以負擔 Bloomberg 的費用，因此筆者就用本文介紹一些好用的網站給大家，讓大家找到正確的資料，進而做出正確的判斷與分析。

最佳資料網站：Trading Economics

https://tradingeconomics.com/

這是綜合資料的網站。我們可以查詢幾乎全球所有國家的基本資料，並且有即時的原物料、股票、匯率、債券殖利率，甚至是虛擬貨幣的報價等資訊，這個網站都可以找得到。

筆者應用這個網站主要是以總經的資訊為主。圖 2-2 是筆者點了美國之後顯示的資訊：從就業、GDP、商業等資訊都很完整。

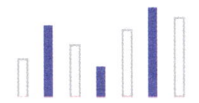

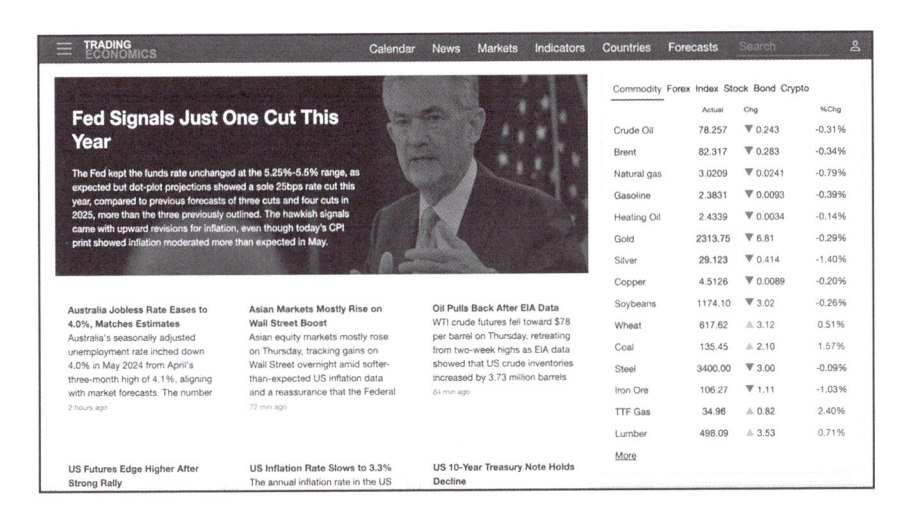

圖 2-1：Trading Economics 首頁。　　資料來源：Trading Economics

圖 2-2：Trading Economics 頁面（一）。　　資料來源：Trading Economics

當筆者往下點 GDP 的項目：

1. 網站會有 GDP 細部的摘要，末段還有會資料來源，如果想追溯原始資料的可以用資料來源去 Google，可以找到原始資訊。

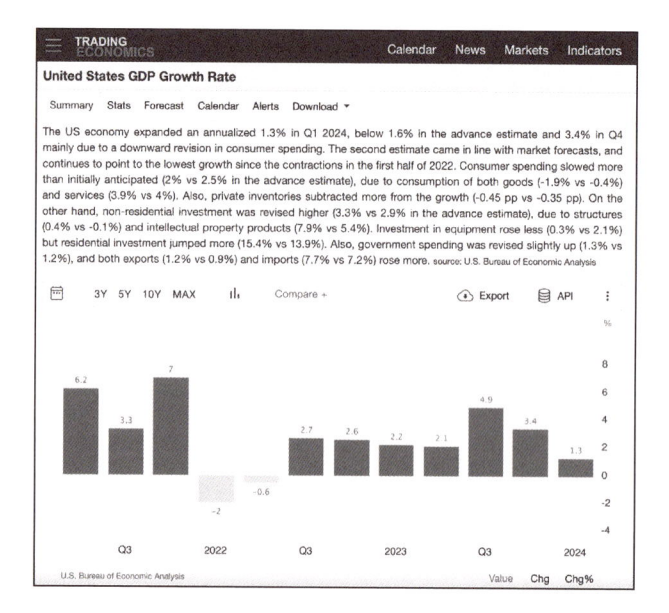

圖 2-3：Trading Economics 頁面（二）。

資料來源：Trading Economics

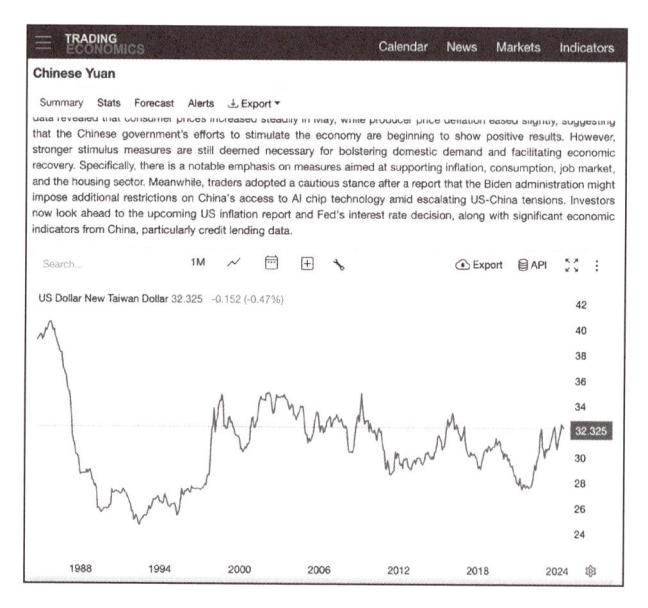

圖 2-4：Trading Economics 頁面（二）。

資料來源：Trading Economics

2. GDP 的資料年限很長，可以找到很多原始資料。

3. 如果想要下載資料，那麼就付費下載。（金融相關的原始資料是需要費用的）

另外值得一提的是，網站的匯率資料時間非常的長。以新台幣為例，比多數中文網頁的資料都還完整。

還看得到台灣錢淹腳目那一段時間，新台幣匯率從 1：40 快速上升到 1：25 的那段歷史資料，多數網站是做不到的。

最佳中文資料網站：財經 M 平方

https://www.macromicro.me/

財經 M 平方最讓筆者喜歡的功能除了中文化的資料以外，還有創辦人本身是研究員出身的，會有很多第三方的研究資料與報告可以看（付費訂閱）。如圖 2-5 網頁開頭，我們就可以看到最新的金融資訊短評，這麼多功能當然也訂閱下去了。

圖 2-5：財經 M 平方網站首頁。　　　　　　　　　　資料來源：財經 M 平方

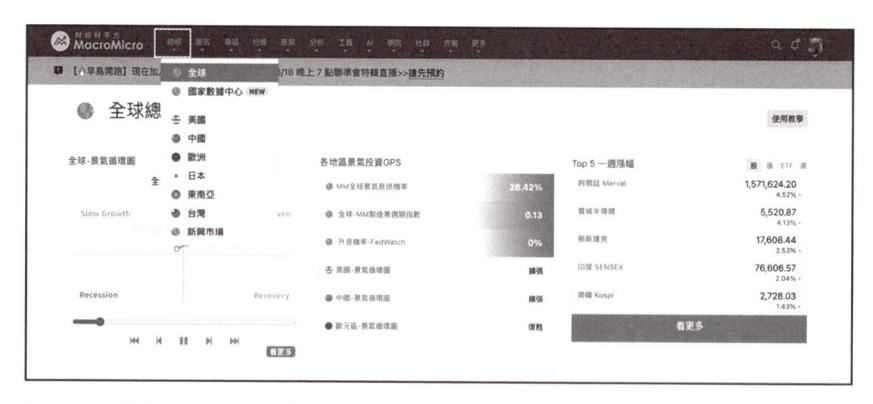

圖 2-6：財經 M 平方網站頁（一）。　　　　　　　　資料來源：財經 M 平方

除了財經 M 平方獨有的會員報告與短評以外，它的總經資訊也算相當完整。

筆者最常使用它的製圖功能，來說明利差、息差、等投資的關鍵數據。

圖 2-7 筆者使用 A 減 B 作為計算，算出利差大小，無風險利率跟風險利率的利差，決定了該債券價格是否相對便宜或是貴。使用的數據是美國十年期公債殖利率減美國美銀美林 BBB 級公司債實際收益率。

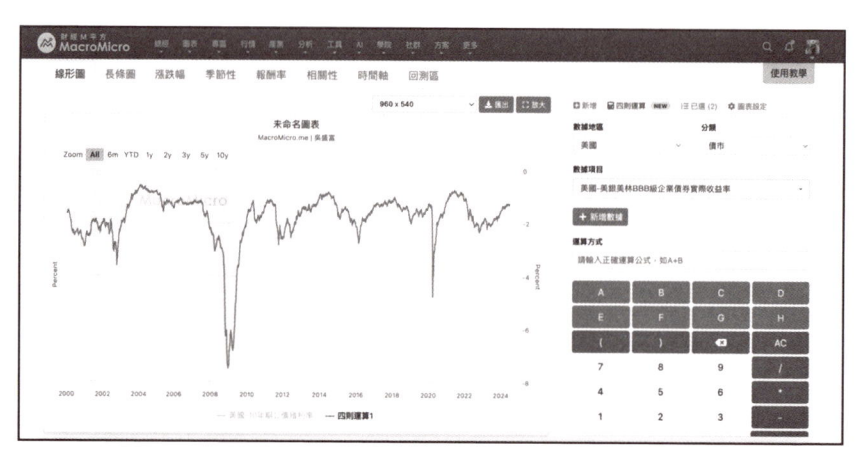

圖 2-7：財經 M 平方網頁（二）。　　　　　　　　資料來源：財經 M 平方

數字為正數且數字越高，表示該債券價格越貴，當算式為負數的時候通常是比較好的債券投資時機，而過去我們要計算這些數據，需要下載原始資料之後，再用 Excel 做運算，現在財經M平方網站可以直接運算，非常方便。

　　最後再跟大家分享一個財經 M 平方的新功能，筆者也覺得很有趣，就是財經 M 平方加入了 OPENAI，如果我們有什麼想要的研究方案，那就可以直接透過 AI 的方式，它就會自動在財經 M 平方中找到相關的資料。

1. 筆者點 AI 這個選項。
2. 輸入筆者想知道的數據：我要知道現在投資等級債券、高收益債券跟無風險利率之間的利差有多少，請幫我生成圖片。
3. 它就會自動找到財經 M 平方中的相關資料，但是目前無法直接生成圖表。

　　這是非常方便的功能，尤其是對總經資料不這麼熟悉的使用者來說，不然熟門熟路的使用者，就可以直接找到相關資訊。

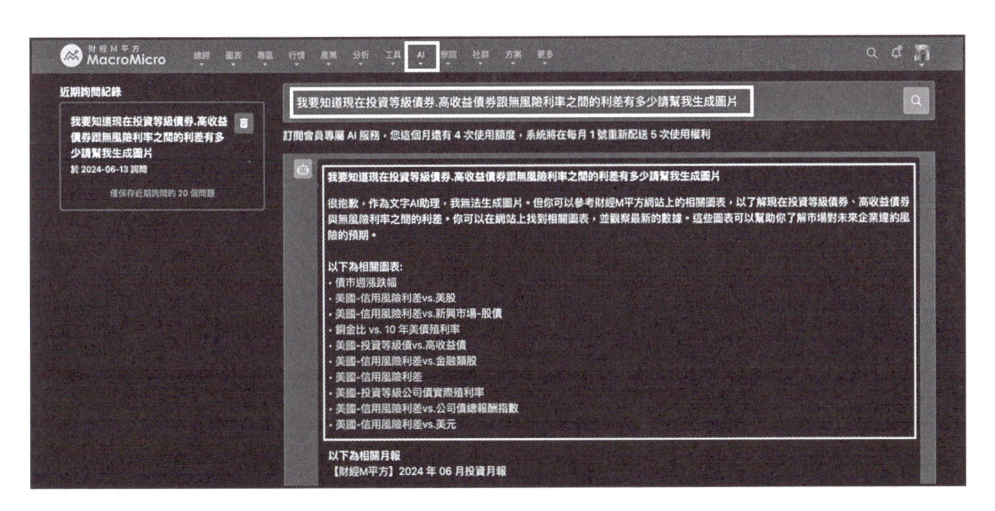

圖 2-8：OpenAI 幫我找的資料中，就有一個資料符合筆者想要的資訊。

資料來源：財經 M 平方

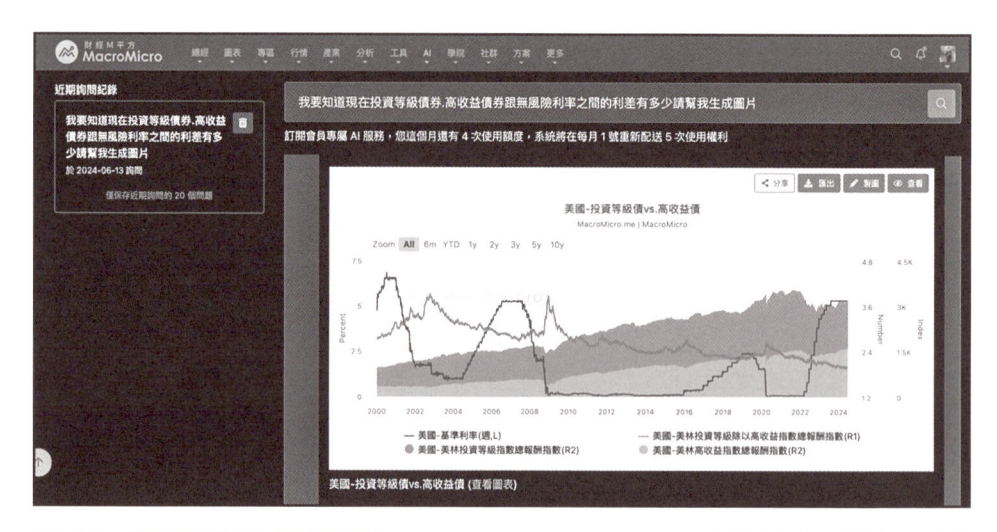

圖 2-9：財經 M 平方網頁（三）。　　　　　　　　　　　資料來源：財經 M 平方

最佳中文財報網站：財報狗

https://statementdog.com/

圖 2-10 是筆者如果想要查詢公司財報一定會使用的網站，當然筆者也直接訂閱下去了（可查閱的資訊沒有限制，但免費的有限制查閱

圖 2-10：財報狗網頁。　　　　　　　　　　　　　　　　資料來源：財報狗

次數）。

　　並且目前是美股、台股的財報都能夠查閱，但最貼心的是美股的每一次電話會議，財報狗網站都有翻譯，真是讓筆者節省很多的時間！下面筆者就以蘋果公司（AAPL）查詢的頁面圖 2-11 跟大家分享。

　　一目瞭然的介面，加上這次最新的會議摘要，大家就可以清楚了解美股的基本資訊。本益比、營業利益率、ROE 等數據也都一目瞭然，最重要的是有本益比河流圖、淨值比河流圖，讓我們可以了解過去本益比與淨值比的歷史數據，可以一眼就簡單的分析股價在歷史長河中是否合理。

　　除了上述基本查詢財報的功能以外，財報狗最強大的功能莫過於美股的電話會議紀錄摘要，過去想要聽美國公司的電話會議紀錄，都得去公司網站搜尋，並且還需要透過翻譯才能了解。現在財報狗公司的網站就提供了這個功能，讓投資人能很方便的閱讀現在公司說明的事項。

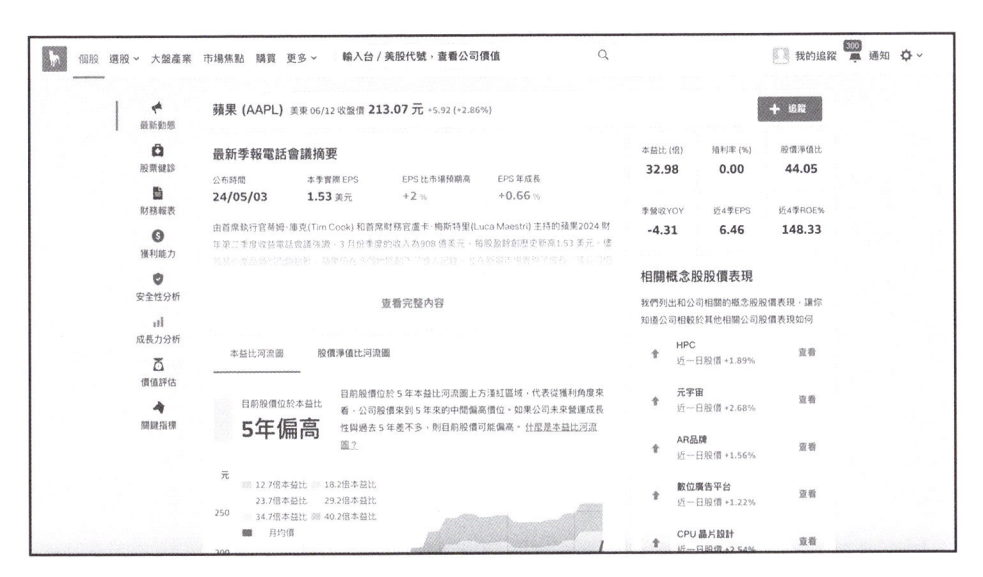

圖 2-11：蘋果公司在財報狗的網頁（一）。　　　　　　資料來源：財報狗

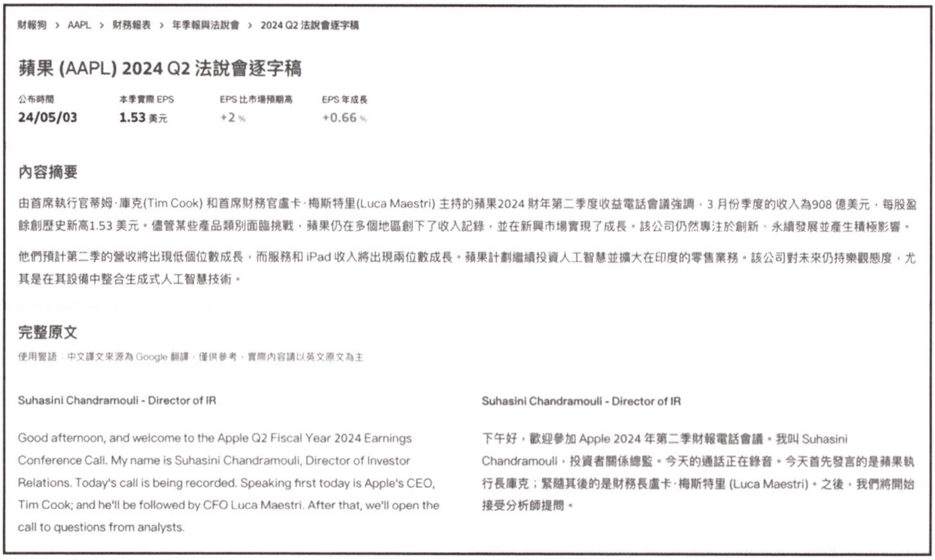

財報狗 > AAPL > 財務報表 > 年季報與法說會 > 2024 Q2 法說會逐字稿

蘋果 (AAPL) 2024 Q2 法說會逐字稿

公布時間	本季實際 EPS	EPS 比市場預期高	EPS 年成長
24/05/03	1.53 美元	+2 %	+0.66 %

內容摘要

由首席執行官蒂姆·庫克(Tim Cook) 和首席財務官盧卡·梅斯特里(Luca Maestri) 主持的蘋果2024 財年第二季度收益電話會議強調，3 月份季度的收入為908 億美元，每股盈餘創歷史新高1.53 美元。儘管某些產品類別面臨挑戰，蘋果仍在多個地區創下了收入記錄，並在新興市場實現了成長。該公司仍然專注於創新、永續發展並產生積極影響。

他們預計第二季的營收將出現低個位數成長，而服務和 iPad 收入將出現兩位數成長。蘋果計劃繼續投資人工智慧並擴大在印度的零售業務。該公司對未來仍持樂觀態度，尤其是在其設備中整合生成式人工智慧技術。

完整原文

使用警語：中文譯文來源為 Google 翻譯，僅供參考，實際內容請以英文原文為主

Suhasini Chandramouli - Director of IR

Good afternoon, and welcome to the Apple Q2 Fiscal Year 2024 Earnings Conference Call. My name is Suhasini Chandramouli, Director of Investor Relations. Today's call is being recorded. Speaking first today is Apple's CEO, Tim Cook; and he'll be followed by CFO Luca Maestri. After that, we'll open the call to questions from analysts.

Suhasini Chandramouli - Director of IR

下午好，歡迎參加 Apple 2024 年第二季財報電話會議。我叫 Suhasini Chandramouli，投資者關係總監。今天的通話正在錄音。今天首先發言的是蘋果執行長庫克；緊隨其後的是財務長盧卡·梅斯特里 (Luca Maestri)。之後，我們將開始接受分析師提問。

圖 2-12：蘋果公司在財報狗的網頁（二）。 資料來源：財報狗

中文資訊網站 StockQ

https://www.stockq.org/

筆者最常用的資訊網站之一，如果想看當天行情，只要打開 StockQ，就可以看到全球股市的總覽，上漲下跌多少，都可以看到。

但是筆者想要介紹另一個不錯的功能，這是其他免費網站比較少有的功能：美股報酬率比較。

透過 StockQ 網站，我們可以連結到 StockCharts（見圖 2-14）。

進入到 StockCharts 之後，我們可找到 PerfChart（見圖 2-15）。

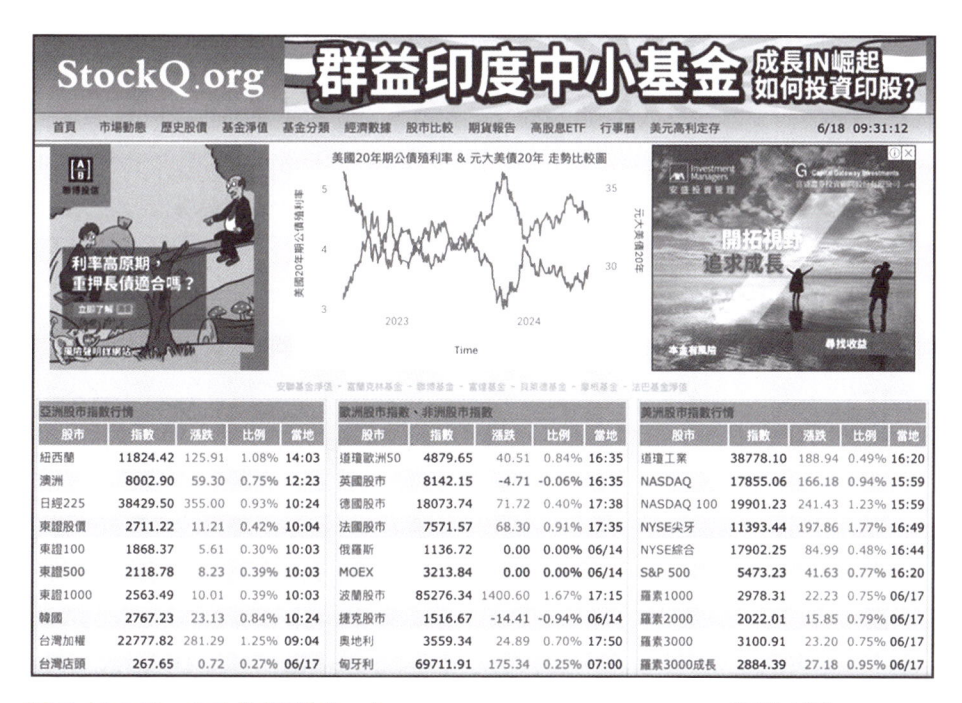

圖 2-13：StockQ 的網頁（一）。　　　　　　　　　　　　　資料來源：StockQ

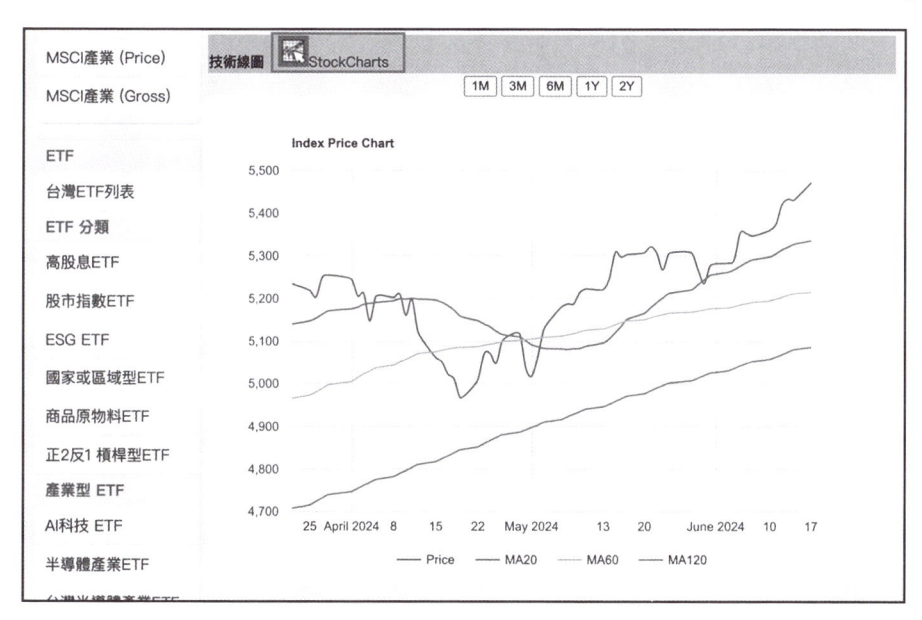

圖 2-14：StockQ 的網頁（二）。　　　　　　　　　　　　　資料來源：StockQ

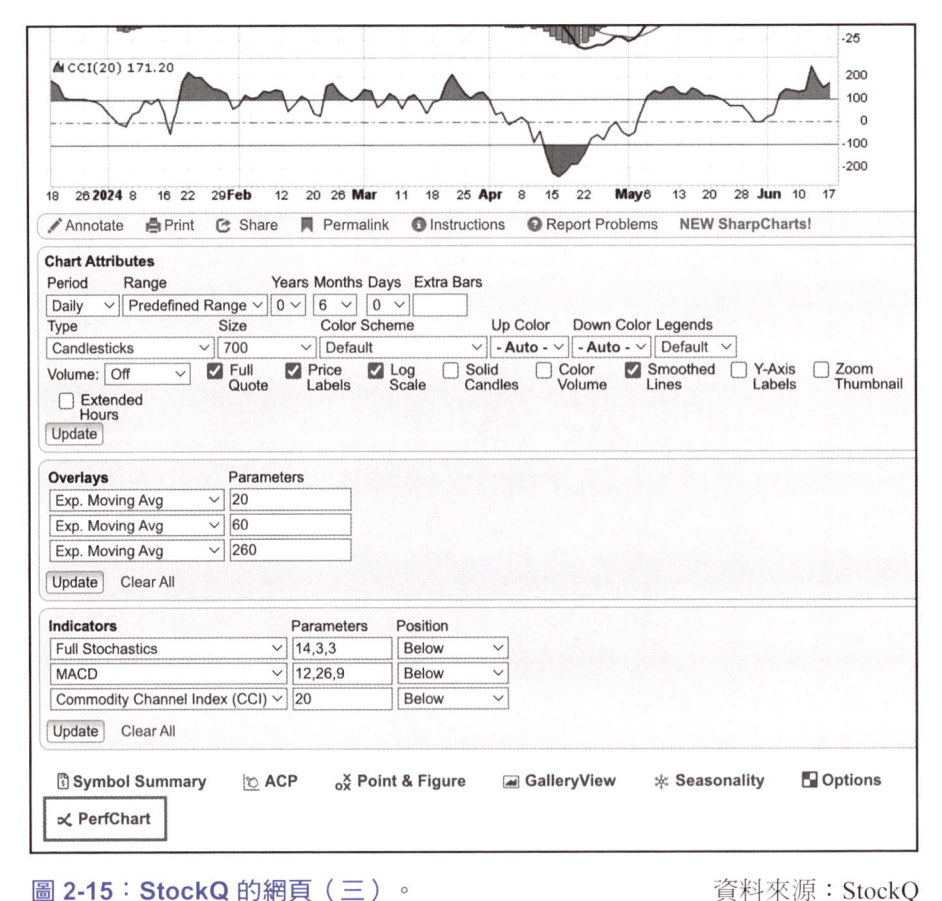

圖 2-15：StockQ 的網頁（三）。　　　　　　　　　　　　　　　資料來源：StockQ

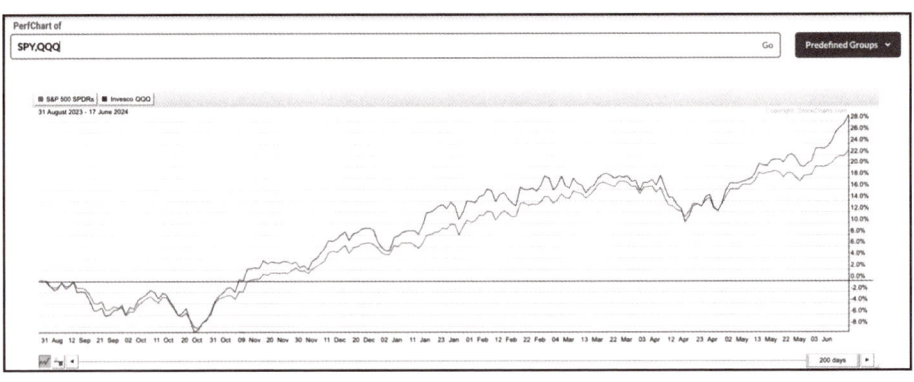

圖 2-16：StockQ 的網頁（四）。　　　　　　　　　　　　　　　資料來源：StockQ

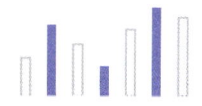

這個畫面就可以進入到筆者認為非常不錯的功能：美股報酬率比較。

圖 2-16 是筆者使用 SPY.QQQ 比較標普 500 ETF 與那斯達克 ETF 的績效。只需要在上面輸入想要的標的、逗號、第二個標的，就可以比較兩者的績效。

圖的下方還有時間軸，可以自由地進行區間的比較。（PS：比較時間最長就是 ETF 發行後，美股最長可追溯到 2000 年之前）。

在免費網站的資料長度是非常足夠的。

以上這四個網站，基本上就可以滿足幾乎所有總經與查詢資訊的需求。如果還需要其他功能：

‧查詢股票，可以使用台灣雅虎或美國雅虎。

網址：https://us.yahoo.com/ （美國雅虎的股票資料長度是筆者使用免費網站中最長的）。

‧查詢 ETF 與 CEF，可以使用 Morningstar us（不要使用台灣晨星）。

網址：https://www.morningstar.com/

‧FED Watch

網址：https://www.cmegroup.com/markets/interest-rates/cme-fedwatch-tool.html

政治干擾：2019 年

　　投資筆記與歷史回顧，是筆者最重要的研究方法，就跟筆者在第一章分享的經驗相同，為什麼散戶投資了多年還是散戶？

　　以家人的例子跟大家分享了（雖然說家醜不外揚，當失敗例子是可以的）：多年前家人跟我說宏達電（股票代號 2498）已經從 1,300 下跌到 300，因此家人就毫不猶豫的買進去了。我一直跟家人說，不要買雪紅姐的股票，他是台灣女股神，死在他手上的不計其數。已故經營之神王永慶，生前甚至還痛罵王雪紅不照顧小股東權益，相當不好。建議家人不要持有 2498 宏達電。

　　直到隔年我看到宏達電從 300 腰斬到 150 元，我就好奇詢問家人，我們的宏達電賣了嗎？家人笑而不語。

　　離開之前，我在客廳的桌上看到一個白色的保溫杯，上面有醒目的螢光綠色的三個英文字母：HTC，瞬間我們明白了，心中無數的馬奔騰而過……暗，那是當年度的股東會紀念品。

　　再隔年剛好遇到 2015 年市場大崩盤，我再次問了家人你的宏達電賣了嗎？當時宏達電已經又從 150 再次腰斬，來到 80 元上下，家人同樣的笑而不語。

　　離開之前，家人貼心的幫我披上一件外套，是黑色的運動風格，說外面風大涼（筆者住新竹，新竹以風大聞名），到家後脫下外套赫然發現，黑色運動風外套後面也有螢光綠色的三個英文字母：HTC。暗，那是當年度的股東會紀念品。

　　直到 2015 年的新聞播放，新光人壽停損宏達電平均價格在 50 元上下，家人終於鬆口，說我把 2498 宏達電賣了，看對話紀錄的時間比對，嗯！完全複製新光人壽的停損時間，虧損金額上看七位數，一個白色保溫杯加一件黑色運動風外套，比愛馬仕還貴啊！

　　於是我再問了家人，當初為什麼買宏達電，又為什麼賣出宏達電，理由是什麼？原因為何？中間持有的心態？

　　家人沒有多說什麼，沉默以對，其實筆者不是要逼問什麼，就是要

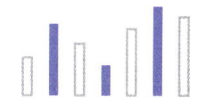

知道失敗帶來了什麼經驗，下次不要再犯而已，跌倒了也要抓把土！

紀錄復盤回顧，才是有效學習投資的方式

多數投資人沒有過這個心理的關卡，所以賺錢了也賺得莫名其妙，輸錢了也虧得莫名其妙，用賭博的心態來投資，十賭九輸啊！

同樣筆者在執業過程中，常常也遇到散戶投資人來問問題。圖2-17 就是筆者跟散戶朋友的對話了。

我們可以清楚知道這位散戶朋友的朋友在華生科股價 170 時買進，當時股價已經是 100 出頭，虧損 3 成多了。不過當時台股處於多頭，是上漲階段，因此散戶朋友也買進了股票。

筆者多年的投資顧問經驗告訴我：散戶朋友會來問問題，通常都是虧錢的時候來找安慰的，因為賺錢的時候，他們並不會來找顧問問問題，他們當時是英明神武，少年股神！

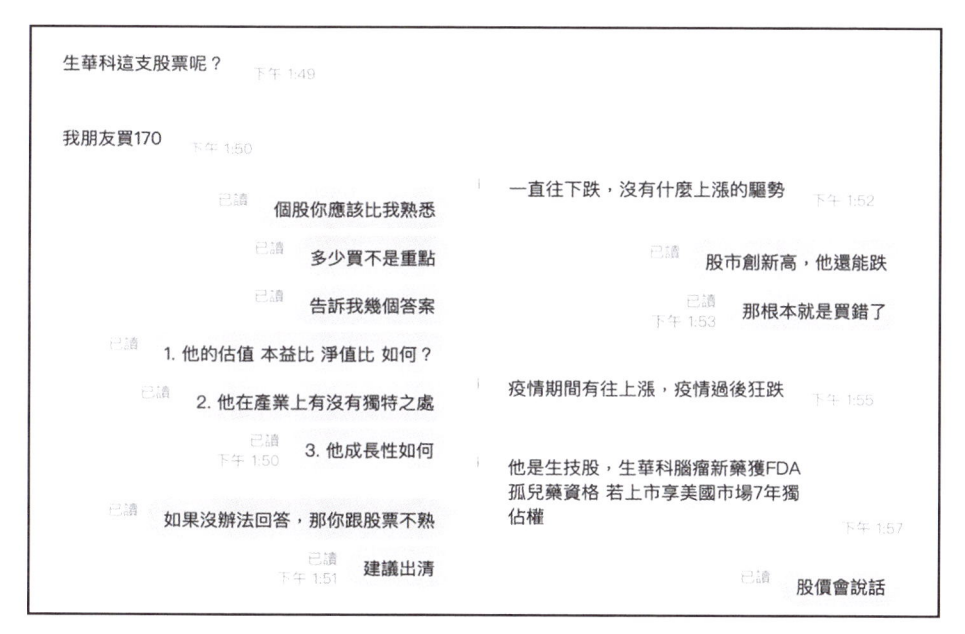

圖 2-17：多數投資人只想問明牌跟答案，對有用的判斷知識沒有興趣。

資料來源：作者提供

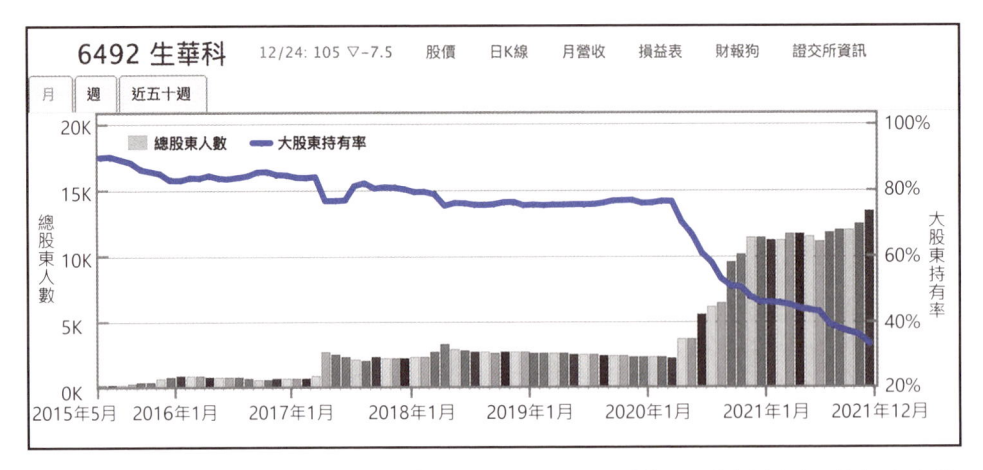

圖 2-18：當大股東持續賣股，大股東是看好公司還是看壞？　資料來源：神秘金字塔

而最後筆者就丟了一張圖 2-18 給他當作參考，因為一張圖就可以說明所有的事情。圖 2-18 的截圖時間 2022 年 12 月 24 日。

然後問了他三個問題，請散戶朋友自行思考，並且寫在書本上

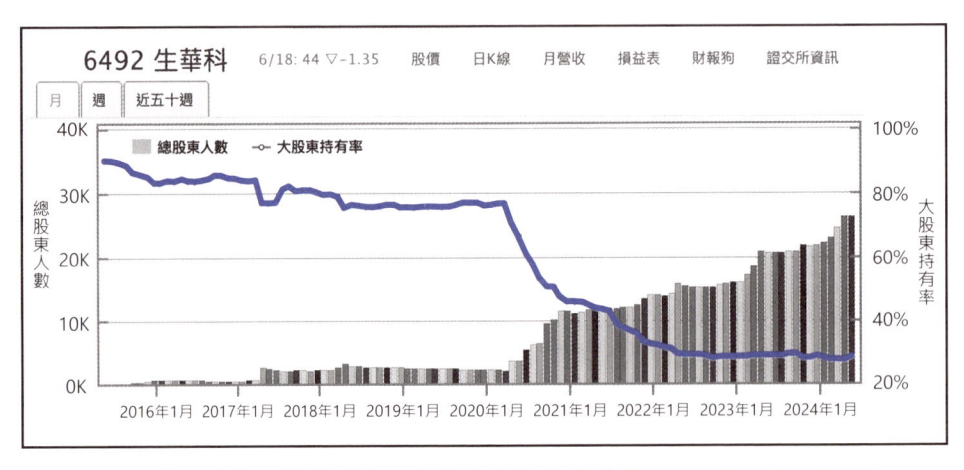

圖 2-19：當大股東賣股趨勢確定，大股東用行為表達了他對公司前景的看法。

資料來源：神秘金字塔（截圖時間 2024 年 6 月 18 日）

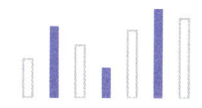

了，同樣的一張圖，如果您看到了，請回答下面三個問題，並把您的思考完整的記錄下來，並且寫出為什麼。

Q1 股票價格長期的趨勢？

Q2 大股東現在在做什麼？

Q3 個股基本面是好還是壞？

把後面的答案蓋起來，不要偷看解答。

A1 股價從疫情緩解後就狂跌。

A2 瘋狂倒貨。

A3 散戶對基本面的看法就是隨意聽聽消息，但可以從大股東的行為上得到解答。

當您意識到上面的答案，請問如果您是投資人，會如何決策？

當時筆者的答案是斷然停損，不知道當年的散戶朋友有沒有領悟這一點。

當大股東都瘋狂出貨了，還需要期待大股東幫散戶拉抬股價讓散戶解套？別鬧了！大股東股票都賣光了，大股東又不是開功德會的。巴菲特當年也是被大股東倒貨，買著買著就變成公司的董事長了！（PS：這一家公司就是大名鼎鼎的波克夏海瑟威，前身為快倒閉的紡織公司，是巴菲特自己承認的史上最大錯誤投資）。

同樣的方法與理論，現在筆者再一次把 2019 年當年的環境與狀況，重新回溯給大家看，同樣的時間，同樣的經濟環境，您會做怎麼樣的決策？

這是圍棋重要的學習方式：復盤，把過去走過的每一步，都重新回溯，並且重新分析下一步的變化，讓自己的思考與經驗更豐富。

呂世浩老師也在他的 TED 演講中說到古人學歷史的祕密：最關鍵處把書本闔上，如果你是他，你會怎麼辦？

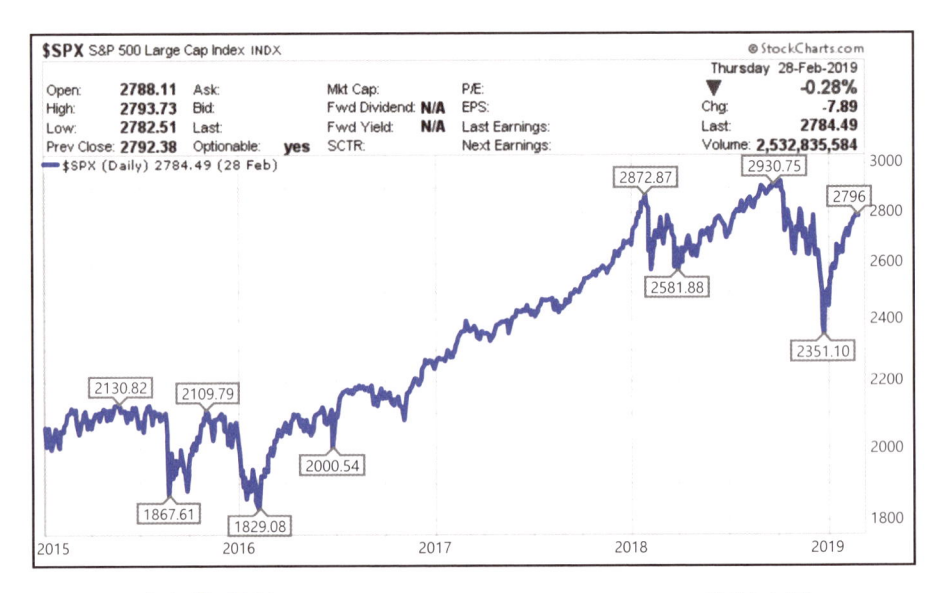

圖 2-20：復盤當時情況。　　　　　　　　　　　　　　　資料來源：StockQ

　　無論是學習圍棋，或是用帝王之學砥礪人生的智慧方法都是一樣的：復盤。

　　筆者就先把資料放上來，讓大家來思考一下 2019 年您會怎麼做？

　　圖 2-20 是 2015 年至 2019 年 2 月的技術分析圖。

　　2018 年 12 月 24 日剛剛才經歷過史上最慘的聖誕節，這時候的總統是川普，一邊嗆聲著當年聯準會主席，一邊跟金小胖、普丁、習大大號稱四大寇禍亂市場。川普當年拳打中國腳踢歐盟到處嗆聲，說要讓美國再次偉大，並且聲勢浩大，有很高的機率在 2020 年連任。

　　（PS：根據歷史經驗：美國總統連任的機會非常高，歷史上有 80％ 都成功連任，就以近年的總統：歐巴馬、小布希、柯林頓、雷根都是連任成功。）

　　所以您會怎麼分析 2019 年的經濟環境與景況？並且一位客戶（職業為大學教授）傳給筆者令人動搖的訊息見圖 2-21：前聯準會主席說

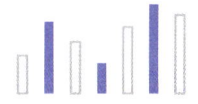

牛市已過，要大家趕快逃命，前圖的技術分析已經告訴我們，現在有點做頭的跡象。請問這時候我們應該去怎麼分析市場，並且替自己的資產做好配置？

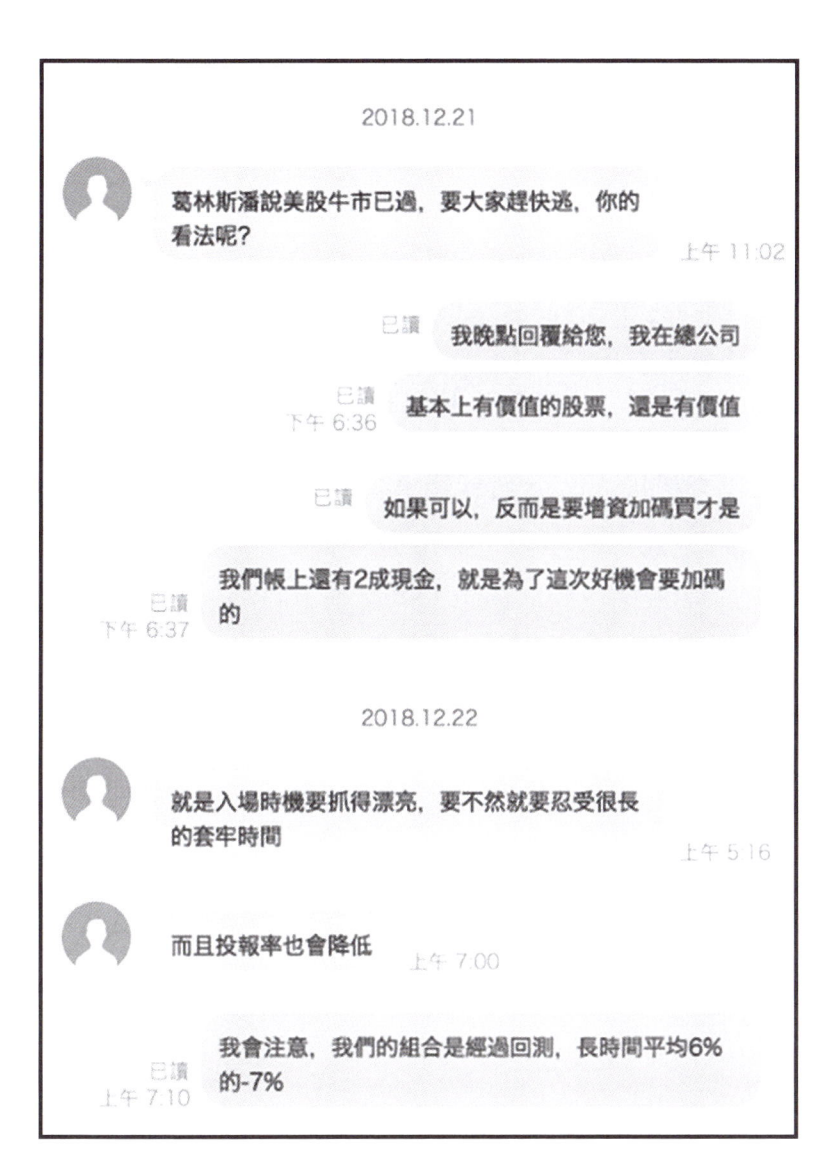

圖 2-21：大學教授很恐慌。　　　　　　　　　資料來源：作者提供

股價的波動是有週期性的

2019 年筆者接受 Smart 專訪中分享股債比例 1：1 不是空穴來風。

每 3 至 5 年金融歷史上就會發生一次超過 20% 的崩跌（如果您還記得波克夏 MDD 的數據，頻率大約是每一年會發生一次從高點回落 10%，每 3-5 年會發生一次高點回落 20%，每十年會發生一次回檔幅度超過 20%）現在是 2019 年了。2019 年距離前一次崩跌是發生在 2015 年 8 月，時間已經 4 年了，因此離週期性的波動 20% 就在不遠處。

波動週期如下：2015 年新興市場泡沫；更早一次是 2012 年歐債風暴；再往前一次是 2008 年金融海嘯；2004 年 3 月 19 日兩顆子彈；2000 年科技泡沫；1996 年至 1997 年亞洲金融風暴；1990 年至 1992 年伊拉克入侵科威特；1987 年美國黑色星期一，股市波動是有週期的市場總是會發生不同的理由，我們投資人不會未卜先知，但是先行了解週期與發生時間與幅度，就能能事先預防。

時間來到了 2019 年 3 月，美國殖利率發生倒掛。

而之前殖利率倒掛的經驗如下時間從 1960 到 2019 年：發生殖利率倒掛之後，經濟幾乎都會陷入景氣衰退。

圖 2-22：美國十年期公債殖利率減美國三個月期公債殖利率為負數。

資料來源：FED、作者整理

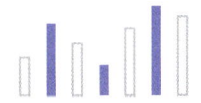

表 2-1 歷史上的殖利率倒掛

殖利率曲線倒掛日 (10年-3個月)	倒掛天數	景氣高峰	領先衰退 (月數)
1966/09	145天	NA	無衰退
1968/12	55天	1969/12	11個月
1973/06	385天	1973/11	5個月
1978/11	520天	1980/01	14個月
1980/10	317天	1981/07	8個月
1989/05	95天	1990/07	13個月
2000/07	221天	2001/03	7個月
2006/07	316天	2007/12	16個月
平均			11個月
平均(排除極端值)			11個月

資料來源：FED、作者整理

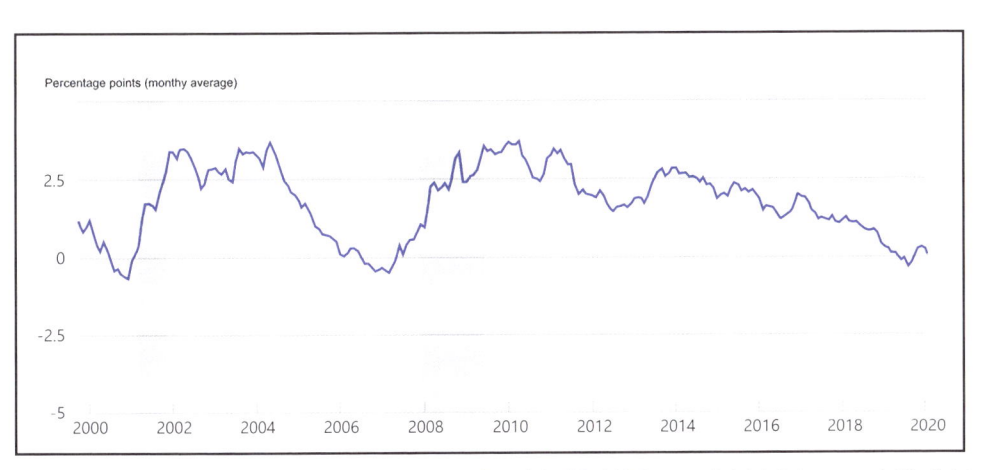

圖 2-23：2000 至 2019 年末 FED 紐約分行殖利率倒掛的資訊。　資料來源：FED 紐約分行

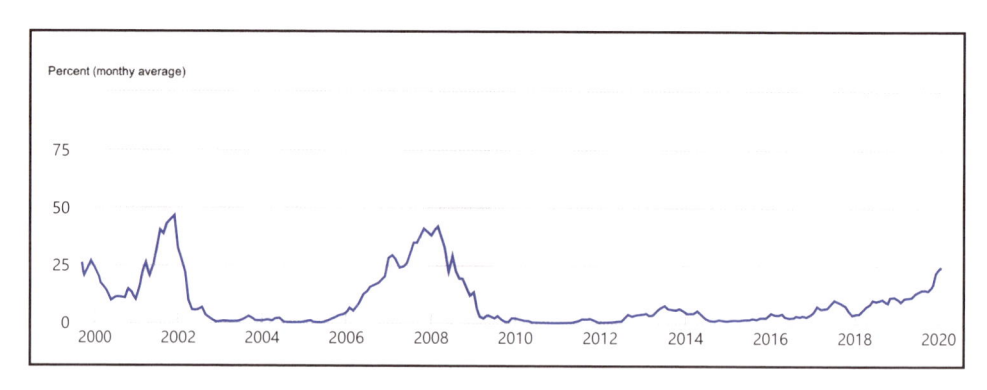

圖 2-24：**FED 紐約分行預估未來衰退的機率。**　　　　資料來源：FED 紐約分行

　　2019 年中，聯準會就開始預防性降息了，因為聯準會主席要預防中美貿易大戰帶來的影響。

　　並且聯準會紐約分行預估的衰退機率即將突破 25％（歷史經驗超過 25％之後發生經濟危機的機率很高。）

　　在這種氛圍下，如果陷入景氣衰退，市場會如何反應？

　　筆者職業生涯中，看到投資人會破產的情境，都不是股市欣欣向榮的時候（如寫作的當下 2024 年 6 月），真正會讓投資人破產並且發生嚴重財務危機的時間點，都是榮景過後泡沫破裂的階段，我們投資人不會知道什麼時候泡沫會破裂。能做的是如果看到泡沫破裂之後，市場會怎麼樣做反應，並且針對市場的狀況，做出合適的配置。

　　因此如果泡沫破裂會發生什麼事情？當時筆者就用 2008 年的經驗跟大家分享。

　　圖 2-25 是全球股票的表現，我們一眼就可以看到全盤皆墨。下跌幅度最深的是新興市場股市。金融危機發生之後，新興市場的歷史經驗是股匯債三殺，所以受傷會非常的嚴重。

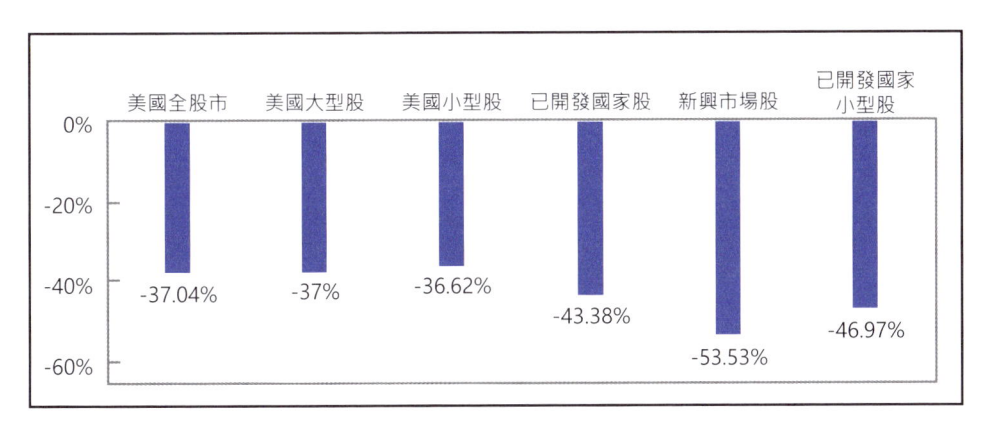

圖 2-25：2008 金融海嘯當年各類型股票表現。　　　　　資料來源：作者整理

同樣的如果我們持有的是債券會怎麼樣？（圖 2-26）

公債竟然是上漲的。

垃圾債與新興市場債同樣下跌幅度慘烈，但是這些債券的最低點是發生在 2009 年。筆者針對這個現象做過研究，結論如下：

投資等級公司債下跌幅度尚在可以接受的範圍內。但投資人別忘了在 2008 年之前的 2004 至 2007 年是股票市場大幅度上漲的階段，投資等級公司債幾乎沒有上漲，沒有資本利得，還要受到升息影響，多數是資本利損。在那種氛圍之下，多數投資人會選擇去追逐報酬率更高，並且風險更大的股票，能留在原地穩穩持有投資等級債的投資人應該不多！

我們看完這些歷史資料之後，請問如果 2019 年當時如果您充分做足功課，並且了解先後順序與市場變化與市場變化，請問您會如何做資產配置？

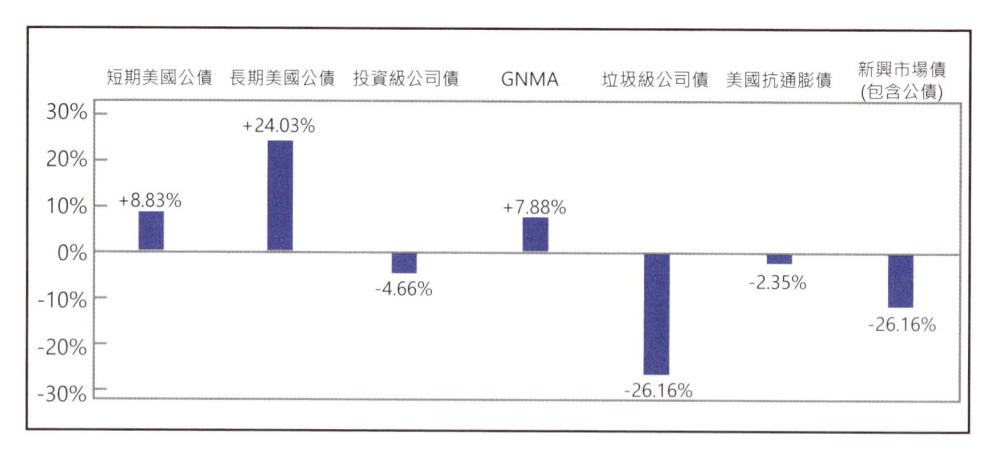

圖 **2-26**：2008 年各類型債券的表現。　　　　　　　資料來源：作者整理

　　請問會完全投入股票嗎，甚至是全數投入最火紅的產業 AI 機器人、電動車、生技？如同 2008 年壓身家投入美林世礦？（筆者的第一筆投資就是美林世礦，後來是慘賠 70％作收，美林世礦現在改名貝萊德世界礦業）。

　　所以當時 2019 年筆者就抱持著信心，因為看完所有資料之後，認為不應該全數投入風險資產，甚至應該保守一點要買美國長天期公債，因此就結果論：大家可以看到我在前一本書中分享，2019 年筆者帶著很多客戶一起買美國公債，當時我們買進的標的是 2048 年 5 月 15 日到期，票面利率 3.125％的美國公債，買進價格從 100 至 127 元之間。（表 2-2）

　　從 2019 年 1 月開始筆者印象還非常的深刻，最後一筆買在 2020 年 2 月 16，買進價格是 127 元，隨後 2020 年 3 月 1 日開始，市場發生了一系列的暴跌，筆者也就在這一段暴跌的時間中，因為配置公債得宜，沒有受到損失，並且在別人淨值暴跌中，反而留存實力，低接股票。

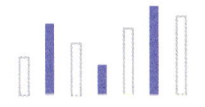

表 2-2：2019 年 12 月 13 日美國國庫券報價

業務	買/賣	發行人	證券代號	ISIN	到期日	幣別	票息	詢價
吳盛富	買進	US TREASURY N/B	US TREASURY T3.125 2048/5/15	US912810SC36		USD		117.05
吳盛富	賣出	US TREASURY N/B	US TREASURY T3.125 2048/5/15	US912810SC36		USD		116.05

資料來源：作者提供

通路選擇

選擇券商通路的好處是，您可以清楚知道買賣價差（筆者喜歡公開透明的方式，手續費多少清楚明白），許多銀行通路買賣價差高達 5 元以上，其實那就是該通路想要收取高額手續費，因此投資人如果想要投資債券，務必請通路同時間報價買進與賣出價格，或是可以找一個可信任的顧問協助。

筆者在 2019 年也幫忙規劃了一個客戶的範例，給大家參考。目標很簡單：2019 年就是風險漸漸增加，筆者個人也喜歡穩中求勝的配置方式。

1. 筆者的目標降低風險資產，因此請他降低台股占比（因為他只會投資台股）。

資產：股票、現金大約 1,500 萬，目前多數在台股

兩間房子目前貸款 300 萬，一間市值 800 萬，一間市值 1,200 萬

資產配置目標：穩健中帶有成長，年化 6％至 7％的報酬

1. 降低台股配置
2. 增加美國公債 ETF 相關配置
3. 增加現金持倉
4. 重新檢視保單，配置失能險

圖 2-27：2019 年退休公務人員的退休規劃。　　　資料來源：作者提供

2. 增加美國公債 ETF 相關配置。當年美國公債要 10 至 13 萬美金才可以買一筆,基於流動性因素,筆者請他配置美國公債 ETF TLT。

3. 風險高,多留點現金,這一筆現金剛好 2020 年 3 月派上用場。

疫情來時:2020 至 2021 年

2020 年 3 月 18 日是 Covid-19 發生後股市最低點的一天,隨後股市開始回穩。

表 2-3 CME 原油期貨報價(時間 2020 年 4 月 17 日 09:05:39)

Month	Options	Charts	Last	Change	Prior Settle	Open	High	Low	Volume	Hi / Low Limit	Updated
MAY 2020	OPT		18.10	-1.77	19.87	20.00	20.22	17.31	129,869	No Limit / 0.01	09:05:39 CT 17 Apr 2020
JUN 2020	OPT		25.36	-0.17	25.53	26.42	26.78	24.60	348,067	No Limit / 0.01	09:05:39 CT 17 Apr 2020
JUL 2020	OPT		30.12	+0.57	29.55	30.37	30.92	29.36	87,403	No Limit / 0.01	09:05:38 CT 17 Apr 2020
AUG 2020	OPT		31.86	+0.77	31.09	32.04	32.40	31.04	33,378	No Limit / 0.01	09:05:16 CT 17 Apr 2020
SEP 2020	OPT		32.77	+0.83	31.94	32.85	33.23	31.97	28,674	No Limit / 0.01	09:05:18 CT 17 Apr 2020
OCT 2020	OPT		33.20	+0.68	32.52	33.60	33.78	32.50	7,180	No Limit / 0.01	09:05:35 CT 17 Apr 2020
NOV 2020	OPT		33.95	+0.88	33.07	34.04	34.25	33.27	4,754	No Limit / 0.01	09:05:36 CT 17 Apr 2020
DEC 2020	OPT		34.42	+0.86	33.56	34.32	34.74	33.70	29,628	No Limit / 0.01	09:05:18 CT 17 Apr 2020

資料來源:CME

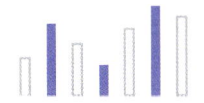

但是波瀾壯闊的是：西德州原油（WTI）4月份期貨價格跌至每桶-36.63美元。大家如果對當年的油價有記憶的話，您會見證史上第一次油價為負數的時間，並且因為疫情關係，造成石油期貨發生了罕見的正價差。

在這樣的日子中，為什麼筆者勇於在2020年4月把所有的資金，甚至槓桿了一部分資金投入股市？這是我們這一個章節要跟大家分享的心路歷程。

首先，在市場崩盤的時間點，要能夠勇於去撈底必須要滿足兩個條件：

1. 有膽：這一件事情我們在波克夏MDD與恐懼與貪婪指數中有跟大家分享過當時筆者的心理與客觀的條件，透過事前對標的物的了解，下單時使用MDD不猜測最低點，只遵守紀律的下單方式，成功的撈底。但是筆者這一章節要強調的是，如果有膽量下單，但是銀行帳戶空空沒錢，或是股票全數都在崩盤之前買的，現在深度套牢了。試問，即使投資人有膽量下單，能完成下單的任務嗎？

2. 有錢：這就是現在2024年最重要的議題，2024的狀況跟2019年非常相似，我們要怎麼做到市場崩盤的時候，口袋仍然有錢可以加碼？筆者的答案是資產配置。用專業的話說：在資產組合中放入跟股市價格負相關的商品，讓股市在崩盤的時候，這一個部位因為特殊的性質，遇到股市崩盤反而會上漲。這個標的就是美國公債。

公債大漲就出清

怎麼在股市崩盤有錢可以加碼買入股票？就是在資產組合中加入避險資產。

資產分為避險型資產與風險型資產。筆者把市面上重要的資產類別做了簡單的整理如表2-4。

表 2-4 避險資產與風險型資產分類

避險型資產	風險型資產
美國公債：TLT 美元現金：USD	美國大型股：SPY 投資等級債(中短)：LQD 新興市場美元債：EMB 垃圾級高收益債：JNK 特別股：PFF

資料來源：作者整理

避險型資產就是相對 SPY 價格長期而言，是產生負相關的資產類別。

關鍵步驟 1：在公債大漲噴出的時候，出清公債。

關鍵步驟 1：在公債大漲噴出的時候，出清公債。

關鍵步驟 1：在公債大漲噴出的時候，出清公債。

筆者在前一本書籍中，有詳細分享了當時筆者的交易心得與過程，在這簡單再次分享：當所有媒體都在大肆宣傳的時候，通常就是一個資產類別相對高點的時候。

尤其是你很少聽過名嘴、達人分享的股票、債券，並且銀行大肆推銷的時候，通常都離高點很近。

（PS：銀行的銷售情況是筆者長期在金融業觀察到的現象：銀行銷售的對像散戶居多，因此每當一個商品大賣，筆者就會特別警戒，因為這代表一件事情正在發生，散戶都上車了，或是散戶都正在上車，這樣就會讓主力有出貨的契機。並且銀行只要大賣的商品，通常都有聽起來很合理的邏輯與話術，讓散戶輕易地就能理解並且買單。）

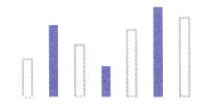

以下是筆者記憶中銀行發生過的慘劇

1. 澳幣（2008 至 2012 年）
2. 南非幣（2012 至 2024 年，台灣人持有南非幣是除了南非本國以外，海外最大的持有國。）
3. TRF 人民幣計價（2014 至 2016 年）

    這個嚴重錯誤造成了台灣中小企業史詩級的虧損，很多公司因此倒閉。記得筆者當時在某銀行跟分行經理聊天時問到：「你的 TRF 怎麼處理？」經理回答：「再包裝一個 TRF 讓客戶買。」筆者聽到只能搖頭而已。

4. 富蘭克林新興市場固定收益（2017 至 2019 年）

    當年富蘭克林新興市場固定收益（新興市場當地貨幣債），一度成為台灣境外基金金額前五名，最後因為阿根廷違約以及 Covid-19 爆發，到 2024 年還深度套牢中。

而當年發生了下面的現象：公債的歷史最高點是 2020 年 3 月 9 日歐洲開盤的時間點，約當台灣時間下午 3：00 左右，當時美國公債 ETF 美股代號 TLT（美國長天期公債 ETF），在當天美股一開盤即價格跳空直接衝上 181 元，並且開始大幅度震盪。

但是筆者觀察到，台灣的媒體真的很準確，有神祕東方力量在指引著。

2020 年 3 月 6 日筆者就看到鉅亨新聞發表美國公債將會成為避險首選，當下看到這個新聞，筆者愣了一下：美國公債的價格早就噴出了，從 3 月 1 日瘋狂上漲到 3 月 6 日 TLT 每天都以 2% 至 3% 的速度上漲，怎麼媒體就不早點在 2019 年，2020 年年初的時候，就說美國公債變成避險首選呢？

果不其然 2020 年 3 月 6 日（星期五）發布這個新聞過後，隔週一 2020 年 3 月 9 日開盤 TLT 就創造了歷史的最高價格與當時的歷史最大交易量。（這個紀錄後來被打破）。

因此筆者看到這個訊息，立刻就通知客戶我們準備把債子債孫全數分批出清。

當年筆者帶著客戶一起在 2019 年布局了一整年的美國長天期公債，在 2020 年 3 月 1 日至 2020 年 3 月 12 日之間全數出清。

經歷上面的操作之後，崩盤時能有錢買進股票的關鍵就是賣出公債。

為什麼我不是在資產配置中保留大量現金部位？

德國股神科斯托蘭尼曾提過：「下坡時肩膀上沒有麥子的人，上坡的時候也不會有。」

因為保留大量現金部位的投資人，遇到崩盤的時機時，大多數都不會，也不敢出手買股票。筆者很多投資過股票的長輩，在金融海嘯發生時說：只要台股 3,000 點我就壓身家，如果真的台股指數來到 3,000 點了，這些長輩又會改口說 2,500 點我就壓身家。

為了避免這樣的狀況，筆者在實務上就避開了這種大量持有現金的情景，因為筆者擔心自己變成長輩的樣子。

做完關鍵步驟 1：在公債大漲噴出的時候，出清公債。

這時候我們交易帳戶上就會有錢，可以挑選想要的標的物了。

筆者貼心小提醒：挑選合適的標的物是平常就需要做的功課，是非常重要的功課。合適的標的物正如同我們手上的牌，牌越多，遇到狀況時可以應用的工具也越多。

在 2020 年 3 月這個崩盤的時間點，筆者應用的標的就是波克夏了。為什麼選定波克夏？因為波克夏公司手上永遠都會有大量的現金儲備以備不時之需。在疫情期間，這個現金水位有將近 1,000 億元，筆者認為這一家公司遇到了壞時機也不會倒閉，其他公司筆者就沒這麼大的把握了。

讀者會疑問：這樣的思維會不會太保守了？

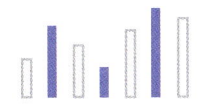

請大家再次回想一下 Covid-19 的情境，2020 年 3 月中開始熔斷一星期的情境，這是歷史最大的單週波動（崩盤），在那種每天股市都蒸發 7%跌停板的時間，試問我們能出手買什麼標的物？並且能購買大量不是小小試單。

經驗分享：2020 年 4 月隨即就開始了槓桿的買進，除了賣掉公債回頭買入股票這些資金，還開槓桿買股？這是什麼勇氣？有什麼徵兆？我們下面一一還原當時的情景。

基本面的數據：初領失業救濟金

初領失業救濟金是學總經的人必須長期關注的資料，並且是股市先行指標之一。會被筆者納入重要觀察指標還有一個核心因素，過去的研究中他有提早或是同時發現股市崩盤的效果，並且是很有效的指標。

這個數據是經過筆者重新量化過後的，簡單來說是短期平均初領失業救濟金人數減去長天期初領失業救濟金人數。

當數值為負數：表示短天期初領失業救濟金的人數低於長天期初領失業救濟金的人數，可以進一步說明短天期的就業狀況比長期平均更好，所以可以說明景氣相對長期來說是更好的

當數值計算出來為正數：表示短天期初領失業救濟金的人數高於長天期初領失業救濟金的人數，可以進一步說明短天期的就業狀況開始惡化了，很有可能進一步降低消費，只要影響到美國的消費數據，美國的 GDP 必然出現不好的影響，造成景氣衰退（美國的消費佔 GDP 的 70%，是重中之重）。

並且筆者過去的研究中，這個指標能精準的提前預判到幾次重要的景氣大反轉：2000 年的科技泡沫、2008 年的金融海嘯、2020 年的 Covid-19。

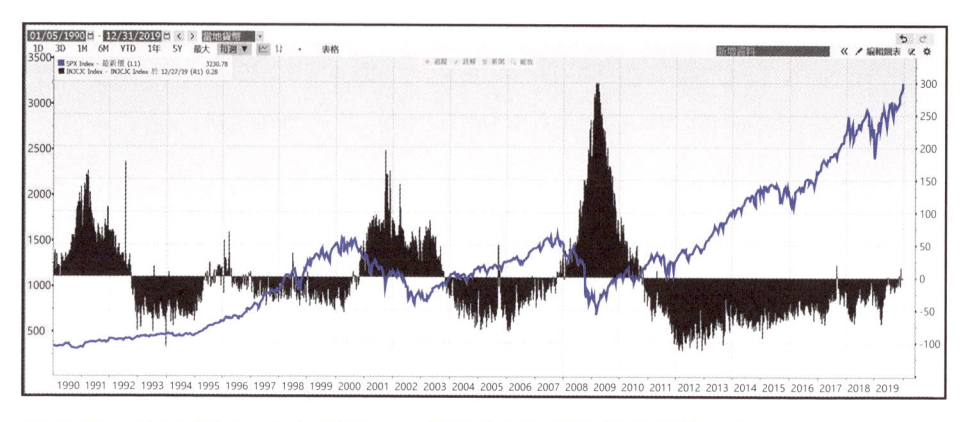

圖 2-28：1990 至 2019 年標普 500 指數與長短期初領失業救濟金人數差。（線段 = 標普 500 的指數；量柱 = 計算指標的正數或是負數）　　　資料來源：Bloomberg

以下是初領失業救濟金的歷史研究與思考：

當指標由負數轉為正數的時候，通常後面會發生價格大幅度的回落，並且準確度很高，圖 2-28 剛好看到 2019 年末指標從負數轉為正數，當時股價仍在歷史新高附近。

筆者思考：為什麼會有這種情形？筆者深入思考他的規則。

想要領取失業救濟金則必須符合以下三個條件：

1. 不是因為犯錯遭到開除或是自主離職。

2. 失業者必須是可以工作且正在積極尋找工作。

3. 在過去一段時間有透過前份工作領取一定的報酬。

我們把上述這三項規則帶入總經的環境去深入思考。

符合第一項條件代表：會被開除通常都是因為公司獲利不佳經營不善所導致，所以這是內部問題。如果這一位工作者是能力尚可，被開除之後，外在環境景氣不差的情景之下，找到工作回職場，應該不是太困難的一件事情。

因此當第二項條件符合的時候，如果工作者是能力尚可，只要肯

吃苦，並且積極找工作還找不到，就會領取到失業救濟金，這時候我們就應該懷疑一件事情：景氣出現問題了。

景氣很好，初領失業救濟金的人數應該不會快速高過長期平均值。但是如果景氣轉壞，或是景氣開始發生問題，初領失業救濟金的人數就會開始高過平均值，這時候我們就要非常警戒了！

股市是先行指標，不會等到景氣真的發生問題，GDP 轉為負值的時候，市場才開始下跌，而是在景氣有疑慮，甚至被發現有轉壞的苗頭的時候，股市就會有一批先行者開始賣股，導致股市見到高點。

我們身為專業投資人，永遠希望比別人早一步，那我們憑什麼比別人早一步？就是需要更多的經驗與判斷，更多的數字做為佐證。

這個數字可以從正面讀也可以反面去解讀，2020 年 4 月的時候這一個數字從正數回到負數，並且回落的速度非常的快，因此筆者就憑藉著對數字與指標的認識，就大步的買入股票。

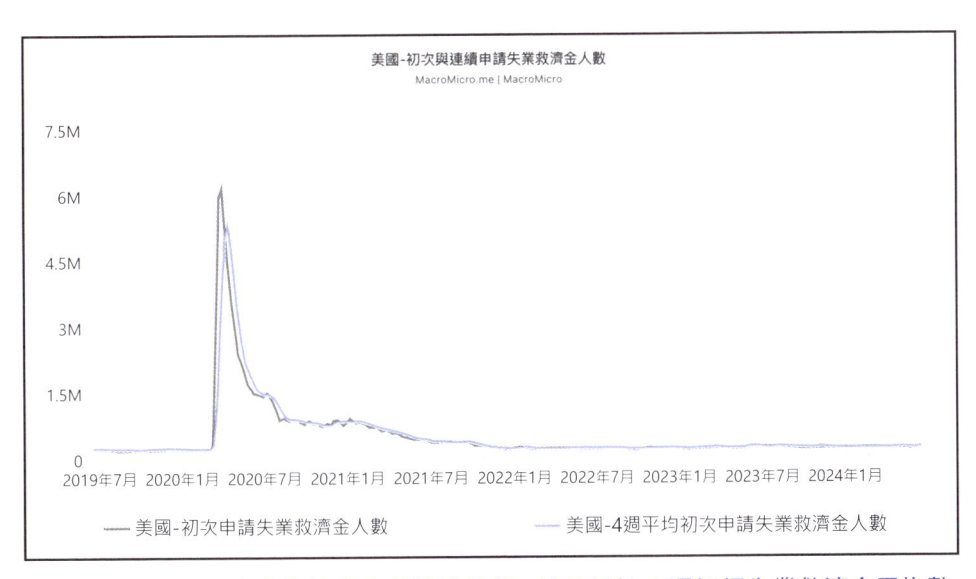

圖 2-29：當週初領失業救濟金人數快速降低，並且低於 4 週初領失業救濟金平均數。

資料來源：財經M平方

圖 2-29 來自財經M平方，可以免費取得。圖 2-29 也可以充分說明當週與連續 4 週平均初領失業救濟金人數的變化。

買入股票長期持有之後，筆者又遇到網友提問了一個關鍵問題。

公債價格高，該買進當成資產配置的一環嗎？圖 2-30

在 Covid-19 之前，並沒有太多投資人認識美國公債這一個資產類別，僅有少數的專業投資者會深入了解這個資產的特性，但是 Covid-19 發生之後，所有美國公債相關的 ETF 與美國公債一時間變成非常熱門的資產類別，因為股票崩盤的時候，這個資產類別不但不下跌，反而還是上漲的，在一片哀號中，能繳出正報酬的成績單。

因此很多不了解習性的投資人，紛紛把這個資產加入投資組合

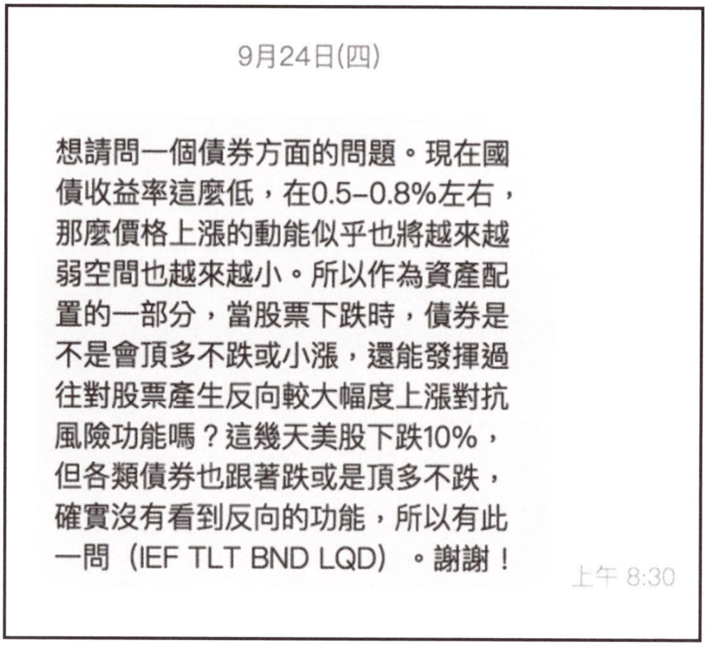

> 9月24日(四)
>
> 想請問一個債券方面的問題。現在國債收益率這麼低，在0.5-0.8%左右，那麼價格上漲的動能似乎也將越來越弱空間也越來越小。所以作為資產配置的一部分，當股票下跌時，債券是不是會頂多不跌或小漲，還能發揮過往對股票產生反向較大幅度上漲對抗風險功能嗎？這幾天美股下跌10%，但各類債券也跟著跌或是頂多不跌，確實沒有看到反向的功能，所以有此一問（IEF TLT BND LQD）。謝謝！
>
> 上午 8:30

圖 2-30：2020 年 9 月 24 日網友提問：公債歷史最高，仍要配置債券嗎？　　　　　　　　　　　　資料來源：作者提供

中，說要資產配置，而當時很多傳統資產配置者也不斷強調，即使是美國十年期公債殖利率的歷史最低點，反過來說就是公債價格的最高點（殖利率與債券價格成反比），也要堅持做資產配置，而筆者完全反對這一件事情，筆者這一個時期是零美國公債的配置，把美國公債完全出清一股不留。

當時筆者怎麼會做出清公債一股不留投資決策？因為筆者投資的基礎理論是利率循環，這裡簡單再跟大家說明一下：美國十年期公債殖利率的波動，他是有規律的循環波動，當他波動到極端值的時候，物極必反，不可能持續逆著規律而行。

如圖 2-31：規律就是向下 3 波段 A＞B＞C；然後短期間盤整一段時間，然後會有上升的一波 D，週而復始。D 代表市場再次不恐慌，景氣。回到正軌，因此避險需求大幅度降低，人們看弱避險轉為投入風險資產會有這種現象是因為景氣是有好有壞，利率就會隨著景氣好壞有規律的變化。

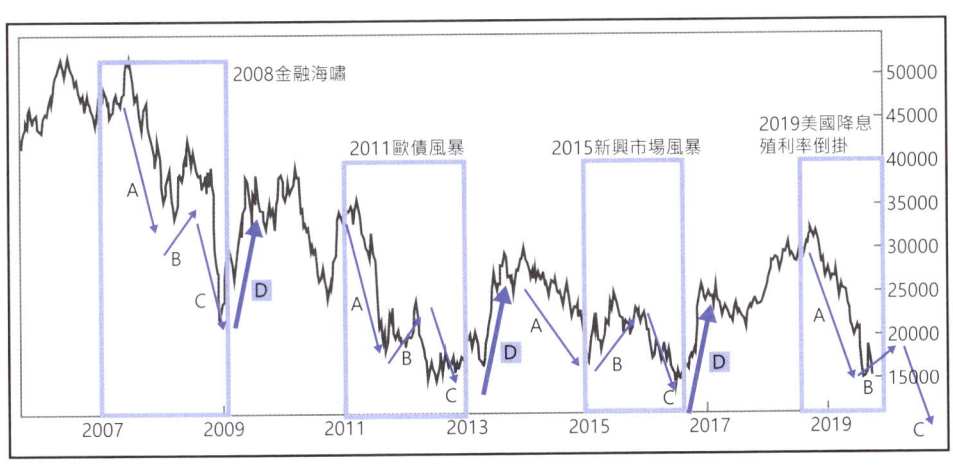

圖 2-31：美國十年期公債殖利率有循環，有下跌週期就會有上漲週期。

資料來源：作者提供

2020 年 3 月過後，景氣因為極端的壞，因此造成了避險資產美國十年期公債殖利率來到了歷史最低，美國公債的價格來到了歷史最高。

物極必反，這是循環的規則與景氣運行的規律，這是筆者體驗到的真理，因此當美國公債被一大群媒體大肆報導績效優良、避險首選的時候，筆者就知道下一次的循環要開始了。

因此當網友提問為什麼債券沒有避險的功能，原因很簡單：他的避險功能早就充分反映了。即使美股持續上下震盪，對於推升美國公債價格上漲也沒有太大的幫助了。

因此筆者用一圖 2-32 回給網友。

歷史的波動，從來都沒有改變過，規律就是向下 3 波段 A＞B＞C，然後短期間盤整一段時間，然後會有上升的一波 D，週而復始。

當 D 美國十年期公債殖利率開始向上攀升，必然是景氣回升通膨回溫的情景

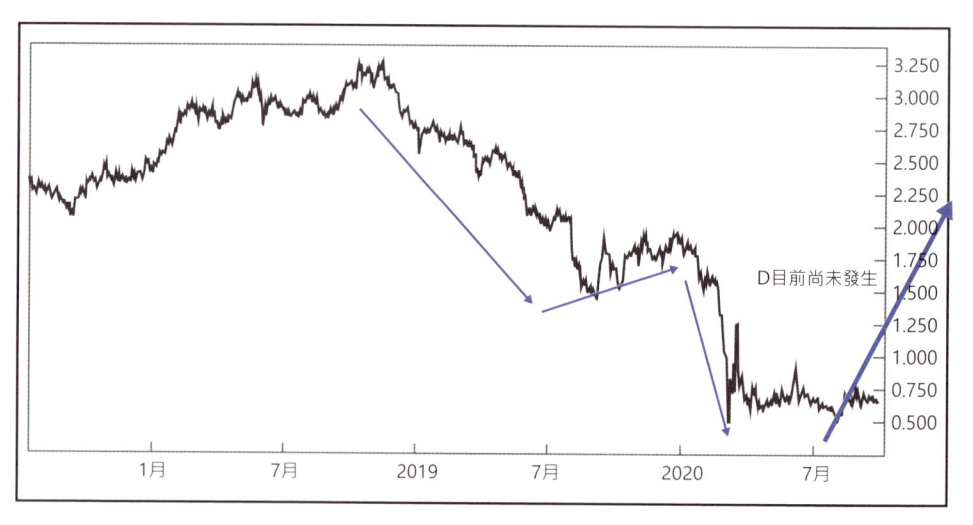

圖 2-32：當美國十年期公債殖利率下降週期結束，下一個階段就是上漲週期。

資料來源：tradingeconomics、作者整理

這時候是避險資產報酬率與利率表現最差的時候，這時候千萬不要去冒避險資產必然下跌的風險，而去買進自己不熟悉的資產類別。

當然市場還有一說就是配置中短天期的公債，筆者就反問了：只要是遇到升息週期，債券下跌的機率幾乎是 100％，中短天期債券只是下跌的多與少而已，這時候真有必要配置中短天期債券，只為了資產配置者要維持股債比例？

這時筆者通常會建議客戶把配置在債券的部位，換成美金現金存起來即可，美金遇到升息時匯率反而有機會上漲，比去冒著 100％ 機率公債下跌的風險強多了。

當時筆者還聽到最大的反對聲音說：利率循環不可預測。但筆者做的不是預測，而是在風險很高的時候，降低債券的價格風險。

筆者怎麼能知道當時的利率是歷史最低？筆者根據歷史經驗，判斷美國的降息不會降低到負利率：歷史上只有歐洲與日本曾經將利率降低到 0％，並且溢價購買這些債券，造成負利率。

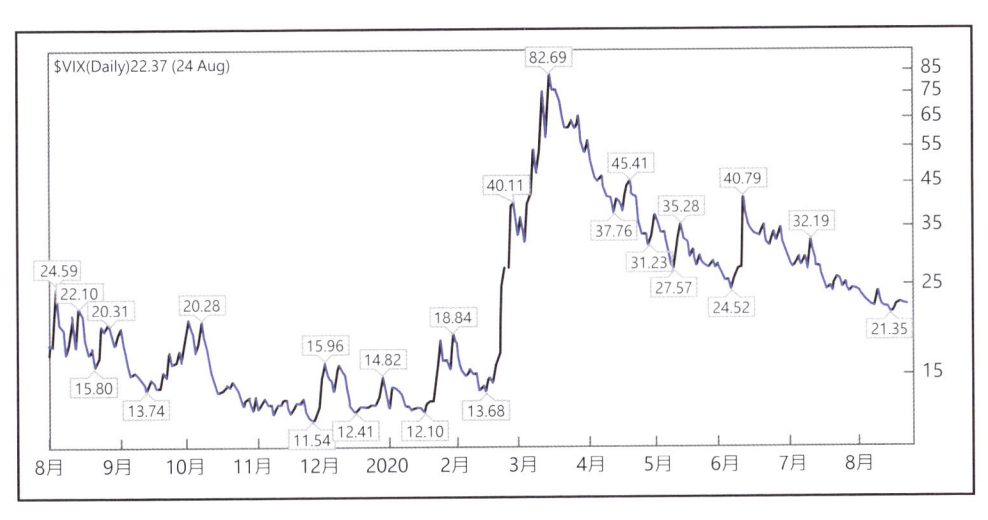

圖 2-33：2019 年 8 月 1 日至 2020 年 8 月 30 日 VIX 恐慌指數走勢圖。

資料來源：StockQ

在 Covid-19 時筆者認為美國不會加入負利率的陣營，因此如果沒有更低的無風險利率，那麼美國將利率降低到 0％ 至 0.25％ 就是極限了，並且當時的 Vix 在 2020 年 3 月創下了歷史的收盤價極端值 82.69（在 2008 雷曼兄弟倒閉時，Vix 一度突破 100 但是當天收盤 VIX 是收在 80），在 2020 年 3 月之後再也沒有這麼恐慌了。（圖 2-33）

所以筆者就認為公債價格沒有更進一步上漲的動能，除非有更大的事件發生，但是當時的環境疫苗正如火如荼的研發，市場的恐慌情緒消退，所以筆者決策是：出清所有的債券，完全不去留存這個避險資產。

通膨作祟：2022 年至今（2024 年）

聯準會是全球金融體系中具有最大力量的機構，他的一舉一動都會引導著市場的預期，他更能牽動全球最大印鈔機（美國央行）的貨幣政策與利率政策，因此筆者就以本節來跟大家分享聯準會的動向跟資產配置的關係。

如圖 2-34 顯示，2008 年全球金融風暴肆虐，各國經濟都陷入愁雲

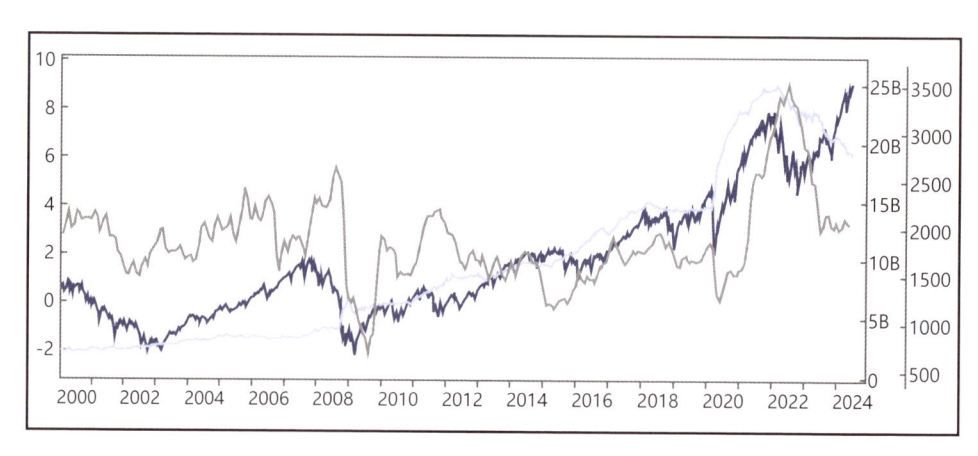

圖 2-34：深藍線為 MSCI 世界指數；淺藍線為三大央行資產負債表總額。

資料來源：Bloomberg（2000 年 1 月 1 日至 2024 年 6 月 27 日）

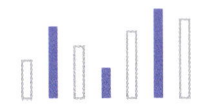

慘霧的時候，救世主出現了，FED 與各大央行聯手開動印鈔機。2008 年馬前總統還發放消費券刺激經濟，聯準會除了緊急降低利率讓利率區間降低到 0 至 0.25％ 之間，還開啟了史無前例的大量 QE，讓原本進入衰退的經濟，在 2010 年之後就慢慢恢復。

隨後聯準會又多次進行 QE，讓原本的經濟慢慢復甦，股票也隨之迎來波段性的上漲，因為聯準會提供了錢。資本的市場其實很簡單：只要錢越來越多，市場就容易上漲，反之如果市場的錢越來越少，那麼市場就比較容易下跌。

聯準會在 2008 至今年 2024 年，都是市場替市場提供資金多少的主要角色，利率決定了錢的成本，QE 決定了市場有多少憑空而出的錢，因此聯準會的動向我們要非常關注。

但是聯準會常常自打嘴巴，利率政策的變化極大，投資人面對聯準會對未來預估的利率點陣圖，只能相信 50％，聯準會是常常給市場上演狼來了的戲精，投資人只能透過自己的經驗去判斷。

作者看聯準會利率點陣圖

盡信書不如無書，聯準會的利率點陣圖變化極大！2021 年 12 月，聯準會在利率會議過後，提供了市場利率點陣圖，聯準會當時很有信心地跟大家說，2022 年會是一個升息年，但是利率不會升高太多，最多就是 0.75％ 至 1％ 這個區間，升息 3 碼。到了 2024 年利率最多就是落在 2％ 至 2.5％ 這個利率區間。

從讀者閱讀本書的時間回頭去看聯準會當時的點陣圖，我們不禁心中產生了非常多的問號，聯準會不是全球最嚴謹的經濟機構之一嗎？為什麼這麼多聯準會的經濟學家教授們，做出來的點陣圖會跟實際差異極大？

是的，作者要跟大家傳達的意念只有一個：聯準會常常開大家玩笑，並且聯準會常常誤判，誤判是聯準會的家常便飯，因此利率點陣圖看看就好。但有一點值得我們注意，就是升息的訊號。

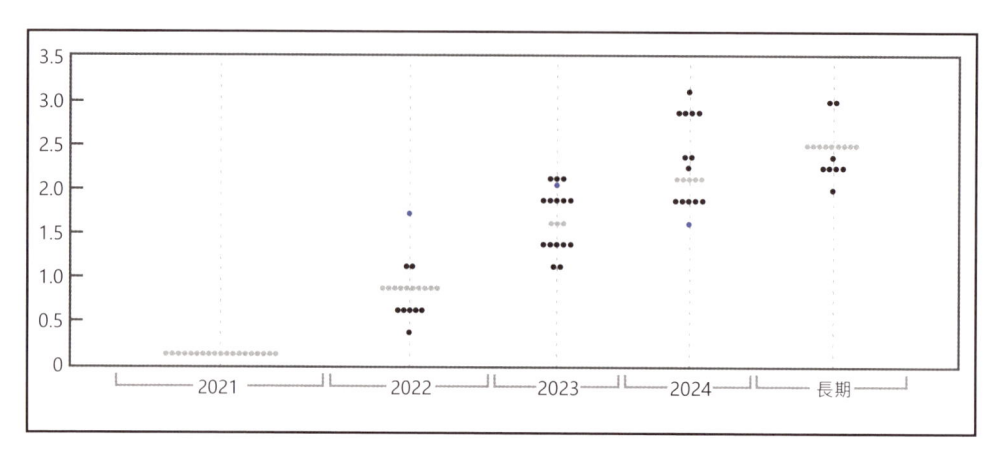

圖 2-35：2021 年 12 月公佈的聯準會利率點陣圖。　資料來源：FED Watch 利率點陣圖

2020 年 3 月聯準會兩次緊急會議之後，把利率降低到 0%-0.25% 這個區間，代表著利率幾乎降無可降，也就是說跟利率關聯性非常大的債券，價格就是歷史的最高，除非一個情形發生：負利率。

負利率在人類歷史上也是 2008 年後才出現的，啪啪幾巴掌，打了建立過去經濟理論的經濟學家。

經濟學家們錯估的就是：當錢是用賺的時候，當然不會出現負利率這個奇怪的事情，但當錢可以用印的時候，負利率就出現了，因為這些錢不是我的，開動印鈔機就有了，憑空而出。

但是筆者認為負利率不會出現在美國（目前負利率只出現在歐洲與日本兩大經濟體），因此筆者在 2020 年 3 月之後替客戶下了一個資產配置的決策：零配置公債。

幾乎把所有的資金都放在風險資產上，不配置避險資產。

到了 2021 年 12 月聯準會已經在點陣圖上暗示，未來只有升息一條路的時候，筆者就跟客戶們分享，除非 10 年期公債殖利率超過 3%，否則不要配置任何公債。

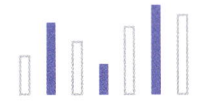

2024 年回頭來看，當時如果知道當年會暴力升息，並且是 50 年一遇的強升息，如表 2-5，作者下的投資決策應該就是不要配置任何債券相關的產品，因為聯準會升息通常會讓債券相關產品價格下跌。

表 2-5 2022 年開始的升息的進程。

時間	升息幅度	調整後利率
2022/3/17	25bps	0.25%~0.5%
2022/5/4	75bps	0.75%~1%
2022/6/16	75bps	1.5%~1.75%
2022/7/28	75bps	2.25%~2.5%
2022/9/22	75bps	3%~3.25%
2022/11/3	75bps	3.75%~4%
2022/12/15	75bps	4.25%~4.5%
2023/2/12	25bps	4.5%~4.75%
2023/3/23	25bps	4.75%~5%
2023/5/4	25bps	5%~5.25%
2023/7/27	25bps	5.25%~5.5%

資料來源：FED、作者整理

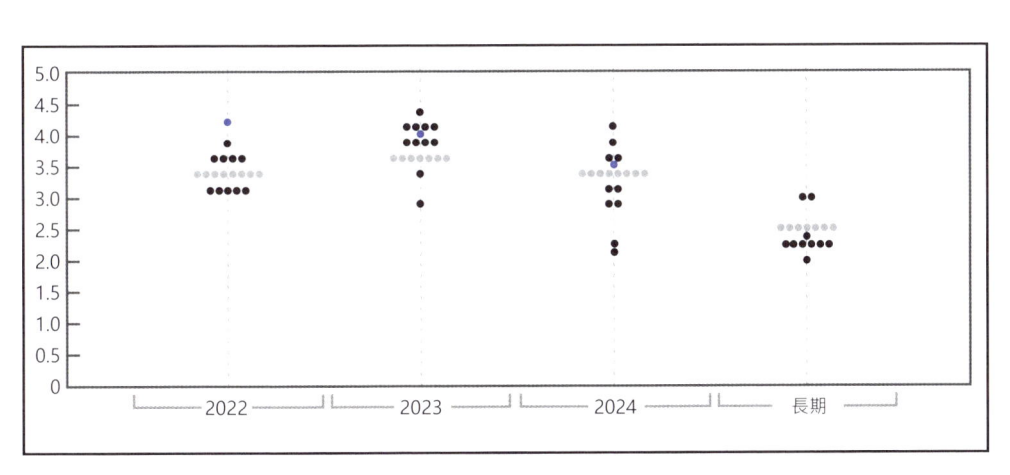

圖 2-36：2022 年 6 月公佈的聯準會利率點陣圖。

資料來源：FED Watch 利率點陣圖、作者整理

到了 2022 年 6 月利率會議結束之後，聯準會公佈了新的利率點陣圖如圖 2-36。

投資人一看，這個點陣圖跟最終 2022 年的利率狀況也仍是差了 10 萬八千里，因為 2022 年 12 月利率最終來到 4.25％至 4.5％這一個區間，跟 2021 年 12 月的點陣圖相差了 14 碼，跟 2022 年 6 月的點陣圖相差了 3 碼，利率點陣圖在這一段時間是荒腔走板，變化驚人。

證據與資料是會隨著時間過去而消失的，筆者是長期觀察這些數據，才能拿出這些點陣圖給大家參考。

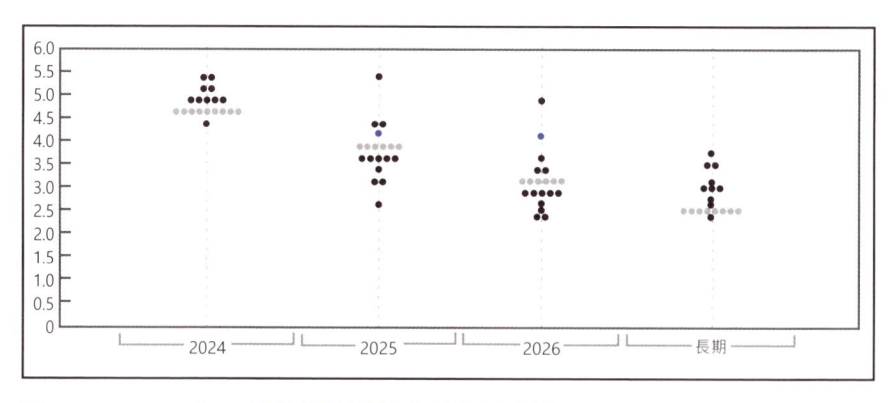

圖 2-37：2024 年 3 月公佈的聯準會利率點陣圖。

　　資料來源：FED Watch 利率點陣圖，作者整理（2024 年 3 月）

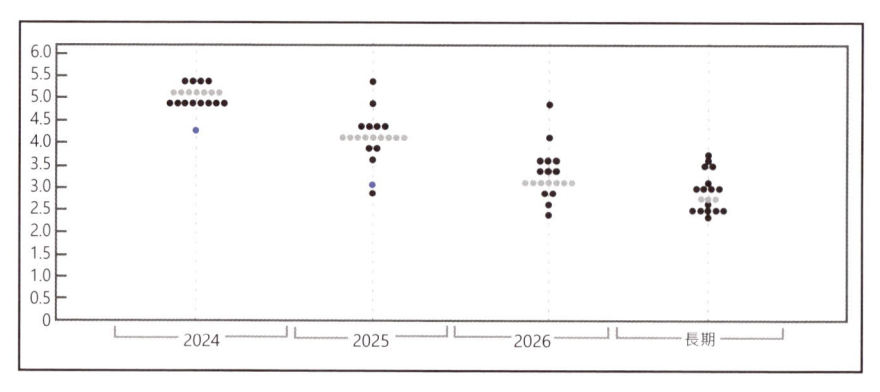

圖 2-38：2024 年 6 月公佈的聯準會利率點陣圖。

　　資料來源：FED Watch 利率點陣圖、作者整理（2024 年 6 月）

時間推進到 2024 年，聯準會的點陣圖就會變得更為精準嗎？答案是沒有：因為聯準會 2024 年 3 月跟 2024 年 06 月公佈的利率點陣圖不同，並且 2024 年 6 月的利率點陣圖公布不過一個多月而已，聯準會又啪啪打自己 2024 年 6 月公佈的點陣圖了。（圖 2-37、圖 2-38）

兩次點陣圖不一樣的地方在哪？

1. 6 月份的點陣圖，推測 2024 年末的利率是 5％至 5.25％之間，相較於 2024 年 3 月的利率點陣圖提高了 2 碼，從原本預估 2024 年降息 3 碼變成降息 1 碼。
2. 2025 年的預測從原本的 3.75％至 4％區間上調至 4％至 4.25％。

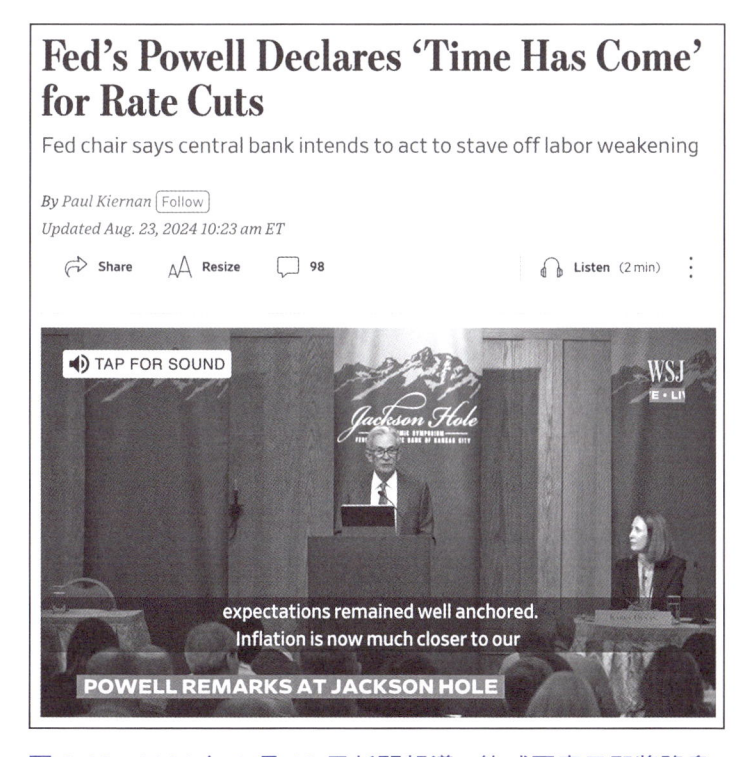

圖 2-39：2024 年 8 月 23 日新聞報導，鮑威爾表示即將降息。

資料來源：華爾街日報新聞

3. 2026 年的預測從 3％至 3.25％。

4. 長期預期從原本的 2.6％上調至 2.75％。

但是時間才剛過了一個多月，2024 年 8 月聯準會主席鮑威爾又直接改口了，說 2024 年 9 月即將降息。

升息的時程跟進度，可以隨時更改，2024 年聯準會在面對降息這個議題的時候也是左搖右擺，但筆者抓住一點：2024 年不管是 9 月份降息還是 11 月份降息，都代表 2024 年即將結束整段的升息循環。

正如筆者在前面提到的在 2021 年 12 月的利率點陣圖，我們可以清楚地看到 2022 年之後會是升息的循環。

同樣的 2024 年即將進入的就是降息的循環。

如果您有閱讀過筆者前一本著作，筆者認為利率也是一個循環。當利率達到成熟之後，就會邁入衰退，跟春夏秋冬四季變換一樣。

A＞B 是成熟時期，C 則是利率因為景氣衰退而緊急降息

前一次我們經歷的是 2015 年 12 月至 2018 年 12 的升息循環，總共升息 9 碼利率來到 2.25％至 2.5％這個區間。

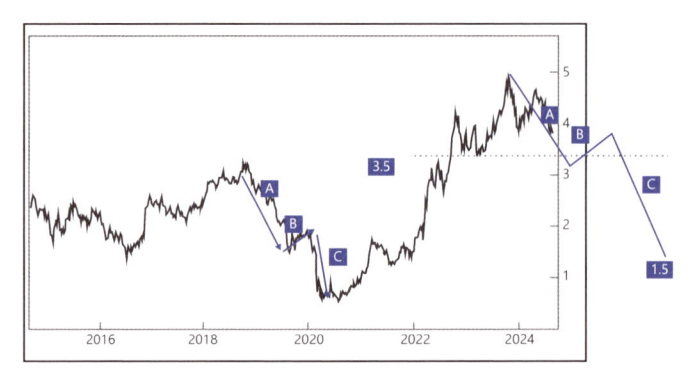

圖 2-40：A＞B＞C 技術面下降方式。

資料來源：Tradingeconomics、作者整理

這一次我們經歷的是 2022 年 3 月至 2023 年 7 月的升息循環，總共升息 21 碼利率來到 5.25％至 5.5％這個區間。

這一次的升息幅度與時間相較於上一次是非常短暫且強力升息。

筆者認為這一次如果從升息循環轉為降息循環，仍將跟過去一樣會走 A＞B＞C 這種技術面下降的方式。

表 2-6 1973 年第一次石油危機的利率與通膨相關數據

月份	CPI年增率	GDP年增率	PPI年增率	營建許可擴年增率	失業率月增率	M2年增率	聯邦基金利率
01/1973	3.64	7.60	7.22	7.8	4.90	12.9	5.94
02/1973	3.86		8.16	7.2	5.00	12.2	6.58
03/1973	4.83		10.71	6.9	4.90	11.2	7.09
04/1973	5.30	6.30	10.94	6.8	5.00	11.0	7.12
05/1973	5.53		12.66	7.1	4.90	11.2	7.84
06/1973	6.00		14.61	7.3	4.90	11.2	8.49
07/1973	5.74	4.80	12.25	7.9	4.80	10.1	10.40
08/1973	7.40		18.45	7.3	4.80	9.1	10.50
09/1973	7.36		16.17	7.4	4.80	7.8	10.78
10/1973	8.06	4.00	15.46	7.2	4.60	7.1	10.01
11/1973	8.25		15.38	7.4	4.80	6.9	10.03
12/1973	8.94		15.33	6.7	4.90	6.6	9.95
01/1974	9.60	0.60	17.79	6.2	5.10	6.1	9.65
02/1974	10.00		17.92	6.5	5.20	6.2	8.97
03/1974	10.14		16.59	7.0	5.10	6.7	9.35
04/1974	10.07	-0.20	16.97	6.4	5.10	6.5	10.51
05/1974	10.71		16.40	7.9	5.10	5.8	11.31
06/1974	10.86		14.29	8.6	5.40	5.3	11.93
07/1974	11.54	-0.60	20.27	8.8	5.50	5.4	12.92
08/1974	10.89		17.68	9.6	5.50	5.4	12.01
09/1974	11.95		19.70	9.7	5.90	5.8	11.34
10/1974	11.84	-1.90	22.89	10.6	6.00	6.0	10.06
11/1974	12.20		23.44	10.3	6.60	5.9	9.45
12/1974	12.10		20.89	10.7	7.20	5.4	8.53
01/1975	11.75	-2.30	17.14	10.7	8.10	5.4	7.13
02/1975	11.21		14.40	11.2	8.10	5.8	6.24
03/1975	10.46		12.45	11.3	8.60	6.3	5.54
04/1975	10.19	-1.80	12.75	11.1	8.80	7.1	5.49
05/1975	9.26		11.78	9.4	9.00	8.4	5.22
06/1975	9.18		11.54	8.9	8.80	9.7	5.55
07/1975	9.53	0.80	8.70	8.8	8.60	10.6	6.10
08/1975	8.62		5.55	8.5	8.40	11.2	6.14
09/1975	7.91		6.26	8.1	8.40	11.7	6.24
10/1975	7.65	2.60	5.10	7.4	8.40	11.7	5.82
11/1975	7.38		3.66	7.6	8.30	11.6	5.22
12/1975	7.13		4.19	7.5	8.20	12.6	5.20

資料來源：台經院（1973 年 1 月至 1975 年 12 月）

表 2-7 1979 年第二次石油危機的利率與通膨相關數據

月份	CPI年增率	GDP年增率	PPI年增率	營建許可擴年增率	失業率月增率	M2年增率	聯邦基金利率
01/1979	9.25	6.50	10.48	9.4	5.90	7.2	10.07
02/1979	9.84		10.96	9.4	5.90	7.2	10.06
03/1979	10.25		11.31	9.7	5.80	7.4	10.09
04/1979	10.49	2.70	11.45	8.6	5.80	7.8	10.01
05/1979	10.70		11.51	9.4	5.60	7.6	10.24
06/1979	11.08		11.43	9.2	5.70	7.9	10.29
07/1979	11.45	2.40	12.50	8.7	5.70	8.4	10.47
08/1979	11.84		13.07	8.8	6.00	8.5	10.94
09/1979	11.88		13.94	8.4	5.90	8.1	11.43
10/1979	12.07	1.30	14.35	7.9	6.00	8.0	13.77
11/1979	12.59		14.56	7.7	5.90	7.9	13.18
12/1979	13.25		14.72	7.7	6.00	7.9	13.78
01/1980	13.87	1.40	15.45	7.2	6.30	8.1	13.82
02/1980	14.16		16.02	7.3	6.30	8.5	14.13
03/1980	14.59		15.44	7.6	6.30	8.1	17.19
04/1980	14.59	-0.80	14.17	8.4	6.90	7.1	17.61
05/1980	14.43		13.94	7.7	7.50	7.2	10.98
06/1980	14.27		13.72	8.3	7.60	7.5	9.47
07/1980	13.15	-1.60	14.02	8.6	7.80	7.7	9.03
08/1980	12.89		14.95	9.3	7.70	7.9	9.61
09/1980	12.77		13.35	9.3	7.50	8.2	10.87
10/1980	12.63	0.00	13.03	10.0	7.50	8.5	12.81
11/1980	12.63		12.83	10.7	7.50	8.9	15.85
12/1980	12.35		12.47	10.7	7.20	8.6	18.90
01/1981	11.79	1.60	11.74	11.3	7.50	8.4	19.08
02/1981	11.39		10.59	10.8	7.40	8.3	15.93
03/1981	10.61		10.86	10.7	7.40	9.1	14.70
04/1981	10.14	3.00	11.62	11.3	7.20	10.5	15.72
05/1981	9.79		11.33	11.3	7.50	10.0	18.52
06/1981	9.70		11.05	10.9	7.50	9.2	19.10
07/1981	10.77	4.30	9.63	10.2	7.20	8.6	19.04
08/1981	10.82		8.20	10.0	7.40	8.5	17.82
09/1981	10.97		7.74	10.0	7.60	8.4	15.87
10/1981	10.27	1.30	6.57	9.1	7.90	8.6	15.08
12/1981	9.58		6.01	8.2	8.80	8.8	13.31

資料來源：台經院（1979 年 1 月至 1981 年 12 月）

在升息循環中，我們應該降低債券相關部位的配置，反之如果再降息循環中，我們應該增加債券相關部位的配置。

資產配置是應該隨著市場環境而做調整的，不應該是永恆不變的比重。當利率降低到降無可降低，那麼我們就要思考下一步很可能是升息，降低債券。當利率上升到升無可升，那麼我們就要思考下一步很可能是降低，增加債券。

筆者在最後給大家歷史上 2 次美國聯準會暴力升息的資料。（表 2-4、表 2-6）

筆者看完這些數據跟 2022 年暴力升息的相互比較之後，有一個心得：升息到了極致一定是降息，升息到了極致一定是降息，升息到了極致一定是降息！這是歷史的給我們的經驗，也是筆者親身的體驗。

結論

1. 當我們看到聯準會的利率點陣圖，不再大幅度修正利率時就代表了趨勢確認。

2. 利率點陣圖，我們有兩種狀況可以相信：a.公布後的利率完全呈現升息狀態；b.公布後的利率完全呈現降息的狀態。這兩種我們可以相信，其他就只能參考。

3. 資產配置可以抓住這兩種訊號，做配置上的調整，避免中間大幅度震盪的等待，而錯失投資機會。

景氣衰退的訊息

如果我們知道明天會崩盤，今天會怎麼做？

股市是先行指標還是落後指標？這是很重要的問題。相信有了解過投資學的夥伴們都知道，股市是先行指標，那麼當我們真正看到景氣 GDP 呈現負數成長，景氣在真正邁入衰退時，請問股市的情況如何？按照筆者的經驗，股市應該提早崩盤，甚至當衰退變成事實的時候，股市就開始默默的開始打底。

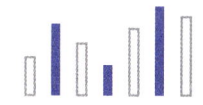

那我們怎麼在景氣從榮景變成衰退之間，能夠早知道？

千金難買早知道，這用在投資更是精準的話語，如果能夠早知道，投資人在很短的時間可以變成富翁。

假設我們可以清楚知道明天會上漲還是下跌，那麼請問今天你會怎麼做？

如果我們有預知未來的能力，確切知道明天會上漲，那麼具有基本市場投資經驗的人今天就會壓身家去做多股票，甚至開啟槓桿，因為他知道明天會上漲。

反之如果我們確切知道 2024 年 8 月 5 日台指期會跌停，請問我們在 2024 年 8 月 4 日會怎麼做？壓身家槓桿、融資去放空，也許一天過後，我們就成了千萬富翁或是億萬富翁。

實務上真正會造成財務規劃或是家庭財務計畫破產的，請問是哪一種情境？不會是台積電股價破千，台股直上三萬點這種情境吧！筆者的經驗告訴我，多數人會去尋求顧問協助，通常都是在財務狀況出問題，並且當時景氣是衰退股市崩盤的情景。

股票瘋漲時人人都是股神，唯有崩盤時才能檢視。

資產配置做的就是面對崩盤時，我們仍能笑傲市場，不畏懼市場發生風險。那實務上我們怎麼能預測衰退的到來？

筆者花了很多時間研究衰退到來前的訊號，下面就跟大家分享。

1. 殖利率倒掛

殖利率倒掛代表長期利率低於短期利率，根據 FED 的定義：美國 10 年期公債殖利率減去美國 3 個月的公債殖利率（10Y-3M）為負數並且一個月平均後，仍為負數，那麼這就是實質意義上的殖利率倒掛。

由圖 2-41 灰色部分為聯準會定義的景氣衰退，超過 60 年的歷史中，我們可以直接觀察到，除了 1965 附近發生了殖利率倒掛，但是沒有發生景氣衰退以外，多數的殖利率倒掛，後面都發生了實質的衰退。

這個指標的正確率是 88%，在近 30 年的歷史中，我們看到了殖利率倒掛準確的預測了 2020 的 Covid-19，2008 的金融海嘯，2000 年的科技泡沫，並且都是先行指標，因此筆者認為這是一個有效預測景氣

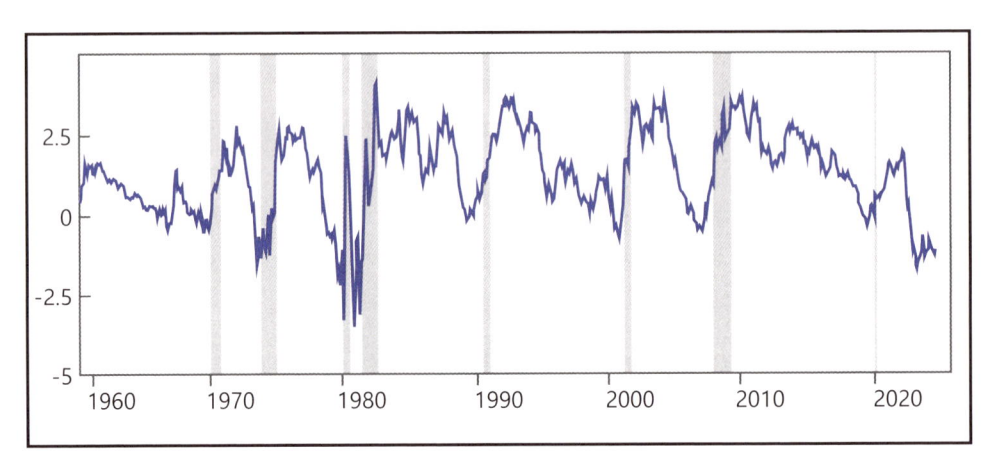

圖 2-41 Fed 紐約分行公布的殖利率倒掛，1958 至今（2024 年）。

資料來源：FED 紐約分行

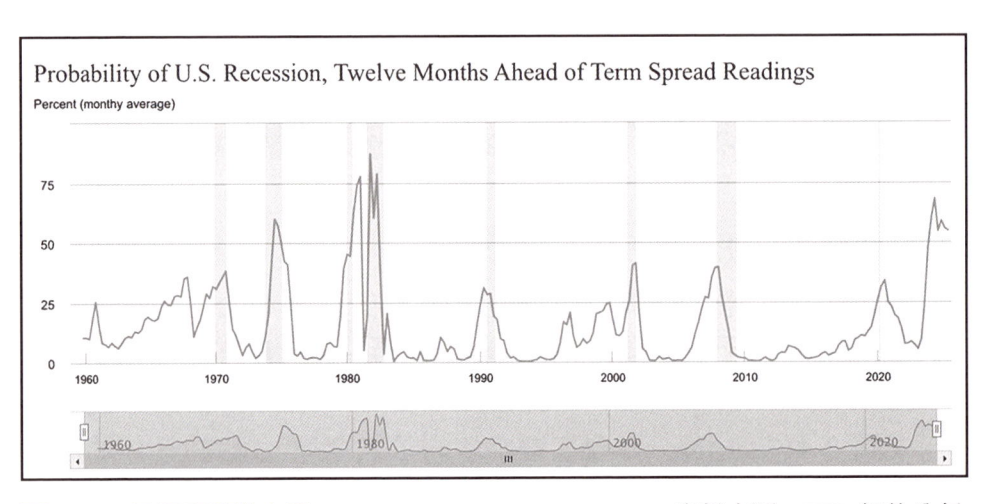

圖 2-42：景氣衰退機率圖。

資料來源：FED 紐約分行

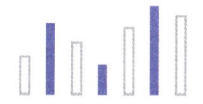

未來即將衰退的訊號之一。

而 FED 紐約分行在同一個頁面，也會一起公佈未來一年發生景氣衰退的機率圖。我們也能清楚判斷，他跟殖利率倒掛發生的時間幾乎重合，並且只要機率超過 25％以上，除了 2022 年至 2024 以外，後面都發生了景氣衰退的事件。（圖 2-42）

2. 初領失業救濟金短期平均高於長期平均

這是筆者長期觀察的數據，當短期平均快速升高，大於長期平均都常都預示了未來景氣衰退的機率上升。

當白色量柱從負數轉為正數時，通常都預告景氣可能出問題。

而在 2000 年科技泡沫前，2008 金融海嘯，2020 Covid-19 都發生過這種現象，隨後就發生了股票崩盤的狀況。

而這個參數最近（2024 年底）默默的從負數轉為正數了，值得我們深入探討，是否景氣出現問題，開始轉往不好的方向。

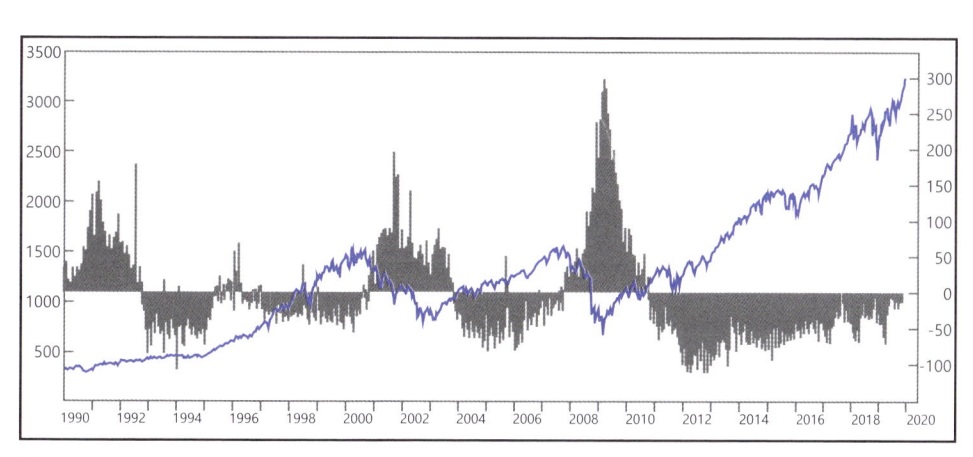

圖 2-43：1990 年至 2019 年初領失業救濟金長天期與短天期差與標普 500 關係。

資料來源：Bloomberg

圖 2-44：2021 年至 2024/08/05 初領失業救濟金長天期與短天期差與標普 500 關係。　　　　　　　　　　　　　　　　　　　　　　　　資料來源：Bloomberg

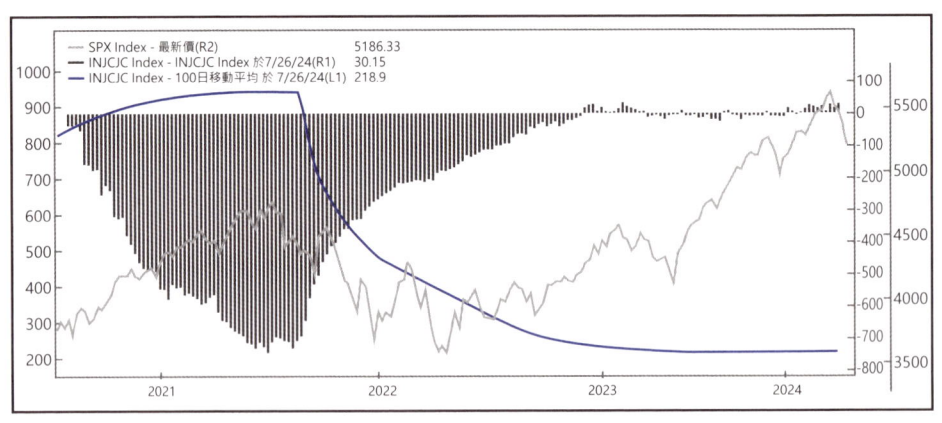

3. 股市長期不創新高並且價格跌破季線

股價指數是經濟的櫥窗，每一次的景氣衰退股價必然都會有反應，而我們怎麼透過股價來思考景氣是否即將轉壞？

股價本身就具有參考的意義，因為股價本身是非常多人一同用錢投票的結果，如果大家對所有已知的訊息做出投票，包含前面所說的景氣領先指標，然後我們就用錢去投票，看看是買股票還是繼續持有股票或是賣股票，而股價就是反映著這些所有買進、持有、賣出的最終結果，因此我們所有關於投資的書籍中，必然都會說股價是景氣的領先指標。

而市場本身就具有一定的效率，當事情即將發生的時候，總是有人會先知道，而這些早知道的人就會偷偷的賣出股票，而當賣出股票這件事情變成趨勢的時候，股價就會在市場造成反應了。

過去筆者在跟葉怡成教授學習的過程中，仍記得葉老師曾說過，季線是回測過後，技術面中最值得拿出來參考的參數，因此筆者就以季線當作指標，提供圖表給大家參考：從金融海嘯的歷史來看，2007年 10 月為當時股價的最高峰，但是隨後股價在 2007 年 11 月就跌破了

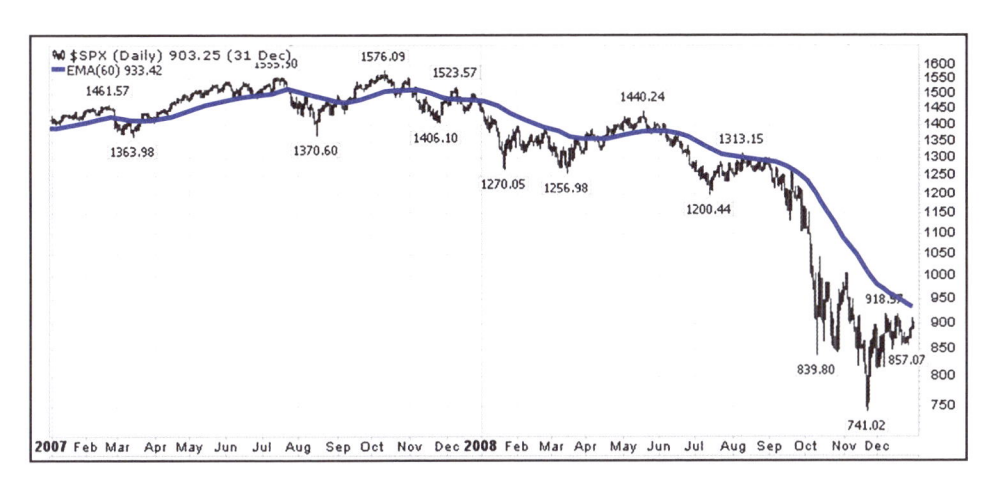

圖 2-45：標普 500 在金融海嘯時的表現。

資料來源：StockQ（2007 年 1 年 1 至 2008 年 12 月 31 日）

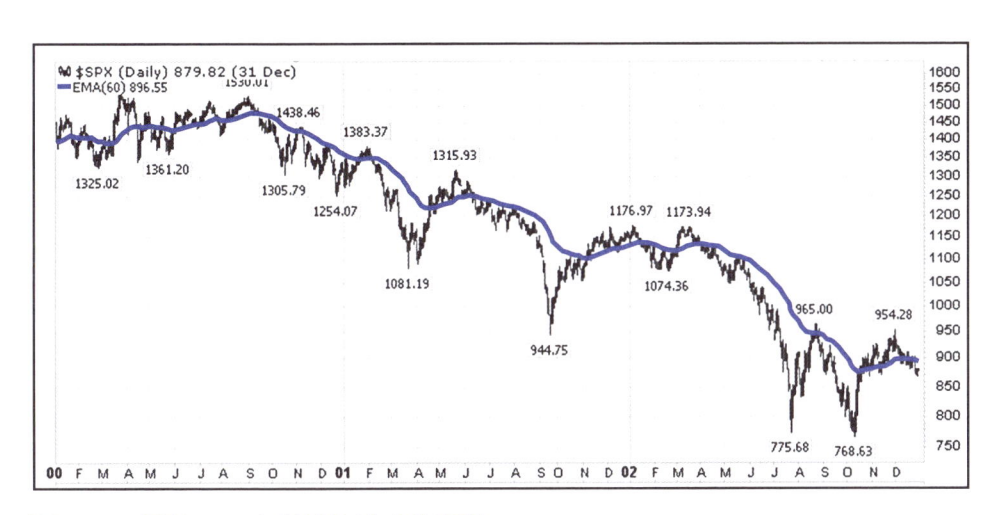

圖 2-46：標普 500 在科技泡沫時的表現。

資料來源：StockQ（2000 年 1 年 1 日至 2002 年 12 月 31 日）

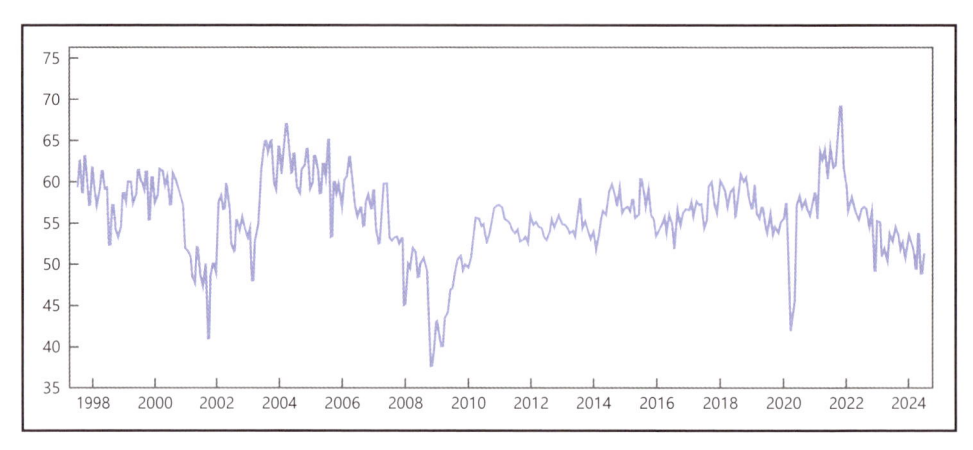

圖 2-47：標普 500 在 Covid-19 時的表現。

資料來源：StockQ（資料時間 2019 年 1 年 1 日至 2020 年 7 月 1 日）

季線（參數是 MA60），隨後就發生了金融海嘯。（圖 2-45）如果從 2000 年科技泡沫來看，2000 年 8 月創新高之後，隨後標普 500 指數也跌破了季線，股價就從那一刻起進入了空頭。（圖 2-46）

而從 2020 年 Covid-19 是非常難以判斷的一年，因為他在技術面上出現罕見的 A 型反轉與 V 型反轉，而這一次跌破季線是發生在 2020 年 2 月，所以在股價上也能窺見一些股市參與者對市場的投票。（圖 2-47）

4. 製造業與服務業 PMI 指數

這兩個項目是景氣的先行指標，他們以 50 為分界，50 以上代表擴張，50 以下代表趨緩甚至衰退，在過去都有預告景氣的效果。

我們以目前 2024 年 8 月製造業 PMI 回頭來觀察，這個數據也能告訴我們 2000 年、2008 年、2020 年這三次景氣邁入衰退，在 2000，2008 都比景氣衰退顯著來得早 2020 則是跟股市同時，因此這個參數我們仍值得注意，有 6 成的機會先於股市反應。

美國的服務業 GDP 占了美國 GDP 的將近 7 成，因此服務業的

圖 2-48：美國 ISM 製造業指數（1990 至 2024 年）。 　　資料來源：財經 M 平方

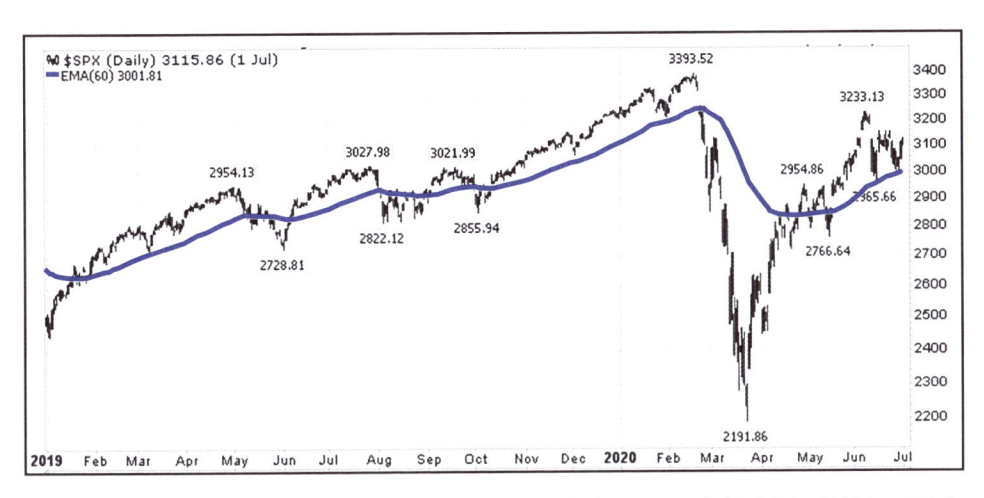

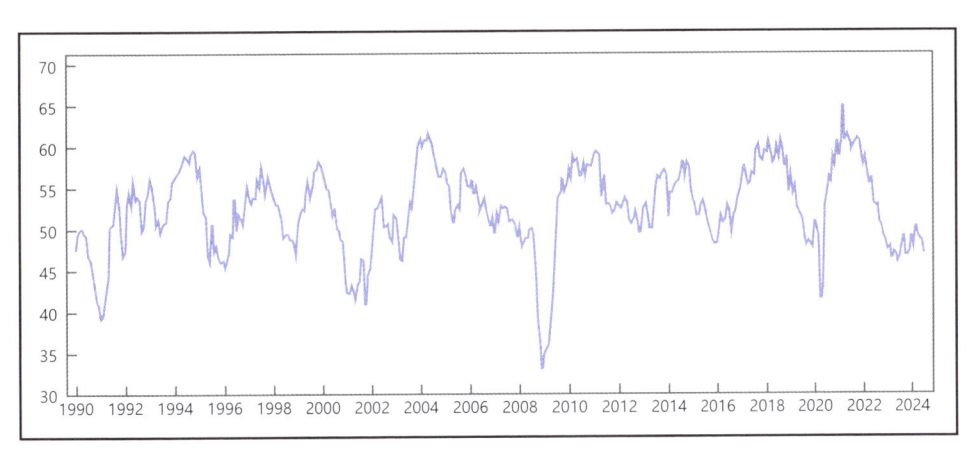

圖 2-49：美國 ISM 非製造業指數（1998 至 2024 年）。 　　資料來源：財經 M 平方

PMI 數字，相較於製造業來說更為重要，以目前 2024 年 8 月的服務業 PMI 來回頭觀察，這個數據也能告訴我們 2000 年、2008 年、2020 年這三次景氣邁入衰退，在 2000 年、2008 年都比景氣衰退來得早，但是跟製造業 PMI 一樣在 2020 年則是跟股市同時反應，因此這個參數仍值得我們注意，有 6 成的機會先於股市反應。

以上四個大項目的資訊就提供給我們判斷景氣是否有可能進入衰退。

上面的數據也有可能一邊呈現不會衰退，另外一個數據呈現有可能會衰退，我們如何應用這些已知的知識？

筆者建議我們把每一個參數都給他一個權重分數，滿分 100 分。

每一個項目的參數都給他 25 分，當符合其中一項參數的時候，我們就得 25 分，當參數是 0 分，我們就暫時毋須要警戒。當參數來到 50 分以上的時候我們就要開始警戒，當參數來到 100 分的時候，實務上是否景氣就真的邁入衰退？這時我們就可以用歷史經驗去檢視，股市是否真的開始崩盤並且景氣發生衰退了。

筆者以這樣的架構，建立自己的衰退預警知識體系。

以目前按照上述四大項目的分數來看，現在的參數至少來到衰退分數 60 分這個位置，製造業 PMI 是低於 50 以下而服務業仍在 50 以上。這兩個項目我製造業與服務業 PMI 總共 25 分，製造業 PMI 我們給他 10 分的權重，因為服務業的重要性優於製造業，因此權重相較於製造業來得高。

總分 100 分目前參數達到 60 分的現在，那麼我們已經超過了 50 分，是應該要警戒的時候，因此我此時應該要降低風險型資產，並且增加避險型資產了，而不會完全的把部位都放在風險型資產上，甚至全數都配置股票或是更積極地開啟槓桿的策略。

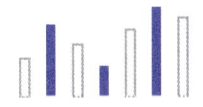

結論

1. 預測景氣衰退的分數假設滿分是 100 分，現在在筆者的分數是 60 分，是應該偏向保守的配置。

2. 所有預測衰退的參數，應該都需要為景氣先行指標，這樣才能有機會預判股市崩盤的訊號，因為股市也是先行指標。

3

Chapter 03
資產配置的原則

人們常聽到股市是長期向上的,是否有不是長期向上的股市? 當然有。本章節就以作者的論點作基礎,從總經、國家、人口、來引導未來 10 年、20 年、30 年後的大方向,啟發大家的思考。並且分享在實務上常遇到的問題,讓大家排除錯誤的規劃,在財富的路上走得更平穩。

資產配置之目的

資產配置的主要目的：讓我們的資產長期穩定成長，並且在面臨人身風險的時候也能夠獲得保障，最終完成財富自由的目的。

為什麼筆者要寫資產配置這一個主題？

因為當大家都沒有風險意識，只為了追求高報酬的時候，往往都替將來的金融風暴埋下了定時炸彈，只是這個炸彈會以什麼形式爆發、會造成多嚴重的損害、會持續多久的時間？這些我們投資人都不會事前知道，就如我們投資人常說的一句話：千金難買早知道。如果能事前知道原因、時間，我們就有辦法提早預防，甚至還能夠因此而獲利。

資產配置做的事情，就是在風險發生之前做好準備，當風險發生的時候，我們能有效地抵抗風險。而這個風險可能是人身風險，也可能是造成資產重大損失的風險。我們必須在賺取的有限資源中，去替這些風險作出預防。

人身的風險：病、死、殘，我們可以透過購買保險的方式，把風險轉嫁給保險公司。

金融的風險：我們就要透過可以持有各種價格相關性是負數的資產做互相的避險，讓我們的資產能在股市上漲與下跌中，都能夠不要受到致命性的打擊，而導致過去幾年的成果在一夕間就被摧毀。

以人身風險來說，筆者身邊就有一位超級保險業務人員，他在資產累計的期間，遇到了肺癌，雖然他的資產有超過新台幣 1,000 萬元，但是如果只能依賴這 1,000 萬元治病與過活，他的人生計畫都會被嚴重的打亂。

但是因為他自己從事保險的關係，他對自己的人身保障做足了準備。當他確定是癌症之後，他的一次性給付的癌症險理賠了 900 萬元，加上他在醫院的治療花費實支實付，癌症住院等也陸陸續續的理賠了 100 多萬元，這些理賠加起來超過了新台幣 1,000 萬元，讓他在治病的這一條路上，基本上不會吃到他幾年下來辛辛苦苦積累的資產，並且能獲得最好的治療。

他一年保險的保費約莫 20 萬附近（大約是他年收入的 5%），因為身價高、收入高，所以他也幫自己買了符合自己身價的保障。

也因為他買了符合自己身價的保障，也讓他自己在治療的過程中，可以用比較好的醫療待遇（大家可以想像健保病房跟單人病房的差別，這是顯著的，品質上也會有巨大的差異）。

同樣的，市場風險也是一樣，現在 Covid-19 暴跌的情景，已經漸漸消失在大家的眼中，大家似乎都忘記了那個一週熔斷 3 次的情況，取而代之的是各種科技股的投資，甚至單純地用現貨還不夠，還需要兩倍槓桿、三倍槓桿，甚至直接開啟期貨選擇權使用 10 倍、20 倍槓桿的工具，筆者說這是一個群魔亂舞的時間。

但是我們都知道市場總是會有輪迴，市場有潮起就會有潮落，筆者依稀還記得 2005 至 2006 年第一次踏入市場的時候，所有人都風行的投資標的就是「金磚四國與礦業」。那是一個以中國大基礎建設為風潮的年代，筆者還記得當年把所有資金全數都投入在一檔基金：美林世界礦業基金（現在更名為貝萊德世界礦業基金）。我還記得在最末期股價噴出時，每一天礦業基金都上漲 2% 至 3%，並且持續很久一

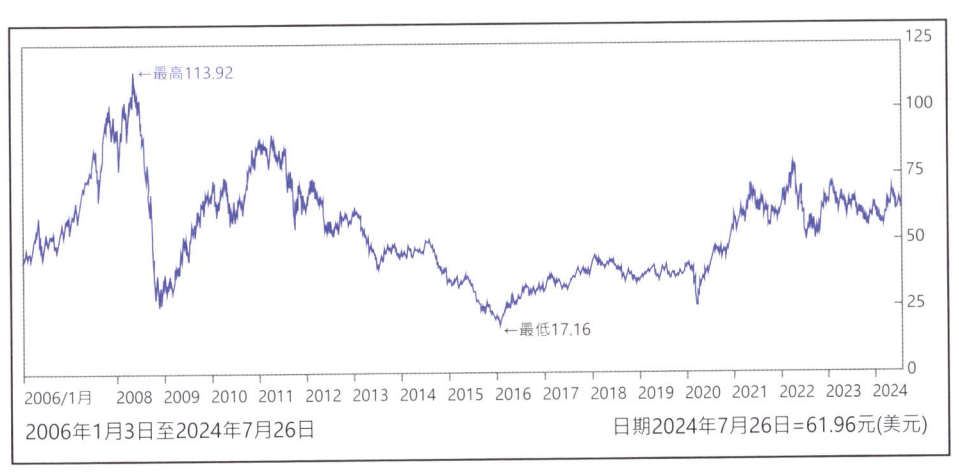

圖 3-1：2006 年 1 月 3 日至 2024 年 7 月 26 日美林世界礦業基金走勢。

資料來源：MoneyDJ

段時間，那時筆者想如此繼續下去，很快的就能財富自由了。

可惜就在夢最美的時候，雷曼兄弟倒閉了，替全球的金融海嘯開啟了序幕，資產價格開始崩盤。我記得當時世界礦業基金跌幅最深的時候來到-70％上下，如果我們因為報酬率的因素全盤都將資產壓在世礦上，那麼將會迎來資產回落高達 70％，並且即使經過 10 多年後的今天來看，淨值也不會回到當初的位置。

如果沒有做好資產配置，結果可能就如筆者親身的例子，長期的套牢，並且我們光看標普 500，即使套牢在 2007 年的最高點，現在的標普 500 已經超過 5,000 點已經是 2007 年高點的 2 倍以上。一來一往的差異極大，這就是我們在選資產配置上的重點，不要追逐市場最熱門的標的。

第三章會說明金融資產配置的一些關鍵重點，保險的部分我們則放在第四章，讓大家更深刻了解資產配置的重點與目的。

資產配置之槓桿

資產配置在做什麼？資產配置有什麼用處？從專業的角度來看，資產配置的功能為何？筆者用第三章跟大家詳細說明，首先我們先從筆者的實務經驗開始跟大家分享。

筆者是學哲學的，很多問題其實不假外求，唯心而已。

筆者非常喜歡看布袋戲，其中有一個角色的話語非常滲入我心：用思考代替發問。透過獨立的思考，很多答案就會浮現了，未必需要別人的解答。

正如同明代大儒：王陽明強調「心即是理」，即最高的道理不需外求，而從自己心裡即可得到。

什麼時候大家會想起資產配置？

筆者的經驗是市場多頭的時候，人人都是股神，這時候大家都喜歡槓桿壓身家在飆漲的股票中。而在 2024 年中最熱門的投資就是輝達

（NVDA），筆者聽到無數人說要投資他，連從來不曾投資過美股的投資人，只會買保單的保守投資人，甚至是不甚瞭解股票的保險從業人員，每一個人都說要投資 NVDA，甚至市場覺得 NVDA 上漲的速度太慢，市場上甚至發行了兩倍槓桿 NVDA 的 ETF，美股代號 NVDL。

所以人人都是股神的當下，多數人不會想到風險與配置，而是持續追求最大的報酬率。所以台積電突破千元的當下，大家不會認為全數投資股票有什麼風險，不太需要做資產配置。

直到有一天市場開始變化：台積電從 1,000 元跌回 500 元（假設的情境，未必會發生）。這時候市場哀鴻遍野，融資開始大量斷頭，散戶開始大量折損的時候，大家才會想起資產配置。

有經驗的投資人都知道，多頭的時候賺的未必能全數入袋，因為在多頭時候大開槓桿。當回落時，也很容易大開槓桿想要去撈底，反而造成資產重大損失。

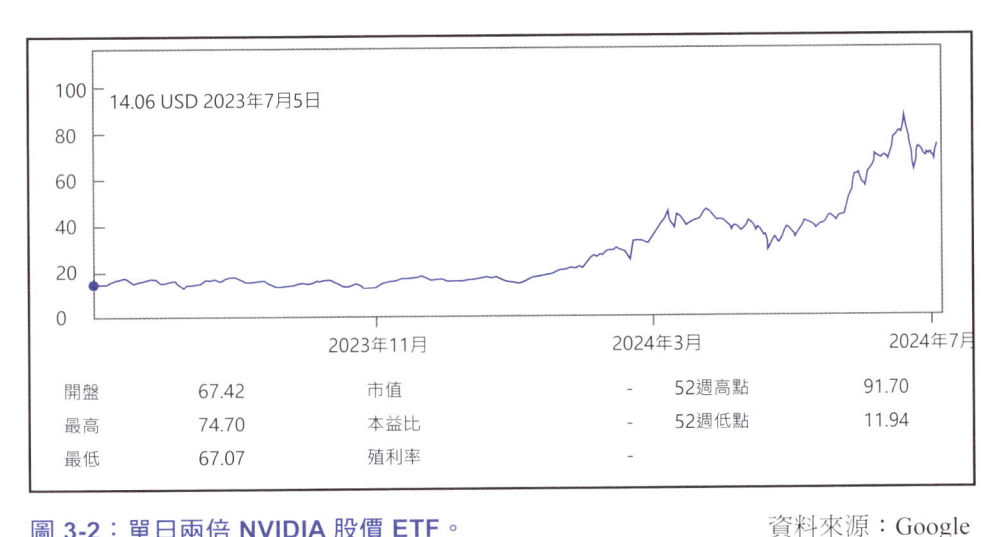

開盤	67.42	市值	-	52週高點	91.70
最高	74.70	本益比	-	52週低點	11.94
最低	67.07	殖利率	-		

圖 3-2：單日兩倍 NVIDIA 股價 ETF。　　　　　　　　　資料來源：Google

我們投資最重要的事情之一是在崩盤的時候能夠保持受傷輕微，甚至是不受傷。

下面筆者用香港客戶的案例當成我們的借鏡：因為他在 2018 至 2019 年大開槓桿。（PS：2019 年是前一次大多頭的最末段，當年度標普 500 報酬率超過 20%，並且 2019 年年中開始緩步降息，股債同時上漲。）

因為他的槓桿，造成他的資產遇到 Covid-19 的波動時就強迫被斷頭，造成重大損失。

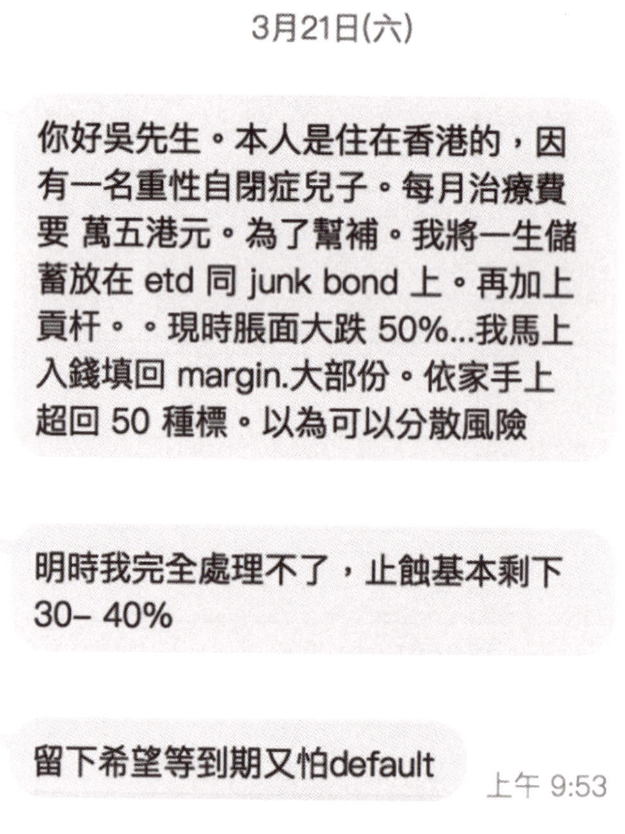

3月21日(六)

你好吳先生。本人是住在香港的，因有一名重性自閉症兒子。每月治療費要 萬五港元。為了幫補。我將一生儲蓄放在 etd 同 junk bond 上。再加上貢杆。。現時賬面大跌 50%…我馬上入錢填回 margin.大部份。依家手上超回 50 種標。以為可以分散風險

明時我完全處理不了，止蝕基本剩下 30- 40%

留下希望等到期又怕default　　上午 9:53

圖 3-3：來自香港的一封求救信。　　資料來源：作者提供

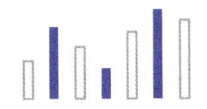

使用槓桿是兩面刃，好處是當市場多頭的時候加上槓桿，會讓整個資產上升速度更快，同樣的他的缺點也很明顯，遇到下跌的時候，資產下跌的速度也會相對加快。

什麼樣子的槓桿是好的槓桿？什麼又是不好的槓桿？筆者用這一個章節跟大家說明清楚。

只要是遇到波動會被強制停損、強制爆倉的就是不好的槓桿。

以台股為例：融資買進股票，就是一個比較不好的槓桿方式，因為融資買股票是跟券商借錢買股票，我們只需要出 40% 的資金，券商就會借我們 60% 的資金做買股票，這個借錢的資金成本也相對不便宜，在 6% 至 7% 之間。

萬一市場開始波動了，我們買進的股票遇到下跌並且即將損失超過我們的本金，（假設股票 100 元）股票價格下跌超過 30% 以上，這時候券商即將面臨虧損，就會要求補融資保證金。如果沒有辦法即時處理補錢，券商就會強制賣出股票，讓投資人提早停損造成重大損失。

還有一種槓桿是商品包裝出來的槓桿：例如 2020 至 2021 年 ＸＸ 證券之前推出的 3 倍槓桿基金商品，連結的主要基金是安聯四季豐收，因為這一個基金過去 5 年未曾有過大波動，包含 Covid-19 也是如此，配置上也相對穩健，所以就被金融業相中，當作商品包裝的標的物。

內容很簡單，就是投資人出資 1,000 萬元，ＸＸ 證券出資 2,000 萬元，買進 3,000 萬市值的安聯四季豐收（全球債券型基金）。這一個基金基本上年化配息率約當 5%，開了 3 倍槓桿之後費用前利息大約 15%，但是ＸＸ證券利息成本大約 6%，因此投資人申購這一個槓桿商品之後，約莫獲得本金 9% 的配息，投資人想到都覺得很安心。

但是只要是商品型的槓桿，發行券商都會設計停損機制，只要該基金淨值下跌超過 25% 以上就會觸發停損機制（投資人出資 33%，設計商品的券商出資 67%，而券商不會讓自己虧損造成 over lose〔超過

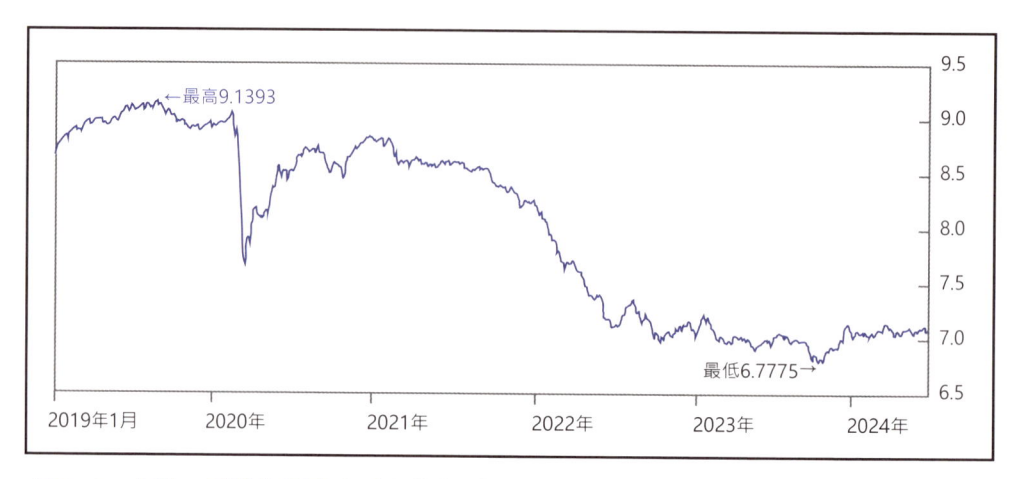

圖 3-4：安聯四季豐收月配息（台幣）淨值走勢圖。　　　　資料來源：MoneyDJ

自己投入本金的損失〕，因此通常在投資人本金虧光之前，就會設計停損點，藉此保護發行券商。）

每一次當投資人覺得很安心的時候，就會有事情發生：2022 年美國開始了暴力升息，這個暴力升息，是 50 年一遇的強勁。

前一次這樣短期間內快速升息超過 5％的要追溯到 1979 年至 1981 年。因為石油危機導致通膨暴增，當時任職聯準會主席的保羅·沃克（Paul Volcker）採用了非常激進的升息政策壓抑通膨。雖然短期間內導致美國景氣衰退，但是在短暫的衰退過後，開啟了美國長達 20 年的大多頭，直到科技泡沫為止，這是多數投資人都還沒懂投資的年代。

台灣的證券交易所 1988 年才開始電腦結算，才有比較多的投資人投入台股。更早之前台股的交易是用人工結算寫在黑板上人工競價的，因此我們投資人會去研究二次石油危機的機率並不高。

2022 年俄烏戰爭導致美國這一次的暴力升息幾乎讓大家跌破眼鏡，並且讓這個槓桿商品直接觸發了停損，投資人直接在隔天就被現金結算，幾乎損失 7 成以上的本金。

因為商品在條約中直接寫明了停損條款，投資人無法如同台股融資一樣，補保證金讓部位維持住不被砍倉，只能依照合約規定強迫被

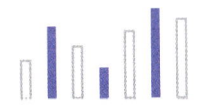

斷頭,只能依照合約規定強迫被斷頭,只能依照合約規定強迫被斷頭!(非常重要所以說三次)

上述舉例的兩個例子,就是使用不好的槓桿所導致的斷頭。

而文章一開始香港投資人使用的是境外券商的融資,同樣的只要觸發了券商的停損,並且無法及時補足保證金,券商會啟動自爆裝置,將帳上的部位快速市價賣出停損,造成本金的嚴重損失。

正確的槓桿

我想投資市場最有資格說明槓桿的人,就是股神巴菲特了。巴菲特對於融資的意見是:不認同這樣的做法,當投資的標的發生重大利空事件,或大環境出現系統性風險,導致股價暴跌這個時間被迫斷頭出場,景氣衰退,收入降低,甚至是被裁員,原本預期要賺更多反而會變成賠更多。

雖然股神巴菲特這樣建議,但是我們仍是要跟大家分享幾種比較好的融資方式,只要我們能夠在主動收入上維持穩定,這樣的槓桿有助於我們資產的累計速度。

較為有利的槓桿特性如下:

1. 為信用貸款,以台灣的經驗來說,還款期限最高 84 期:

> 正確的槓桿:
>
> 1. 收支可以化為穩定還款機制的槓桿
> 2. 可以長期只還息不還本的槓桿
> 3. 不會被斷頭的槓桿
> 4. 不超過自己還款能力的槓桿

優點是只要還款正常,沒有延遲繳款或是遞延繳款,他的現金流量就是固定的。只要計算好收支狀況,他是一個不會被斷頭的優良融資方式。只是利率高低差異就非常大,從 2％ 至 12％ 都有,收入越高者利率條件越好。

缺點是立刻就要開始本利攤還,因此還款的壓力會比較大。

2. 理財型房貸

以台灣的經驗來說,理財型房貸有機會長期借款,並且只需要還利息,不需要還本金,這樣的特性就非常適合做利差套利,例如我們取得資金成本是 2.5％,但是我們可以買殖利率超過 4％ 以上的標的物,中間就可以套取 1.5％ 的利差。

日本的渡邊太太現象,也是利用這種利差關係,借日圓然後去買其他高息貨幣,賺取利差,只要匯率差異不要太大,基本上這是可以執行的方案。以台幣相關套利商品來說,理財型房貸利率成本 2.5％,2024 年發行的國泰人壽次順位債 15 年期的票面利率就是 3.85％,而國泰人壽又是台灣數一數二的大型壽險公司,倒閉的機率很低。

如果使用借款理財型房貸,去買國泰人壽次順位債作套利就是可以考慮的策略之一。當然如果國泰人壽發生倒閉的事件,那麼這一筆交易就會非常危險。所幸國泰人壽的母公司國泰金控是上市櫃公司,只要國泰金控的獲利出問題,我們隨時都有機會在倒閉之前賣出國泰人壽的債券,所以風險相對是可以控制的。(根據 2023 年國泰金控財報:國泰人壽總資產約當新台幣十兆,並且長期經營績效在壽險業都是名列前茅)。

股神巴菲特在日本發行債券,然後去買日本的五大商社,其實也是類似的思維。巴菲特在日本發行的債券成本約當 1.5％,但是當年的五大商社現金殖利率超過 3％,這也是槓桿套利交易的一個方式,一般投資人無法複製的是:我們沒有能力在日本發行債券。

如果投資人願意承擔匯率風險,把借款的台幣換成美金,現在 2024 年第三季的美金優利定存,隨便都可以找到 5％ 以上的機會,這

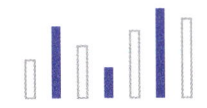

都是可以考慮的。許多大型機構都是利用類似的機制，從日本借款到全世界去投資。

3. 不會被斷頭的槓桿

這是要我們避開以波動劇烈的股票、商品去當融資的借款標的，否則遇到金融風暴時，標的物波動劇烈，萬一我們的資金無法在短期間內調集，就會產生重大風險。股票的融資是這一類型；股票的不限用途借款，也是這一類型；透過承作結構型商品也是這一類型，大家務必要謹慎使用這一類型的槓桿。

4. 不超過自己還款能力的槓桿

這筆者就要舉一個例子了，客戶的職業是教師，薪資是穩定的，就是聽從了家人的建議買了超過自己還款能力的房子。教師的薪水不算低，一個月也有 6 至 7 萬元左右，但是因為買了價格近 1,800 萬的房子，貸款了 1,300 萬，當寬限期過後，我們已經能夠預測他的財務狀況崩壞的樣子了。

下面為本利攤還的試算：寬限期 2.6 萬一個月，但是當寬限期 3 年過後一個月要還款將近 5.5 萬。這就是超過還款能力的槓桿，完全不建議這麼做。

當然筆者也看到現在很多投資人採取槓桿加槓桿的策略：拿房子質押借款出來，然後投入高股息高配息的 ETF 或基金。多年前流行搭

當您貸款金額 1,300 萬元，房貸年利率 2.4%，貸款總年數為 30 年時依據您所選擇的「本息平均攤還法」條件，評估結果如下：

寬限期內每月應繳利息 26,000元

非寬限期每月應繳月付金 54,556元起

圖 3-5：貸款不應超過還款能力。　　　　　　　　　　　　資料來源：作者提供

配南非幣的基金，這一批人多數都已經大虧超過 50%，現在是拿錢來買高股息 ETF、債券 ETF，這樣還不夠，仍要透過券商的不限用途借款，再把高股息 ETF、債券 ETF，再槓桿一次，務必求槓桿最大化，這就讓筆者想起對岸一家曾經是世界第一大地產商：恆大的故事。

恆大在市場順風的時候，快速透過高槓桿、高利率擴張。從 2009 年上市以來，每年規模營收都創新高，但是習主席上任之後說了一句：房子是用來住的不是用來炒的，讓原本火熱瘋狂的中國地產，開始逆風反轉。恆大就在這逆風中在 2020 年正式倒閉，替中國 20 多年來的地產多頭宣告結束。

而現在台灣投資人也是拼了老命的不斷槓桿融資，至少以 2024 年 6 月 31 日計算：主管機關宣布，台積電（2330）、群益投資等級企業債 20+（00937B）、復華台灣科技優息（00929）不限用途的額度用盡，不能夠再額外融資給任何客戶，並且很多券商的自有資金也用盡，不能再申請新的額度（群益證、統一證）這種現象能持續多久？筆者是存疑的。

而目前台灣投資人使用槓桿已經到了相當極限的水準，市場越火熱，就代表結束的時間越近了，就跟舞會一樣，舞會結束之前總是最激情的舞蹈把所有的能量情感在最後一次綻放！煙火大會也是一樣，最後一定是煙火齊放絢麗異常。

這樣的情境讓筆者想到一段笑話：

清朝要面見皇上，官員要先在景運門外向外奏事部「遞牌子」，皇帝要見誰，看了牌子，才請太監宣官員晉見。

大學士紀曉嵐有次出門忘了帶牌子，又有事要稟告皇上，被太監攔下來。太監非要紀曉嵐說個笑話才能放行。

紀曉嵐無奈的說：「從前有一個太監。」說到這裡就頓住沒往下說。

太監等了老半天，忍不住問到：「下面呢？」

紀曉嵐笑了笑說：「下面沒有了。」

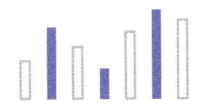

市場最終還是要回歸常軌。現在筆者觀察到投資人現在使用的槓桿非常巨大，是槓上加槓，主力會錯過好「韭」不見的行情嗎？

　　不限用途借款＝拿股票質押，是會被斷頭的槓桿型態，開啟槓桿解款買股。目前台灣股票市場的狀況是：2330 不限用途借款的額度借滿，很多債券 ETF 的不限用途也被借滿（00937B、00929），多家券商不限用途借款總金額的法定上限也滿了，各種現象都表明了：散戶很瘋狂，並且開了槓桿還不夠，還要加三倍加五倍。

　　甚至是房子抵押借款出來買台股，再拿台股質押使用不限用途抵押出來再買台股一次，使用不限用途買的台股再次抵押使用不限用途抵押買台股，無限循環。經過這一通槓桿操作，就是 2 至 5 倍的槓桿。槓桿是兩面刃，有好處也有壞處，這一點值得我們深思。筆者的建議是跟隨巴菲特，不要使用槓桿投資是最穩健的，槓桿的本質背後可能來自於一個字：貪。（以上現象日期 2024 年 7 月已經發生）

　　很多時候人會失去理智，不是因為他笨，而是因為他貪，利令智昏，貪心的結果歷史上有非常多的例證，貪心不足蛇吞象，這種案例每隔一段時間就會發生，希望有緣看到這一本書的讀者，不要被貪心沖昏了頭。

資產配置之股債

　　資產配置在做什麼？尤其是過去非常風行的股票與債券的配置。我們先溝通一個概念：筆者寫作的這個時候剛好是夏季，夏季是最容易發生洪水的汛期。地、水、火、風的各種災害中最兇猛的是地震，這人力根本無法抗衡，其次就是洪水，金融五行屬水，所以金融常用的名詞都跟水相關，例如流動性等。

　　天有四季，經濟與股票也有循環，當夏天快到了，汛期即將到來，善於治水的投資人該怎麼做？當然是加高加固堤防，防範於未然。

只是因為現在氣候異常，汛期比較晚，但不會不發生。現實上台灣過去好多年沒有颱風正面侵襲了，這是機率的問題。這跟台灣不會被颱風侵襲是兩回事，合理的做法是：當夏季到來了，就是要做防颱準備，避免到時候手忙腳亂。

請問加高加固堤防，是沒有意義的行為嗎？尤其是以金融洪水來說，已經從 2020 年 3 月至 2024 年 7 月將近 5 年的時間沒有發生了。當蓄積的時間更長，能量自然就會更大。

氣候異常，汛期來的時候，洪峰通常也會比往年更洶湧。

資產配置講的債券從專業上來說，必須符合一個性質：跟股票的價格呈現負相關。這是什麼意思？意思很簡單，就是如果有一天股票崩盤了，這個資產能夠在股市崩盤的時候，不下跌反而是上漲的。

債券尤其是公債，他就是防範洪水來襲的堤防概念，如果沒有堤防，那洪水一來，我們知道結果。例如 1997（亞洲金融風暴）、2000（科技泡沫）、2004（阿扁槍擊）、2008（金融海嘯）、2011（美債降評）、2015（新興市場風暴）、2020（Covid-19）都有例證的。股票市場每 3 至 5 年都會來一次大洪水，那麼我們需要做的就是當週期快到了，就必須加高加固堤防，只是加高加固堤防是需要成本的。我們是要付成本，還是等洪水來吞沒一切而毫無準備？

在學理上，為什麼我們選擇公債當作堤防？在資產配置的理論建構中，我們需要有一個資產，他最好跟我們的主要配置的資產是呈現負相關的。這是什麼意義？

說白話一些：股票上漲的時候，公債是下跌的；股票下跌的時候，公債是上漲的，我們取的就是這一個性質。而長天期公債 ETF TLT 與標普 500 ETF SPY 的相關係數是-0.265。

這數據是有低度負相關的數值，也能說明公債在面對標普 500 連續上漲的情境下，是比較容易下跌的。

筆者投資實務上的經驗

1. 升息過程中：公債容易受到利率因素下跌，而股票在升息初期容易受到資金緊縮而下跌，但是升息的主因是來自於景氣好，發生通膨的情景，因此公司獲利上升，進而帶動股票上漲，所以升息時公債容易下跌，股票容易上漲，呈現負相關。

2. 降息過程中：公債容易受到利率因素上漲，而股票在降息初期容易受到資金寬鬆而上漲，但是降息的主因是來自於景氣前景不明或是真實的發生衰退，因此公司獲利就會開始降低或是不穩定，進而帶動股票下跌，所以降息時公債容易上漲，股票容易下跌，呈現負相關，尤其是在崩盤時期，股票跟債券幾乎是完全負數相關的。

3. 資金的寬鬆與收縮：如果遇到資金大量的寬鬆，例如 2020 年遇到 Covid-19 之後，全球三大央行：美國聯準會（FED）、歐洲央行（ECB）、日本央行（BOJ）都大量採取量化寬鬆印鈔票，則未來就會產生股債同時上漲的特殊現象，而在 2008 年之後，這種特殊現象大家已經見怪不怪了。

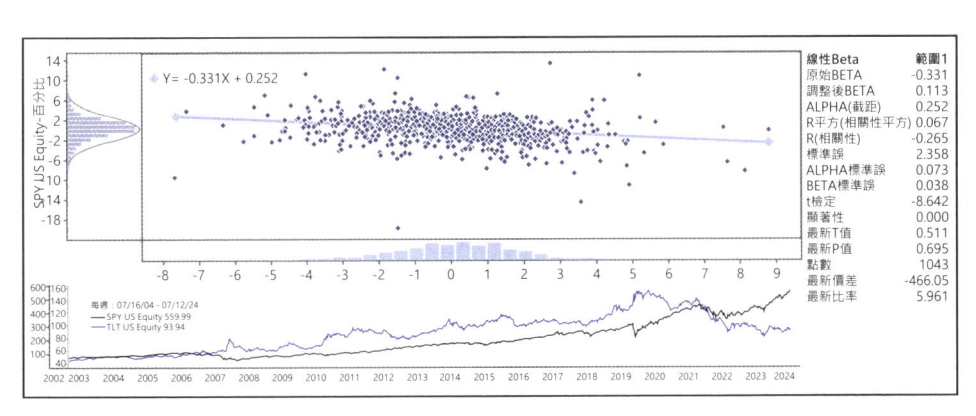

圖 3-6：標普 500ETF SPY 與美國長天期公債 ETF TLT 的相關係數。

資料來源：Bloomberg（2000 年 7 月 13 日至 2024 年 7 月 12 日）

所以筆者整理三種可能性之後,透過數據的分析,讓我們知道股債雖然是負相關的,但也不能完全一口就說股票上漲,債券就下跌;股票下跌,債券就上漲這麼絕對。

在資產配置中,我們要取的是股票崩盤時,債券要是上漲的這一個性質。而相關係數筆者用機率來表示,會讓投資人更加容易去理解這個參數。

相關係數的數據分布從 -1 到 1,先從極端值來了解:

相關係數-1,完全負相關:相當於 A 上漲 B 就下跌,這中間的機率是 100%。

相關係數 1,完全正相關:相當於 A 上漲 B 就上漲,這中間的機率是 100%。

相關係數 0,無關,相當於 A 上漲 B 上漲跟下跌的機率各是 50%。

當我們了解極端數值之後,我們繼續來說明高度正相關。

相關係數-0.5,高度負相關:相當於 A 上漲 B 下跌的機率是 75%,上漲的機率是 25%。

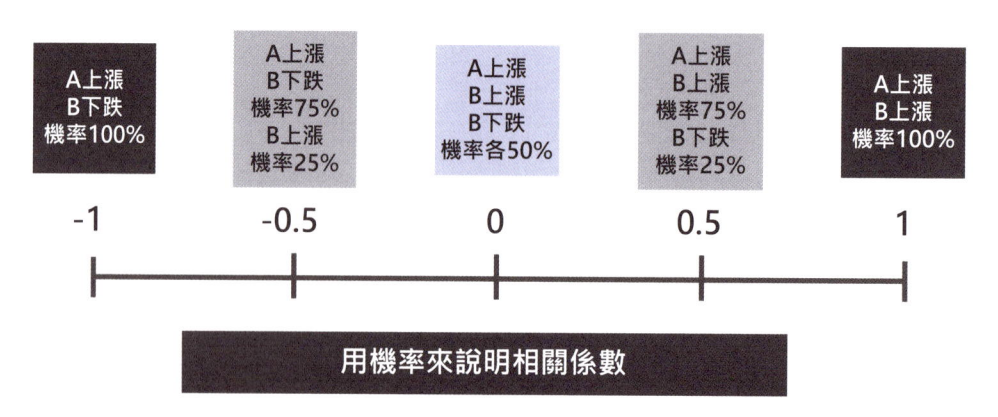

-1	-0.5	0	0.5	1
A上漲 B下跌 機率100%	A上漲 B下跌 機率75% B上漲 機率25%	A上漲 B上漲 B下跌 機率各50%	A上漲 B上漲 機率75% B下跌 機率25%	A上漲 B上漲 機率100%

用機率來說明相關係數

圖 3-7:相關係數與機率之間的關係圖(簡化)。　　　　　資料來源:作者提供

相關係數 0.5，高度正相關：相當於 A 上漲 B 上漲的機率是 75％，下跌的機率是 25％。

因此當我們能清楚理解相關係數的內容，就可以比較容易應用，並且理解美股與美債之間的關聯性。

筆者在前面其實有特別強調過：我們資產配置上需要跟主要投資標的負相關的資產作為資產的平衡，那實務上怎麼平衡？歷史上是否有平衡成功的經驗？

下面我們就來看幾張圖：如圖 3-8 所示，當 2018 年 12 月至 2020 年 4 月 Covid-19 股票崩盤時長天期公債 ETF TLT 與 標普 500ETF SPY 的績效表現。

再者大家會很好奇，長天期公債跟短天期公債的表現又是如何？

下面提供幾張圖給大家參考。

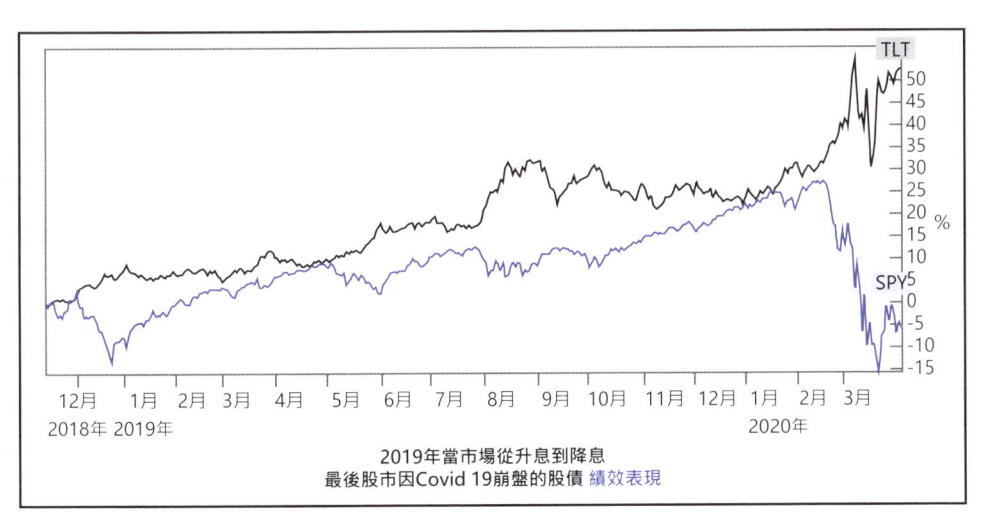

圖 3-8：2019 年當市場從升息到降息最後股市因 Covid 1 9 崩盤的股債績效表現。

資料來源：StockQ (2018 年 12 月至 2020 年 4 月)、作者整理

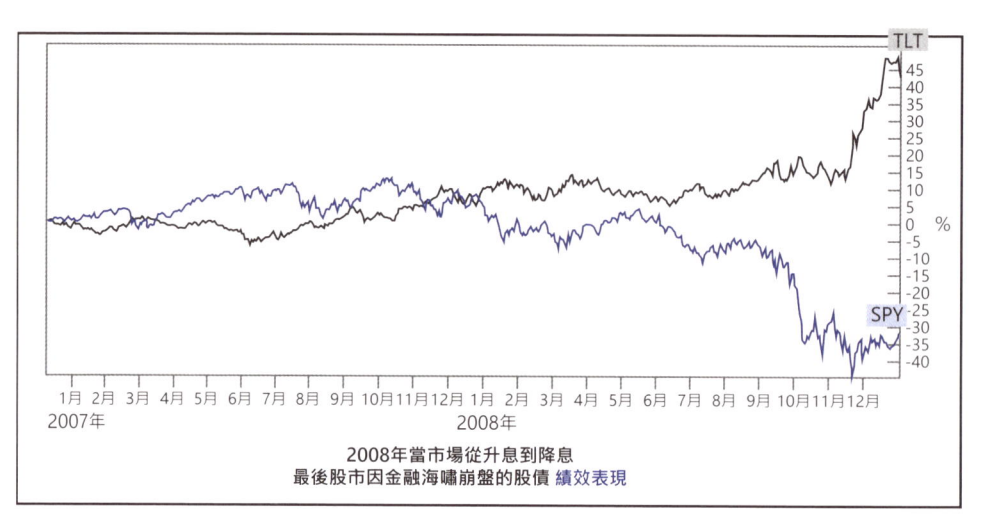

圖 3-9：2008 年當市場從升息到降息最後股市因金融海嘯崩盤的股債績效表現。

資料來源：StockQ、作者整理

TLT	美國20年期以上公債ETF	長債
SHY	美國1-3年期公債ETF	短債
IEI	美國3-7年期公債ETF	
IEF	美國7-10年期公債ETF	中期債

圖 3-10：不同到期日的美國公債 ETF。

資料來源：作者整理

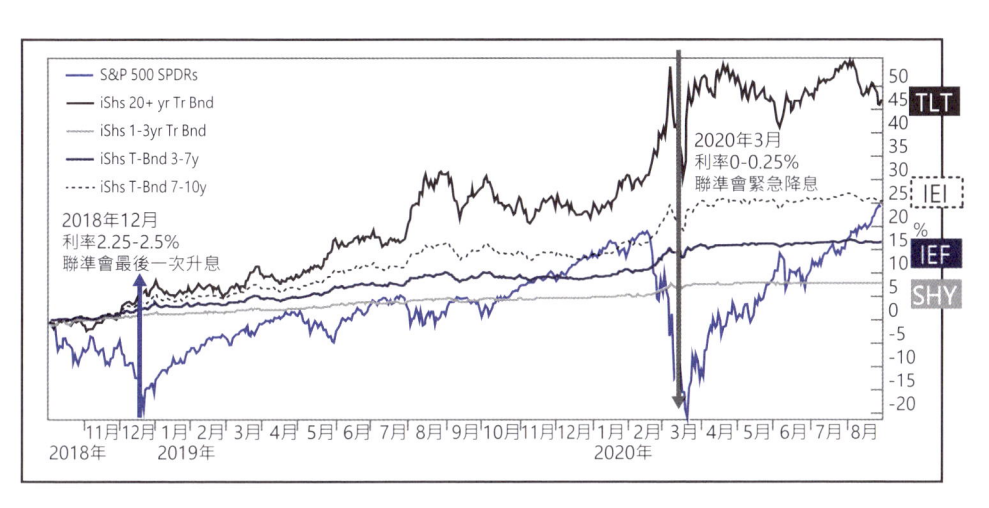

圖 3-11：不同天期美國公債 ETF 績效表現。

資料來源：StockQ（2018 年 11 月至 2020 年 10 月）、作者整理

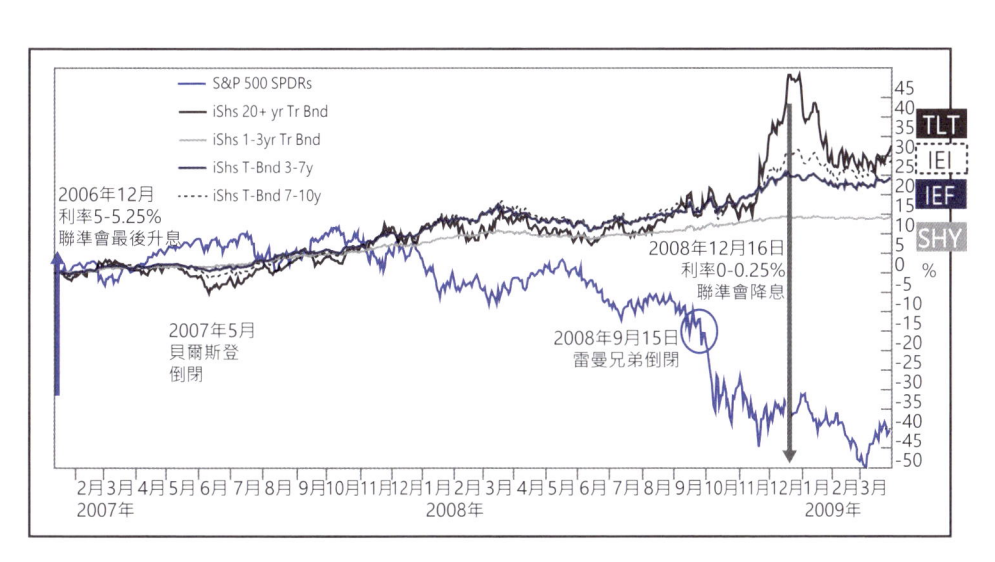

圖 3-12：不同天期美國公債 ETF 績效表現。

資料來源：StockQ（2006 年 12 月至 2009 年 3 月）、作者整理

資產配置的原則

1. 2018 年 11 月至 2020 年 10 月從 2018 聯準會最後一次升息到 Covid-19 發生，長短天期美國公債 ETF 的績效表現。（圖 3-11）

2. 2006 年 12 月至 2009 年 3 月，從 2006 年 12 月聯準會最後一次升息到金融海嘯發生後，長短天期美國公債 ETF 的績效表現。（圖 3-12）

我們從肉眼就能清楚分辨，只要是公債都會跟標普 500 呈現負相關，但是面對股票崩盤這種強大的帳面損失，能夠有效平衡資產組合的，就只有長天期公債了。只有長天期公債的上漲幅度，比較能抵消掉股票崩盤時的巨量下跌幅度。

同樣的，只要您也選擇長天期公債，那麼就必然承受他的波動，只要是利率上升的時期，長天期公債的下跌幅度，也會遠高於短天期公債。但是長天期公債的好處是，通常在同一時間發行的公債中，到期時間越長的債券，會有越高的利率作為補償，因為到期天數越長，不確定因素與風險就會加大，所以在債券發行的時候，到期時間比較長的債券，就會比到期時間比較短的債券，利率來得高。

筆者就用 2024 年國泰人壽發行的次順位債來跟大家分享。

10 年後到期的國泰人壽次順位債，票面利率是 3.7%

表 3-1 國泰人壽 2024 年新發行次順位債資料

國壽發債440億元

券種	額度(億元)	發行期間(年)	發行利率(%)
甲券	323.5	10	3.70
乙券	116.5	15	3.85

製表：魏喬怡

資料來源：國泰人壽新聞

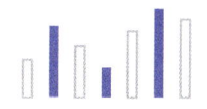

15 年後到期的國泰人壽次順位債，票面利率是 3.85％

到期天數比較長，就會有利率的補償，所以天期長的債券雖然承擔的價格風險與利率風險還有市場因素會更高、更劇烈，但是也因為長天期利率較高，因此只要能順利持有至到期，通常長天期債券的報酬率會優於短天期的債券。

結論

1. 我們在資產配置股債這一章節得到一個結論：資產配置無非就是要替主要資產在劇烈波動時有抵消他價格下跌時的波幅。

2. 在目前資產配置中，我們主要的資產是股票，那麼要跟股票呈現負相關的標的，筆者主要選擇公債作為對沖的配置。

3. 長短天期公債中，面對股票劇烈下跌的情景，長天期公債的效果比較好，但是他的波動也會相對的劇烈很多。

資產配置之選擇對的國家──美國

股神巴菲特在 2008 年末投書紐約時報說：「Buy American. I Am。」那一個時間點正如同狄更斯雙城記中說的：「這是一個最壞的年代，也是最好的年代。」這用來形容 2008 年的股市表現真的是最好的註解。

為什麼資產配置首先就要先講求一個對的國家？我們先來舉一個反向的例子好了，這個例子是倒債之國阿根廷。阿根廷匯率在 2000 年的時候大約是 9 元阿根廷幣換 1 美元。經過 25 年的長期累計之後，匯率終於大爆發了，在 2018 第五次違約之後，匯率從 1：30 加速貶值到如 2024 年第三季，約 1：917，如果 2000 年時投資人的資產是美元計價 100 萬美元，折合阿根廷幣 900 萬，約當新台幣 3,000 萬。

假如當時的 900 萬阿根廷幣持有到今天，現在只能換不到 1 萬美元了，約新台幣 30 萬不到。

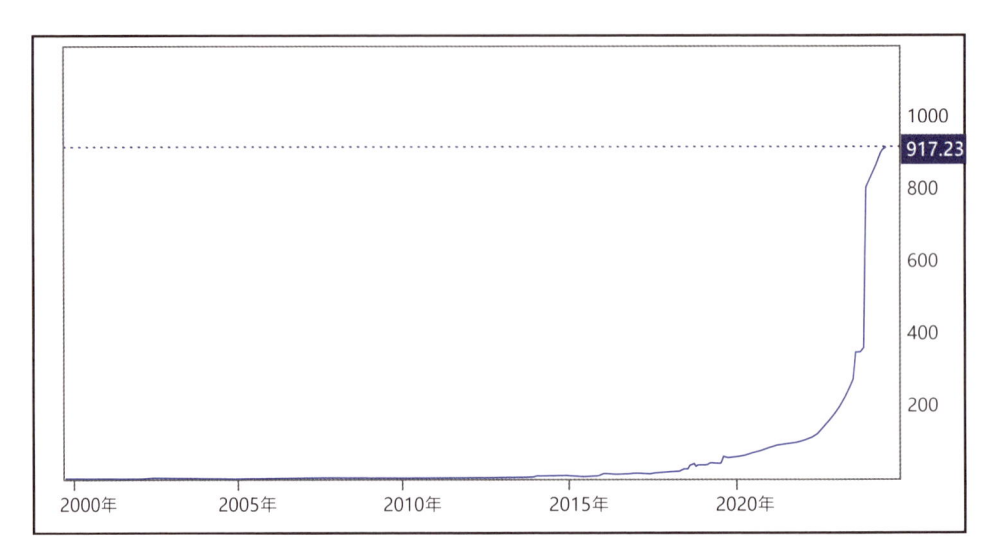

圖 3-13：阿根廷貨幣大幅貶值，對投資該國的人而言，是大災難。

資料來源：https://tradingeconomics.com/（2024 年 7 月 9 日）

　　阿根廷人做了什麼？很可能什麼都沒做甚至是努力存錢，但是貨幣的價值與購買力，就在國家的崩壞間土崩瓦解，1：917 這是官方的匯率，實際上真的能交易的黑市都在 1：1,200 以上，試問如果選錯了國家，那麼我們的資產配置會如何？

　　用一句話形容：一夜回到解放前，正是血淋淋的寫照，20 年恍如南柯一夢。

　　那說回核心，什麼才是資產配置正確的國家？我們除了從正面解讀以外，這次我們應用之前分享過的負面解讀，這樣就可以兩面相互映證。

　　2019 年發生了一件大事情，讓筆者決定讓高資產客戶把原本香港的資金全數撤離，原因很簡單：香港發生反送中事件，替中國原本承諾港人自治 50 年不變畫下終點，香港從原本的法治社會，慢慢變成了人治的社會。當然不否認只要有法律的地方就會有人會鑽漏洞，即使是號稱最廉潔的新加坡與丹麥政府，也會有人覺得他們做得不好，仍是很多人在批評新加坡國父李顯龍的獨裁一樣。

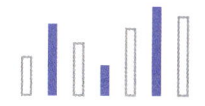

印度詩人泰戈爾：「被文明征服是幸運，被野蠻征服是災難。真正的天堂，你可以罵它是地獄。真正的地獄，你只能誇它是天堂。」從此之後，防民之口甚於防汛，皇城之內一片祥和，只有萬歲之聲不絕於耳。

到了 2024 年，筆者看到趨勢沒有任何改變，因此也跟大家再一次分享：選擇對的國家，就是一切資產配置與長期投資的基礎。

正如同中國私募基金教父趙丹陽所說：「看懂大方向比什麼都重要。人生一世，你要知道在什麼時間什麼地方做什麼事情。如果拋開這個東西說價值投資，那就是胡扯。不管你多聰明，當這個往下的時候，你基本上注定了是大輸家。大家一定要意識到，很多時候你的成功是因為你的幸運。待在對的國家、對的時間、對的地方。」

筆者就反思了，如果我待在了一個錯誤的國家，正如同上面舉的例子是阿根廷好了，那我的一生是否就會完全翻轉？同樣的如果巴菲特出生不是在美國參議員家庭中，而是台灣，那巴菲特會如何？巴菲特如果 1930 年出生在當時的台灣，很快地在他成年之前就會遇到第二次世界大戰，台北大空襲，也可能被日軍抓去南洋當苦力、炮灰。

即使幸運躲過了二次世界大戰，接下來的國民政府來台、228、白色恐怖，巴菲特還會是世界股神嗎？我們必須說，巴菲特是世界股神，有他的機緣，當然自己的努力是非常重要的，但是如果出生的國家不對，那麼命運很可能就會完全的反轉。

而世界的霸主目前就是美國，筆者建議務必把美國加入資產配置中。

趙丹陽還說：「巴菲特、索羅斯為什麼能成功？是因為他們過去幾十年待在美國，美國是一經濟向上的經濟體，而且是全球最大的經濟體。如果他們待在日本，待在歐洲，我賭他們不會這麼成功。」

那麼目前全球最強大的國家是誰？仍然是美國，如果說未來 20 年呢？筆者也仍會預測是美國，能夠緊追在後成為世界第二大經濟體的，筆者猜測是印度。

務必把美股加入資產配置中

1. 200 年來持續交易，不曾因為任何事件長期關閉：包含兩次世界大戰、911 事件都是。
2. 全球金融市場的規則制定與領先者。
3. 以現有資料統計長期報酬率一定為正成長（任何 20 年間），有利於長期投資。
4. 美國是新創、AI 技術的領先者，擁有最多的新創，掌握最多關鍵技術。
5. 法規完整，規模世界第一，較難被操縱。
6. 擁有多數全球型企業，美股中有數百家台積電等級的跨國企業，並且是該行業的龍頭：如 MMM、好市多、蘋果、微軟、麥當勞。

　　就以目前寫作的時間是 2024 年第三季來看，全球正邁入 AI 世代，AI 很有可能是第二個人類史上的工業革命。引領 AI 時代的公司就是以美國為主的半導體相關族群，2000 年科技泡沫之後，仍屹立至今的科技巨頭：NVIDIA、微軟、蘋果、Google、Amazon、OpenAI 等。

　　其次是協助製造晶片以台灣半導體製造龍頭台積電為首的半導體製造商與供應鏈相關的公司：台積電、ASML、高階封測廠商以及相關協力的供應鏈。

　　而筆者在這兩大族群重要的科技巨頭與半導體製造的美國與台灣，是怎麼配置的？答案可能會讓很多人覺得意外，筆者美國與台灣的配置是 9：1，美國比台灣重得多。

美國經濟

- 市場　全球第一大經濟體、第一大消費國
- 貨幣　全球市場呈翹翹板關係
- 創新　全球未來生活的趨勢與應用
- 企業　全球企業的獲利成長引擎
- 投資　全球投資大師的養成與賺錢園地

下面是筆者收集到的一些數據與佐證，讓大家參考。

1. 美國是成熟國家中少數人口金字塔表現非常好的國家，並且加上移民的政策，讓美國持續接收全球最精英的家庭與民族加入美國這個大家庭。

2. 美國擁有最強的學校、最高的薪資水平、最能夠容忍失敗的特性，讓美國的新創持續，這是一個源源不絕的泉源，並且只要有好的想法，通常資本市場能夠快速地跟進，讓它發展快速。

3. 美國擁有最強最大的金融市場，全球的投資都以美國馬首是瞻，並且美國是全球少數擁有印鈔權的國家，是目前全球金融體系的制定者。

4. 美國也是全球最大的市場，很多其他國家的發展，都是由美國需求而逐漸發展起來的（後面會有詳述）。

基於上述理由，筆者把重要的資產都放在美元與美國這個體系之下。

筆者想反問讀者們：如果是你，美元資產與台幣資產，您會怎麼配置？用未來 10 年、20 年，甚至 30 年的眼光回頭來看，美元資產多還是台幣資產多？為什麼？

作者看在台灣配置資產

那麼筆者又是怎麼看台灣的？其實資產最誠實了，怎麼配置資產就怎麼看台灣，台灣是我第二大持有國，其餘還持有的印度，至於其他筆者就沒有特別把資產配置了。

台灣為何權重比美國少很多？筆者就先以食物鏈的概念跟大家分享。

請問誰是世界食物鏈公司的最上游，是品牌商還是專業製造商？哪一個部分能夠取得最大的成果與利潤？我想有經驗的大家一定都知道，品牌商才是最大的獲利者，那麼品牌商多數出現在台灣還是美國？答案就是美國。

台灣有非常多的專業工廠，協助品牌廠商代工著鞋子、晶片、各式各樣的配件等，但是就以毛利來說，通常是品牌商高得多，例如NIKE、Lululemon、蘋果、微軟、NVIDIA等。僅有少數專業製造商如台積電，能夠長期維持高利潤。

筆者就多問自己一個問題，如果有一天其他廠商能夠做出品質更好，但是更加便宜商品，請問品牌商會因為我們配合多年了，然後就堅持跟我們下單而不破壞彼此合作的關係嗎？這是不可能的，因為在商言商，哪邊成本低，就會在哪邊下單，只是為了不讓單一供應商獨大，會有部分配置到其他供應商身上，這是品牌商的生存之道。

那麼筆者就問一件事，如果未來三星技術突破比台積電還要更好，請問這些科技巨頭下單會給三星還是台積電？（當然這個狀況目前沒有發生，但是不保證不會發生。）甚至，如果有一天晶片的製造發生突破與改變，不再是傳統的矽晶圓，而是新的材料、新的製程、新的方法，台灣還能持續擁有跟今天一樣的地位嗎？並且以機率來說，發生破壞性的創新，通常出現在美國的機率高很多，台灣很少發生破壞性的創新。

如果以上答案都是否定的，那麼，我們就在資產配置上有一些共識了。

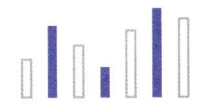

人口問題

除此以外，台灣還有一個難解的議題：少子化。這一件事情日本已經早台灣 20 年發生，我們必須要借鏡日本，日本在 2000 年前後就發生了人口開始減少的逆境，因此日本前首相安倍晉三，無論怎麼發三箭、四箭都無法改變日本國內消費相對低迷，非常擔心陷入通縮的窘境。

直到最近因為日圓大幅度貶值，日本才發生了通膨，但是這個通膨是輸入性的通膨，未必對經濟體是全面的幫助。

那麼台幣未來 10 年、20 年有可能發生跟日本類似的情景嗎？筆者認為發生的機率很高。日本是 1990 年代地產發生泡沫並且 2000 年開始人口減少，兩樣大事件複合引起的狀況。

台灣目前地產仍在高檔，原本號稱只會上漲不會下跌的中國地產與香港地產，都在疫情後開始下跌，台灣能倖免？筆者實在很難想像。高房價引發的就是少子化的不可逆轉，因此日本發生的情況，在不遠的將來就會發生在台灣。

下面是參考數據：（圖 3-14）

台灣的人口從 2021 年就開始正式減少，隨著時間遞延在 2050 年，台灣的總人口數會降低 10％並且低於 2,000 萬人。目前台灣人口是 2,300 萬人。

光是人口減少，就會造成台灣跟日本發生一樣的事情嗎？

我們再多看一個數據，就是高齡化的數據：目前台灣定義 65 歲以上的人稱作高齡人口。根據台灣在 2022 年的統計，高齡人口比例是 17％，人數是 408 萬，而現在台灣的街景已經是隨處都能看到瑪莉亞推著老人出來曬太陽，並且娃娃車中推的不是嬰兒是寵物的狀況，何況是到了 2050 年，台灣高齡人口比例會來到 38％並且總人數是 742 萬人。

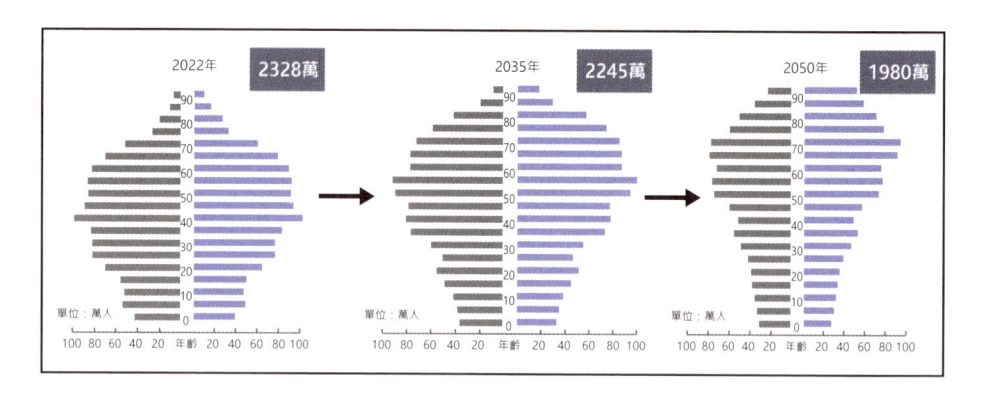

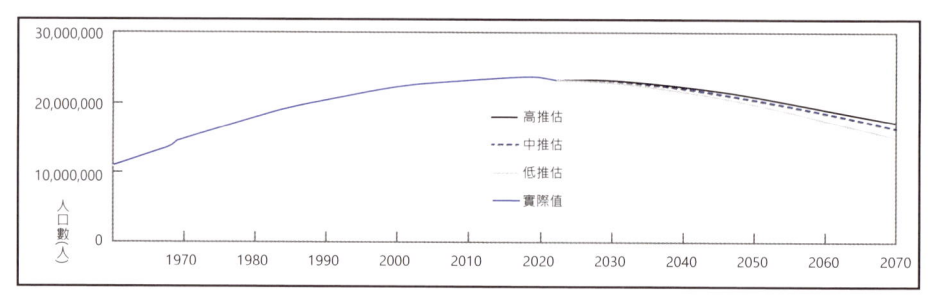

圖 3-14：台灣人口金字塔與人口數量預估值。　　　資料來源：國發會、作者整理

但同一時間，台灣的總人口數是 1,980 萬人，相當於台灣 1/3 人都是 65 歲以上的高齡人口，屆時台灣的光景如何？還能維持一樣的生產力與消費力嗎？（圖 3-15）

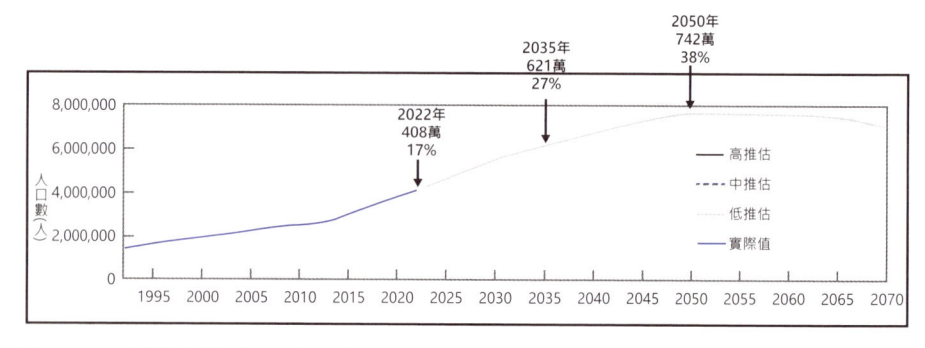

圖 3-15：台灣高齡（65 歲以上）人口數量與比例預估圖。　　資料來源：國發會

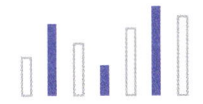

根據國發會資料統計扶養比數據（預估）：

2025 年：扶養比為46.9，扶幼比為17.5，扶老比為29.4，代表 3.4 名青壯年人扶養一名老人。

2035 年：扶養比為 59.9，扶幼比為 15.6，扶老比為 44.3，代表 2.3 名青壯年人扶養一名老人。

到了 2050 年：扶養比增為 87.5，扶幼比為 17.2，扶老比為 70.2，代表 1.4 名青壯年人扶養一名老人。

台灣的問題，基本上是無解，筆者在多次公開演講的場合中講到這個問題。以台灣目前勞保退休制度與結構，現在 2024 年已經是入不敷出的狀況（收入 3,000 億支出 4,000 億），相當於每年需要 1,000 億元的政府撥補才能維持平衡。

但是隨著退休人口開始增加，每年的缺口就會開始大幅度的增加，台灣政府真能負擔這些？筆者的答案是不可能。勞保改革法案，仍在立法院躺著，立法委員們正忙著打擂台賽，沒空處理這一件事情。所以情況不會有任何改變，為了撥補這些缺口，政府只有一條路：舉債或印鈔，無論是採取哪一個方法，最後都會導致台幣的購買力下降，台幣兌美元朝向貶值的路徑走，這不就跟日幣對美元貶值的方向一模一樣？

2015 年日幣對美元是 1：80，短短的十年間在筆者截稿前 2024 年 Q3，日幣對美元是 1：150 上下，相當於日本對美金的購買力下滑了將近 50%，按照目前的全球的趨勢，這是不可逆的方向。

接著筆者就採用國發會比較的美國、日本、台灣三方的資料，來看勞動人口，也就是主要的繳稅人口，只有美國的繳稅人口是越來越多的，而台灣、日本都是持續降低的，但是台灣未來 20 年的降低速度比日本高得多。

國發會比較的美國、日本、台灣三方的資料來看高齡社福人口，我們都可以看到各國都走一樣的路線，高齡人口比例都持續緩增，但是只有台灣的增幅最高，甚至在 2050 年之後高齡人口比例會超過日

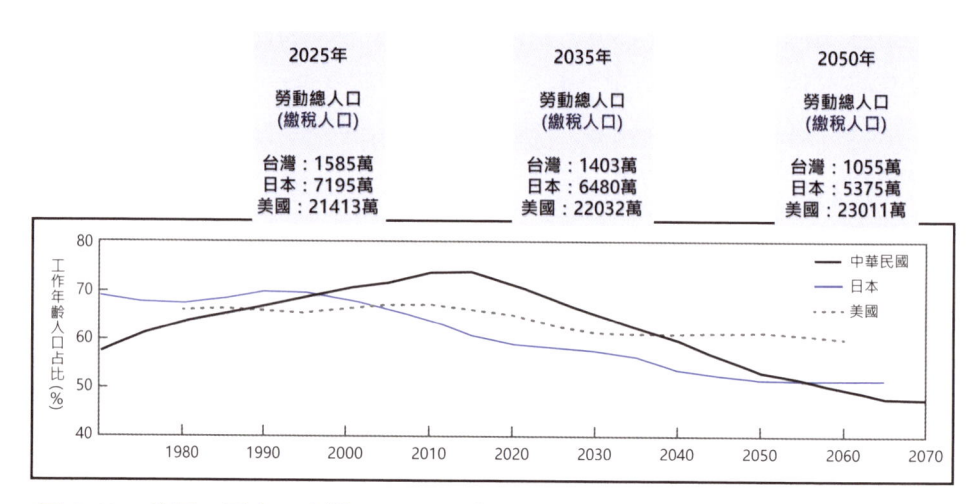

2025年	2035年	2050年
勞動總人口 (繳稅人口)	勞動總人口 (繳稅人口)	勞動總人口 (繳稅人口)
台灣：1585萬 日本：7195萬 美國：21413萬	台灣：1403萬 日本：6480萬 美國：22032萬	台灣：1055萬 日本：5375萬 美國：23011萬

圖 3-16：美國、日本、台灣 20 至 65 歲勞動人口預估數與比例。

資料來源：國發會 作者整理

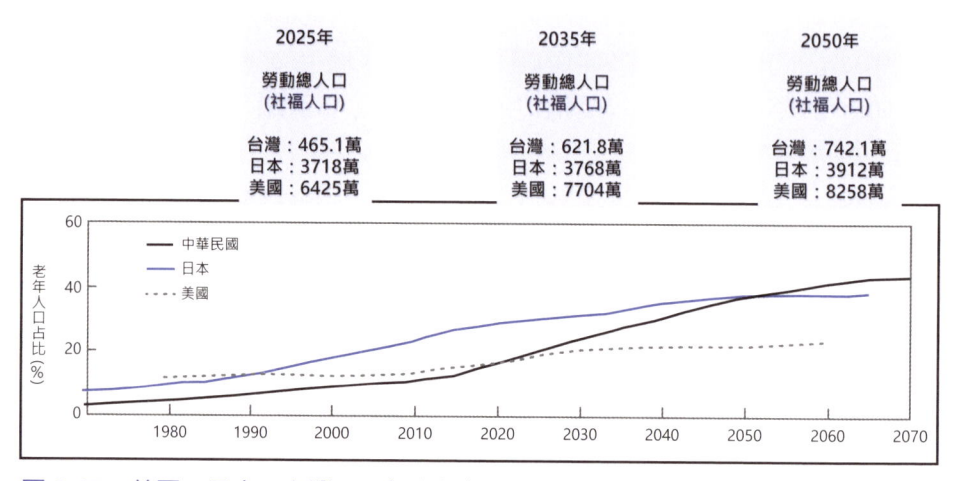

2025年	2035年	2050年
勞動總人口 (社福人口)	勞動總人口 (社福人口)	勞動總人口 (社福人口)
台灣：465.1萬 日本：3718萬 美國：6425萬	台灣：621.8萬 日本：3768萬 美國：7704萬	台灣：742.1萬 日本：3912萬 美國：8258萬

圖 3-17：美國、日本、台灣 65 歲以上高齡人口預估數與比例。

資料來源：國發會 作者整理

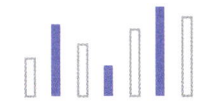

本,成為全球第一高齡國。

為什麼筆者非常關注高齡化的數字?因這跟 GDP 幾乎完全相當。

$$GDP算式:G+C+I+(H-M)$$
政府　消費　投資　出口　進口

當高齡人口增加之後,甚至人口開始下滑減少,會對該經濟體產生什麼影響?

而我們恰巧都從國發會的數據可以看到了,如果是未來 10 年 20 年美國、日本、台灣中只有一個國家,高齡化程度較低,並且人口持續上升,加上全球的品牌、科技、新創多數都是由美國發展出來,因此就筆者資產配置的角度,當我們了解上面的數據之後,請問如果是全球的投資者,隨著時間的遞延,專業投資人會怎麼配置他的資金?筆者就分享自己的結論,美國:台灣=9:1,這個比例。

當人口減少會有什麼影響?

1. 基本上:G = 政府收入(稅收)將會長線受到影響(減少)
   結構上:人口老化 :支出不減反增 (健保補貼.勞保支出.社會福利)
2. 基本上:C = 個人開支,人口減少後會造成數字長線向下(減少)
   結構上:人口老化 :個人一般消費將會減少,醫療支出向上
3. 基本上:I = 投資:對外國人的吸引力相對降低,勞工不足也降低意願 (減少)
   結構上:人口老化會改變投資行為,將會減少擴張性投資

日本失落的30年就在眼前,這是台灣的借鏡

最後筆者還是要強調：台灣是筆者資產配置中權重第二大的國家，當然權重第一當絕對會是美國，而筆者也預測 10 年、20 年之後，台幣匯率會長期走向貶值的趨勢。

資產配置之選擇對的國家——印度

會特別關注印度這一個國家，是因為筆者的一位長輩，曾經是中華民國駐印度大使，也曾任中華郵政董事長、永豐金控董事長等職位。

筆者從 2016 年開始正式對外演講的過程中，一定會引用中國私募教父趙丹陽演講中使用的邏輯：看懂大方向比什麼都還重要，第一點就是講國家。

筆者延伸趙丹陽的說法，進而認為：一個好的國家會有好的產業，好的產業中會誕生好的龍頭公司，我們就透過投資這些好的國家、產業、公司來達成資產增值財富自由的理想。

選擇一個會長期成長，並且結構良好的國家，就是我們資產配置的重中之重，因為選擇錯誤的國家，我們的資產很可能就幾年之間回歸到解放之前：阿根廷、委內瑞拉、辛巴威等。

筆者長期關注一個國家經濟成長的基礎指標：人口結構。只要人口結構正確，那麼這樣的國家經濟成長會擁有強大的持續力，並且會產生收入增長與經濟規模成長，最終就會反映在人均 GDP 之上。

以目前筆者關注的國家中，人口持續成長，並且仍有續航力的國家除了美國以外，其他國家都呈現比較弱勢，而台灣是緊接日本之後會邁入超高齡社會的國家，並且台灣現在的地產價格高漲，很有 1990 日本地產泡沫時代的現象。

為什麼筆者在前一本書與本書都不約而同地提到美國？因為美國是筆者看到人口結構與人口數量因為移民而能持續成長的，其他成熟國家並沒有這樣的現象。（澳洲也是人口淨增加的國家之一）

美國的人口金字塔

主要數據有:

1. 2023 年人口數:美國是 3.39 億人的頂尖大國。

2. 人口金字塔結構:最佳的人口金字塔形狀:靜止型。

3. 圖 3-18 右有預估人口總數:因為移民政策人口持續增加維持國家的實力。

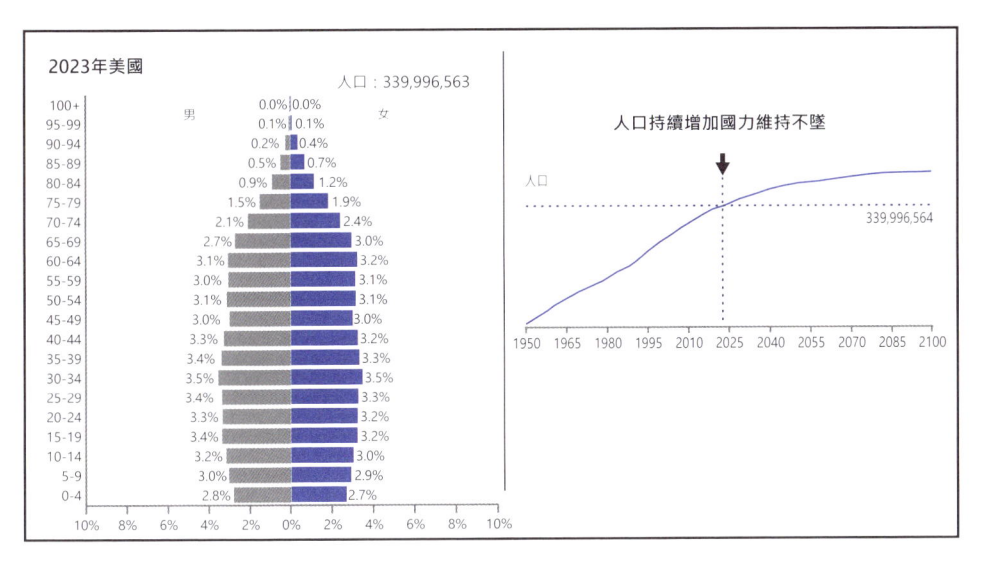

圖 3-18:美國人口金字塔與人口總數推估。

資料來源:www.populationpyramid.net

中國的人口金字塔

主要數據有

1. 2023 年人口數：中國是 14.2 億人的頂尖大國。

2. 人口金字塔結構：進入到衰退期。

3. 圖 3-19 右有預估人口總數：2022 至 2023 年開始人口成長為負數，並且這會造成頭重腳輕，社會福利負擔與退休金制度面臨挑戰。

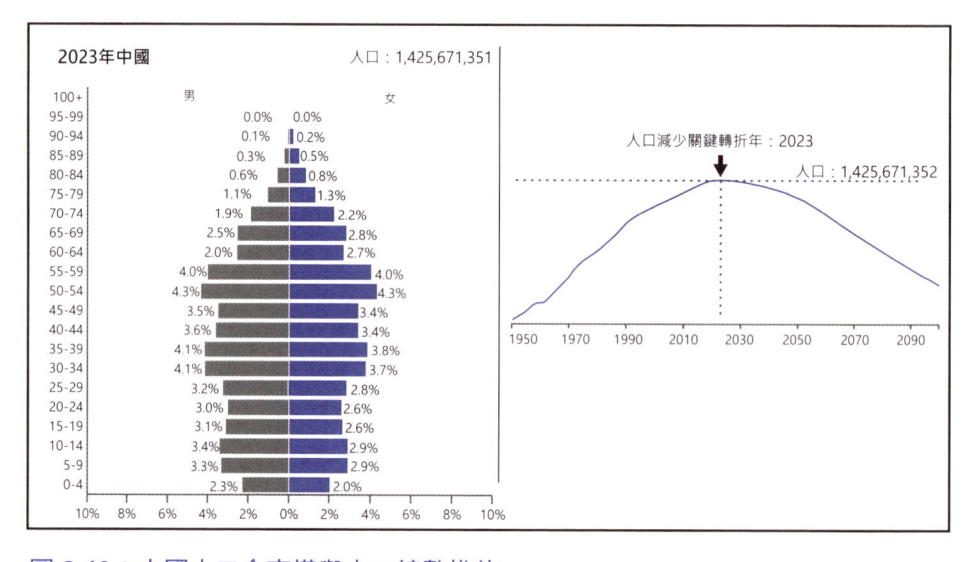

圖 3-19：中國人口金字塔與人口總數推估。

資料來源：www.populationpyramid.net

日本的人口金字塔

主要數據有：

1. 現在人口數：日本是 1.23 億人的大國。

2. 人口金字塔結構：進入到衰退期，因此前首相安倍晉三，無論印多少鈔票，都很難改變通縮的狀況，直到近期因為貨幣大幅度貶值，導致輸入性的通膨。

3. 圖 3-20 右有預估人口總數：2010 年開始人口成長為負數，並且這會造成頭重腳輕，社會福利負擔與退休金制度面臨挑戰，並且伴隨著消費力下滑，農村消失等社會結構性問題。

日本是全球高齡化最早的國家之一，他的現況就是台灣與中國的借鏡，很可能用長久一點眼光 10 年、20 年後來看，台灣跟中國不過就是走日本在 1990 之後走過的路而已。

（1990 年日本地產泡沫之後，被他國戲稱失落的 30 年。PS：地產貸款恰巧是 30 年，日本用 30 年的時間償還了多年前的泡沫。）

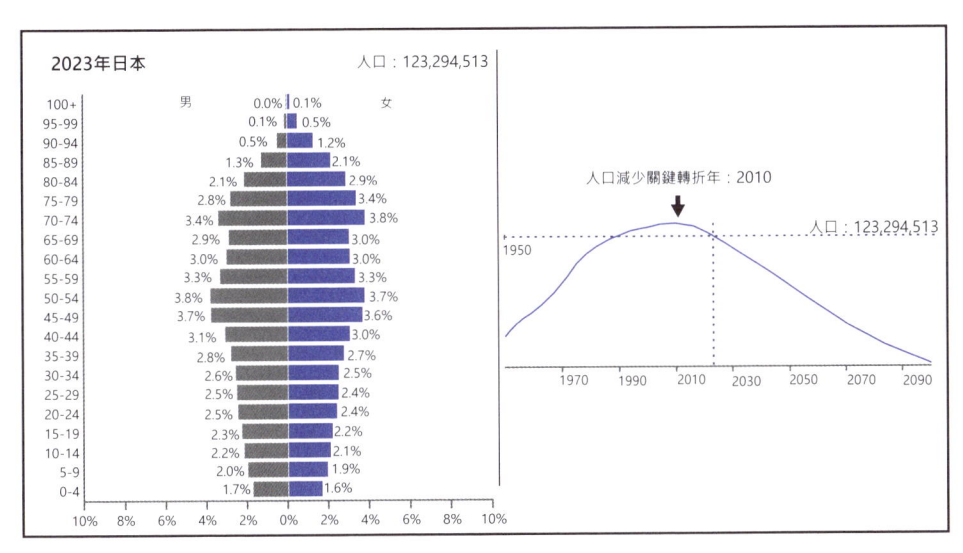

圖 3-20：日本人口金字塔與人口總數推估。資料來源：www.populationpyramid.net

印度的人口金字塔

而印度那就是令人驚豔的人口結構！

主要數據有：

1. 現在人口數：美國是 14.28 億人的頂尖大國。

2. 人口金字塔結構：從人口擴張邁入出生人口開始降低的成長期

3. 圖 3-21 右有預估人口總數：但是這一結構代表了人口與消費力開始急遽升高，國家競爭力開始緩步向上的一個階段，朝氣蓬勃。

印度這樣的人口結構，就讓人想起當年的台灣經濟奇蹟，台灣錢淹腳目的年代。當年台灣的人口結構與人均 GDP 的變化，也跟現在的印度一模一樣，並且變化的經驗跟台灣、中國都有類似的關聯：這個關聯就是美國需求引發的製造業代工外包，讓台灣、中國、印度都發生了類似的事情。

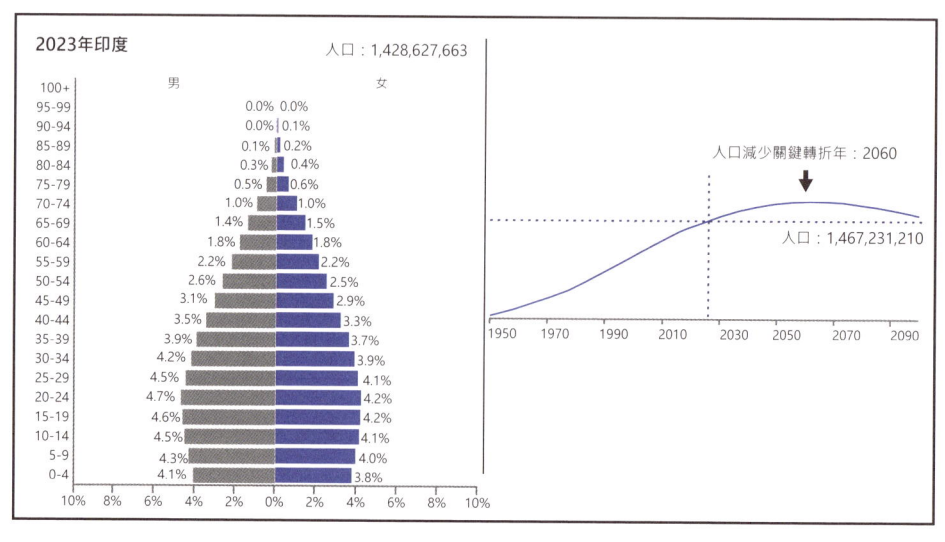

圖 3-21：印度人口金字塔與人口總數推估。

資料來源：www.populationpyramid.net

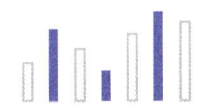

```
台灣  ➡  中國  ➡  印度
1980年代台灣錢淹腳目    2008年代大陸錢淹腳目    2030年代印度錢淹腳目
```

圖 3-22：製造業加工業範轉移。　　　　　　　　資料來源：作者整理

筆者就用自身觀察的角度，來跟大家分享筆者怎麼觀察台灣錢淹腳目這一個年代。筆者還依稀記得 1980 年代開始產生了台灣錢淹腳目這一個名詞。為了拚出口，小時候筆者家中鄰居家中，還盛行家庭代工：當時一條街都在串聖誕燈泡，串一串可以取得工資 10 元。當年筆者小時候一碗麵恰巧就是 10 元。

長大後才知道，這是一個蓬勃發展的年代，正是台灣錢淹腳目的時代。並且每一個時代都有領袖的遠見，讓整個國家機器動了起來。

台灣的 GDP 成長如圖 3-23：

1960 年代蔣經國任行政院長時，開啟了十大建設與開放投資，建立了台灣未來 10 年、20 年、30 年的經濟成長。

台灣錢淹腳目恰巧就是發生在人均 GDP1,000 美金成長到 10,000 美金中間這一個年代。筆者還有印象當年最火紅的汽車是裕隆的 Cefiro 跟 Toyota Camry，當然當年開雙 B 的人也不在少數，因為那是台灣起飛的幾年。

台灣從人均 GDP 1,000 美元至 10,000 美元花了整整 16 年，在 1980 年代末期，正是有了台灣錢淹腳目這個名詞出現。

而當年台灣人口金字塔的進程如下：

從人口擴張的低金字塔，一步一步變成縮減型的金字塔。而中國的發展也跟台灣似乎有異曲同工之妙。（圖 3-23）

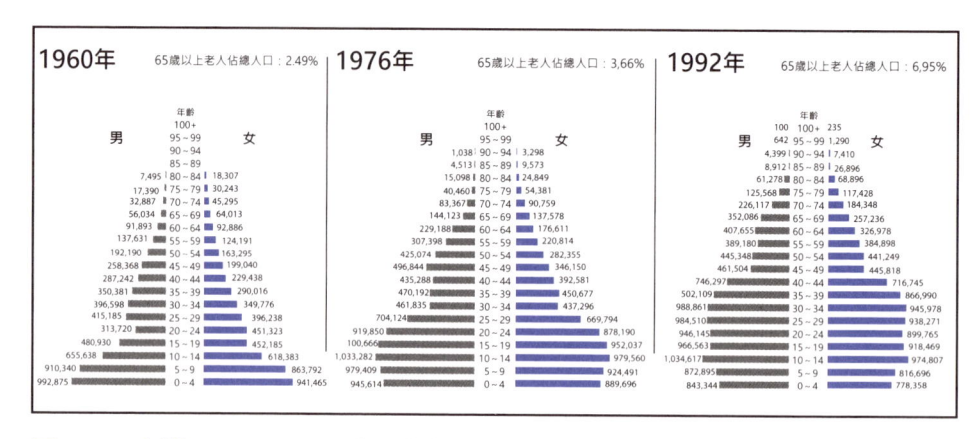

圖 3-23：台灣 1960 至 1992 人口金字塔（人均從 1,000 美金至 10,000 美金以上）。

資料來源：台灣統計網

　　從 1978 年鄧小平的改革開放開始，2000 年的時候中國人均 GDP 成長了將近 10 倍。到了 2000 年，中國開始了黃金的 20 年，到了 2022 年人均 GDP 來到了 12,741 美元。2008 年的時候，還在北京辦了全球注目的奧運會，將中國的國力完全的展露無遺，四橫四縱的高鐵是多風光無限！

　　同樣的，從 1978 的開始的中國人口金字塔，也是低金字塔。隨著經濟的成長，人口也持續成長從 1978 的 9.5 億人，到了 2000 年人口是 12.5 億人，到了 2022 人口更是成長到了 14.2 億人。（圖 3-24）

　　在一個人口基數這麼巨大的國家，能有正這種成績單，真的是非常的厲害。伴隨著巨量的人口與相對穩健的 GDP，中國也變成了世界前二大的市場，一度有超英趕美的氣勢。

　　但故事來到了 2018 至 2019 年，美國總統川普正式展開了中美貿易大戰，替製造業的移轉展開了序幕，中國當然也進行了多年的騰籠換鳥，而現在製造業的重鎮，慢慢的從中國移轉到印度。

　　關鍵的人物是現任印度總理莫迪（Narendra Modi）的上任與改革。從 2014 年莫迪上任之前，人均 GDP 是 1,128 元，到了 2021 年已經翻倍來到了 2,256 元。

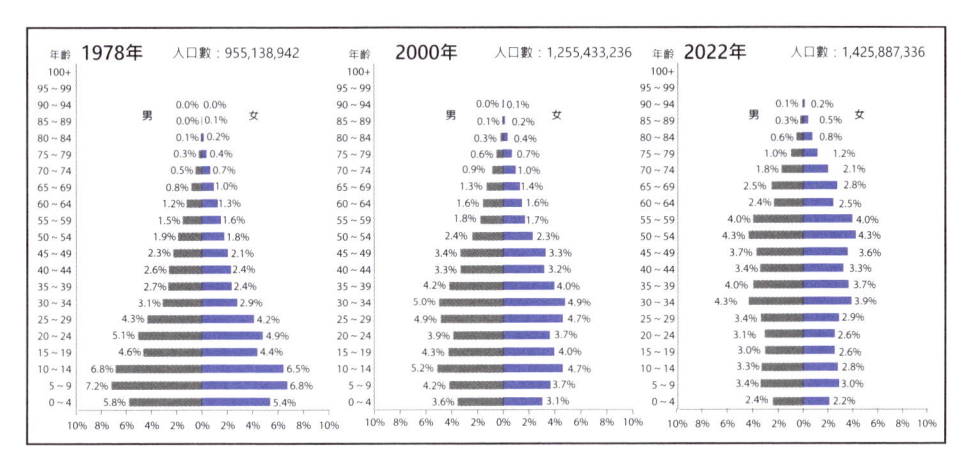

圖 3-24：中國 1978 至 2022 人口金字塔變化（人均從 1,000 美金至 10,000 美金以上）。
資料來源：www.populationpyramid.net

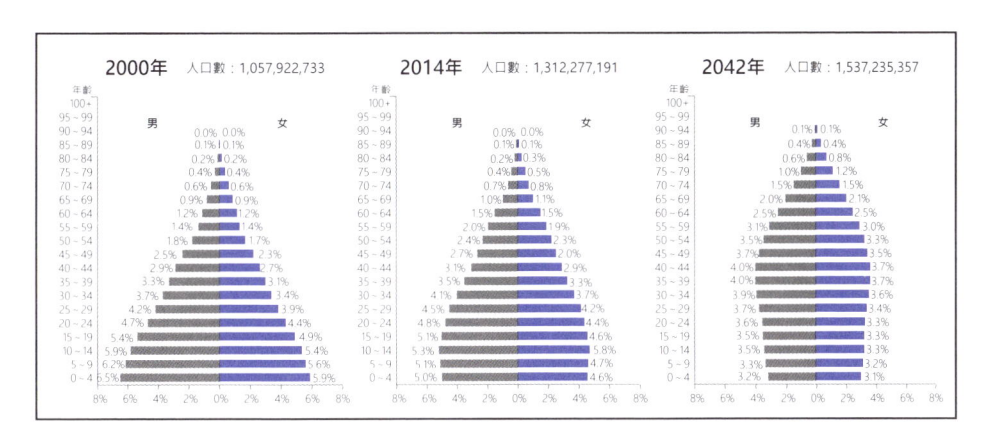

圖 3-25：印度 2000 至 2042 人口金字塔變化（人均從 1,000 美金預估至 10,000 美金以上）。
資料來源：www.populationpyramid.net

按照前面台灣錢淹腳目的年代，大多數都是發生在人均 GDP1,000 成長到 10,000 的這個中間，而無論是台灣或是中國，大多數都是發展了 20 年以上才有這樣的成績，因此印度錢淹腳目的年代應該在 2030 至 2040 年之間會來到。

這時候筆者就想起台股從原本的 1,000 點上升到 12,682，中國從 600 點上漲到北京奧運前的 6,000 點這個年代，印度是否會從 6 萬點上漲到 60 萬點？

而印度的人口金字塔與人口結構，恰巧也提供了豐富的養分。

從 2000 年的低金字塔，一步一步地替勞動力與人口提供了經濟成長的充足養分，而人口基數從 2000 年的 10 億人，成長到 2014 的 13 億人，按照這樣的態勢，在 2042 年會成長為 16 億人的驚人大國。如果屆時印度 16 億人口人均 GDP 來到 10,000 美金以上，那印度很有可能成為 GDP 總量的全球第一大國。（圖 3-25）

筆者對印度的主要印象還是在 2023 年 8 月前中華民國駐印度的大使翁文祺的演講中提到的觀念，在下面也一起分享給大家。

而中美貿易大戰的背景下，連最依賴中國製造的蘋果公司，也大舉地將生產基地從中國轉往印度。想當年富士康在鄭州與深圳養活多少家庭百姓，提供了多少打工的機會，現在都慢慢移往印度了。

2023 年 11 月 28 日新聞表示，印度製造的 iPhone 只占整體 iPhone 生產總數的 7%，而印度總理莫迪希望在未來提高到 40％以上，取代中國成為全球最重要的 iPhone 生產國家。

而在這種大環境與大前提之下，筆者正式開始了印度股市的配置，是筆者會持續定期定額的國家之一。

2014年4月16日

自由時報記者曾韋禎／台北報導

比起中國 翁文祺：印度市場更值重視

前駐印度代表翁文祺昨指出，政府完成台印自由貿易協議的可行性研究後，就沒下文，對於有意開拓印度市場的國內廠商「情何以堪」？他認為印度是比中國更值得重視的市場。

民進黨立委陳節如昨推動成立「台灣與印度國會議員友好協會」。前駐印度代表、中華郵政董事長翁文祺以位於嘉義的遠東機械為例指出，他們已經淡出中國市場，轉往印度市場；對於印度來說，中國產品的品質不佳，日本、瑞士的又太貴，台灣剛好有銜接上印度需要之優勢。

翁文祺表示，遠東機械三年前開始在印度設立展示中心，因為缺乏相關人才，所以就找當地的高職生來嘉義半工半讀，每人一年花十二萬元，共三十六人，是教育結合產業的務實作法，但一開始還被教育部刁難。

翁文祺感嘆，中國市場已經開始排擠台灣，越南、馬來西亞等幾個國家統統加起來也沒印度大，現在又是進入剛要發展的印度市場最好時機；然而政府有對馬來西亞、越南策略，卻沒有對印度的策略。雖已於去年完成台印ＦＴＡ的可行性研究，但仍無下文；導致韓貨進入免關稅，台貨卻要課稅，要遠東機械等台商情何以堪？

台印FTA沒下文 外交部：有合作空間

外交部亞太司長何登煌坦言，台印每年貿易量不到一百億美元、對印度投資也不過十餘億美元；對於印度這麼大的國家，我們還有很多合作空間。

結論

1. 印度即將成為人口全球第一的大國。

2. 印度的人均 GDP 仍持續成長,如果未來 20 年能成長到人均 GDP 超過 10,000 美金,那麼印度股市不可限量。

4

Chapter 04
保險

　　多數顧問在規劃財務計畫時，都能做得完善，但是多數顧問都不會考量到，讓財務規劃能完成的主因是人沒有發生變動。當人發生疾病與意外時，所有財務計畫都將會失敗。因此在規劃財務之前，要先能確保當人發生疾病與意外時，財務規劃不會受到大幅度地變動。

資產配置之保險

　　錢夠多，可以不用買保險；但是錢還在累計到財富自由的過程中，可以透過保險來降低資產受到衝擊的程度。

　　為什麼在分享資產配置會講到保險這一個主題？對筆者來說，多數人資產水位都還不到財富自由的水準（對筆者來說財富自由的門檻是超過新台幣 1.5 億元，或美金 500 萬）。到達這一個財富水位之前，我們必須要透過主動收入（工作與勞動），才能打平一些生活開銷，例如房貸、車貸、信貸、生活費、教育費等。

　　那問題就來了：當疾病或是意外發生的時候，我們的主動收入中斷，並且需要大量醫藥費、賠償金的時候，這時候有誰能填補這個缺口？當然其中一個辦法是從存款裡面支出，還有另外一個方法：透過買保險來轉嫁這些風險。

　　為什麼筆者認為 1.5 億元是一個重要的門檻？（部分投行以 500 萬美金為開戶門檻。）以一個家庭來說一家四口，有了新台幣 1.5 億元，並且投資債券相關的配息型產品，假設現金殖利率 5%，這樣一年就會有 750 萬元的被動收入，相當於一個月有 62.5 萬元，這樣的生活水平在小康之上。

　　如果遇到了我們台灣常見的重大疾病，例如癌症，基本上一個月的標靶藥費就約莫在 20 萬元上下，加上一些營養補充品，這樣的被動收入，剛好可以涵蓋過去，不會動用到本金去治病。家人的生活雖然受到一些衝擊，仍不會受到太多的影響。

　　如果用親戚的案例：他們家兩位長輩，先後中風臥床，需要看護周密的照護（兩位昏迷指數都是 3）。所幸親戚是一間飯店的總經理，一個月收入約莫 30 萬元左右，剛好可以請看護照料兩位中風的老人，剩下的資金雖然生活在台北市有一些辛苦，但是也不至於活不下去。那我們試想，如果親戚他銀行帳戶上有 1.5 億元，也投資現金殖利率 5%的固定收益產品，除了被動收入 62.5 萬以外，還有主動收入 30 萬，那他的生活會不會有大幅度的提升與改善？

但同樣的，筆者在從業的過程中，就遇到了投資的學生，發生了癌症，兩個小孩其中一位在唸研究所，另外一位女兒是公司的內勤人員。他們的存款與投資餘額，有 300 多萬，但是癌症的治療非常花錢，幾乎快要把多年累計的金錢花光，所幸早年有買到一些保險，理賠了近 100 萬元降低了一些金錢的壓力，這時候保險的功能就非常顯著了，他能在疾病或意外的時候，有效地提供金錢的幫忙，降低一些家庭的財務風險。

　　如同筆者在開頭所說，當錢夠多，不買保險也不會怎麼樣，但是如果錢沒有很多，甚至是負債的狀況，萬一遇到疾病意外，那該怎麼辦？我們說當一個人財務狀況傾倒之後，那就會連累其他家人共同去承擔（當然萬一沒有家人就只能是社會大眾幫忙了）。當資產規模較小，遇到風險的時候不足以抵抗風險，我們就需要保險的幫忙，讓我們度過資產規模不足而不能抵抗風險的時候，所以資產配置中，保險也是一個重要的課題。

　　接下來的章節我們會分幾個大段落跟大家分享：1.保障型保險，2.理財型的保險。

遠離投資能力低下的保險公司

　　台灣的保險滲透率幾乎是世界第一，但是壽險保額卻出乎意料地低，這就跟壽險公司長期推廣儲蓄險有關係。當年筆者在金控任職的時候，銀行的大長官在台上慷慨陳詞，說現在銀行爛頭寸非常多，需要依賴台下的理財顧問一起協助，讓定存族把他們的錢，換成保險，這樣銀行爛頭寸會減少，然後銀行還不需要付出存款成本，並且額外還有手續費收入可以賺。這是筆者 2016 年在金控任職時的記憶。

　　這個歷史要從 2008 年金融海嘯發生後說起。2004 至 2008 年金融海嘯爆發前夕，所有保險業都在大賣投資型保單（連結基金與結構債），因為專業不足也因為跟風的關係，真正遇到風險來臨時，投資保單的高費用、高成本的缺點立刻浮現，加上連結標的甚至是結構債

發生重大損失,而銀行賴以為生的財富管理業務,也因為市場崩盤,變成非常的艱辛。

這時投資人也被金融風暴嚇壞了,投資人在一時間幾乎全部都不投資了,加上郭董在採訪時說出了名言:「景氣還要壞三倍。」所以銀行存款開始爆增,但也因為時代背景,借款出去開工廠、投資的人也很少,因此銀行、保險開始求生存,順勢的讓台灣壽險變成巨獸的儲蓄險,成為了國人理財的首選。從那時候開始各大銀行的財富管理部門,成為了壽險通訊處,理專成為壽險業務人員。

(PS:根據壽險公司統計保費通路,銀行來源的壽險保費長年都是最大,並且市占率通常超過50%。)

但是壽險公司卻因為成為銀行為了解決爛頭寸,成為了龐大台灣存款的受體,在經濟持續發展下成為了巨獸。從原本的專注於計算死差,費差的結構,變成影響壽險公司安全的是利差。

下面跟大家分享壽險公司的金流:以儲蓄險為例。

保戶把保費交給保險公司之後,保險公司拿到錢,首先會先扣掉營業成本,營業成本包含業務人員佣金、危險保費、營業成本、作業

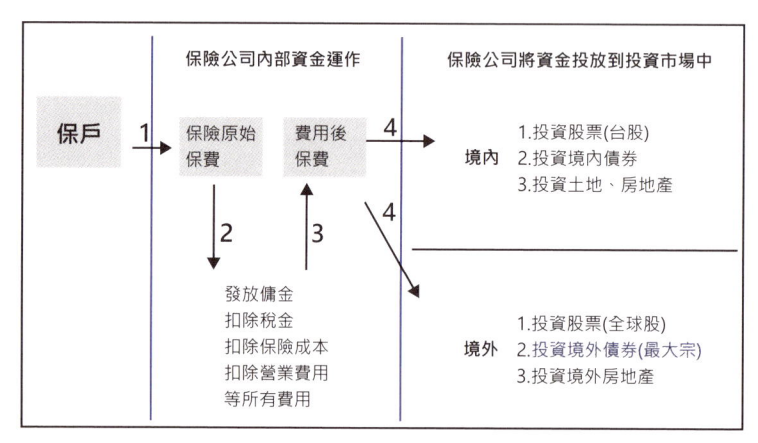

圖 4-1:保險公司資金運用流程。　　　　　　　　資料來源:作者整理

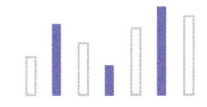

成本等所有成本，最後剩下費用後的保費（是扣除佣金、保險、營業費用之後的保費）。

這時候費用後的保費會交給壽險公司的投資部門，按照各家投資部門的觀點做出投資的決策，把資金投入市場賺取利差。

利差是壽險公司安全與否最重要的指標

賺取利差，是壽險公司最重要的獲利來源，也是壽險公司財務是否安全的最重要指標。

如果一家壽險公司的投資部門非常的兩光，投資常常出錯，或是公司的老闆整天炒股票失利：例如新光人壽在 2013 至 2014 年在宏達電（2498）的幾乎最高點，大手筆的買入 6,000 張均價 1,200 元的宏達電，最後在 2015 年以 50 元至 100 元的價格砍倉，光是這一筆投資失利，就讓壽險公司虧損 60 億元。

因此業界就產生一個笑話：

報告老闆一個好消息、一個壞消息。

壞消息是我們虧了很多錢（60 億元）。

好消息是這個錢不是我們的（這是保戶的錢）。

當年國內第二名的壽險公司怎麼會犯下這麼大的錯誤？這就是公司的內稽內控不良所導致的，而當年第二名的壽險公司，因為經年累月的經營不良，在 2024 年正面臨被台新金控併購的可能。

當然除了 2498 的錯誤之外，筆者在閱讀天下雜誌講國泰金的時候，還閱讀到以下內容：

「國壽投資部一直被稱為台灣金融業的『少林寺』，投資績效長期都贏過新光人壽約一個百分點，但是情況卻在 2008 金融海嘯前逆轉。

李長庚記得，那時的法說會，每次都被問到壓力爆棚。但國壽怎麼算，都認為按照規定投資，就是不可能有新壽那樣的收益。虔誠禮

佛的蔡宏圖一樣要投資部，嚴守紀律。

事後解謎，新壽當時買的是利率最高、賠償順位最低的海外連動債部位，利率可高達 10% 以上。

但金融海嘯後，國壽當年提列鉅額損失，因為賠償順位高，事後有回沖利益。反之，新壽沒有，只能連續賣大樓補充資本，元氣大傷。」

新壽自此由盛轉衰，到 2024 年變成要被他們併購的命運。

無獨有偶，除了新壽的故事值得我們借鏡以外，筆者在 2019 年的保險書《理財顧問教你這樣買保險最聰明》中也提到過一個概念：要買會投資的保險公司產品，不要買不會投資的，甚至根本就應該把錢挪出來，遠離那些保險公司。

2019 年財務狀況倒數三天王：宏泰、新光、三商美邦，到今天（2024 年），三商美邦人壽已經達到金管會要準備出手裁罰的命運。

2019 年顧立雄仍是金管會主委時說：RBC（資本適足率）大於 2%；淨值比例大於 3% 是壽險公司的財務安全指標，只要低於這些指標，就是屬於資本不足，連續 2 年都低於這個數字，主管機關就會出手。

表 4-1：三商美邦人壽資本適足率歷史

三商美邦人壽保險股份有限公司 - 資訊公開說明文件

公司治理 - 資本適足性之揭露

資料日期：中華民國113年3月

年度	資本適足率	淨值比率(註2)
112年度下半年	111.09%	2.97%
112年度上半年	140.23%	2.84%
111年度下半年	155.83%	2.19%
111年度上半年	190.07%	2.00%
110年度下半年	203.62%	3.28%
110年度上半年	209.79%	3.55%

資料來源：壽險業公開資料觀測站

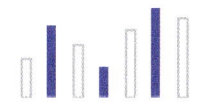

以下內容出自聯合報報導：

> *2024 年 9 月 24 日 20:09:34*
>
> *經濟日報 記者廖珮君／台北即時報導*
>
> 　　金管會已核准三商壽（2867）財務改善計畫，認為三商美邦提出以現增、發債兩項方案和時程規劃，應可讓三商美邦今年底資本適足率（RBC）回到 200％法定目標，惟金管會也示警，一旦三商美邦今年底 RBC 未能達標，恐將再面臨二度懲處。
>
> 　　據資料顯示，三商壽從 2022 年六月開始至今，已連兩年、共四期 RBC、淨值比都未達法定標準，2024 年六月 RBC 也僅 151％，僅淨值比 3.34％達陣，等於連五期 RBC 都不足。
>
> 　　金管會是在 7 月中認定三商美邦所提報的財務改善計畫，無法讓今年底 RBC 達標，對三商美邦開罰並要求一個月內重提。三商美邦 8 月提新方案，金管會 9 月 9 日核准。

　　綜觀三商美邦會讓財務狀況如此吃緊，就是在投資上出了大問題。

　　2018 年跟風復華投信炒作國巨、華星科等股票，造成重大損失。

　　2020 年三商美邦獨家重壓 T50 反一，造成重大虧損，2024 年還有週刊披露三商美邦人壽，這一筆重大虧損上未平倉完畢，當年買進 T50 反一時加權指數是 8,800-9,000 點之間，到了 2024 年 Q2，台灣加權指數平均都在 20,000 點以上，虧損幅度至少是 70％。

　　這兩大投資失利都是可以預防，也可以透過風控提早降低損失（停損），但是不曉得三商美邦人壽為何如此執著，造成保戶的重大損失。（PS：國巨重大損失時，三商美邦仍為復華投信的最大股東，在 2022 年三商美邦將復華投信出售給南山人壽。）

表 4-2 2022 下半年資本適足率與淨值比

2022下半年壽險公司資本適足率與淨值比

公司	資本適足率（％）	淨值比率（％）
三商美邦人壽	155.83	2.19
中國人壽	280.42	4.75
中華郵政	324.02	5.13
元大人壽	502.51	5.94
友邦人壽	649.47	5.73
台新人壽	371.46	6.77
台灣人壽	275.16	4.72
全球人壽	366.46	3.54
合作金庫人壽	1402.76	27.07
安達國際人壽	432.44	27.67
安聯人壽	720.89	2.08
宏泰人壽	205.18	1.13
法國巴黎人壽	1379.52	26.45
保誠人壽	458.25	6.26
南山人壽	292.42	5.55
國泰人壽	316.46	6.52
第一金人壽	608.55	2.5
富邦人壽	315.03	5.67
新光人壽	213.64	3.94
臺銀人壽	281.76	3.55
遠雄人壽	322.25	4.53

資料來源：《現代保險雜誌》

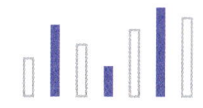

表 4-3 宏泰人壽資本適足率歷史

宏泰人壽保險股份有限公司 - 資訊公開說明文件

公司治理 - 資本適足性之揭露

資料日期：中華民國113年3月

年度	資本適足率	淨值比率(註2)
112年度	214.68%	3.20%
112上半年度	145.82%	2.42%
111年度	205.18%	1.13%
111上半年度	227.82%	1.64%
110年度	258.64%	3.62%
110上半年度	232.24%	3.38%

資料來源：壽險業公開資料觀測站

　　其實新聞一直都有提醒：2019 年的倒數三家，到 2022 年下半年的財報仍有兩家是踩紅線的：三商美邦、宏泰。

　　根據 2024 年最新的資料，宏泰人壽已經重新回到財務正常的狀況，新光人壽也是，只剩下倒數第一的三商美邦了仍然深陷泥沼中（通常最後的結果是以便宜的價格被併購。）

　　因此筆者的大前提：如果您要買保險，請務必選擇一家經營績效良好的保險公司，如果不知道該怎麼選的話至少壽險公司的財務狀況，要符合金管會的比例：RBC 大於 200％，淨值比大於 3％，就以市場指標來看，如果該公司是上市櫃公司，我們觀察他的股價是否超過 10 元為標準，低於 10 元的通常就代表經營績效低落，市場眾多投資人用錢投票，認為這家公司股價不到最低發行價值的 10 元。

　　結論：

　　1. 壽險公司最重要的能力是投資，如果投資能力不佳，遠離這家公司。

　　2. 壽險公司的投資能力怎麼判斷？可以查詢過去是否有重大踩雷事件。

3. 壽險公司的財務安全，以 RBC 大於 200％；淨值比大於 3％做分界，低於這個數字就是財務狀況不佳的壽險公司。

資產配置之人身保障型保險

保險能夠理賠是金錢，因此買保險不能夠保證人身的健康，健康還是需要自己運動與維持，才是最好的風險管理。

保障型保險顧名思義，就是當人身遇到風險的時候，例如疾病意外導致住院醫療失能的時候，這些費用會有保險公司的理賠作為金錢的補償。

而在資產配置中，筆者認為當資產低於 350 萬美金，約當新台幣 1 億元以下的族群，我們必須要買保險，轉嫁人身的風險，超過新台幣 1 億元以上，基本上買的保險都會比較偏向理財型的保險，目的在於資產移轉、節稅、指定受益人、保險金信託等理財目標為主，不再是萬一發生人身風險，需要保險公司理賠金這一塊。

那接著筆者就來詳述保障型保險的一些重要關鍵因素，筆者用問與答的方式分享見解。

1. 失能險

月給付型理賠方式：按照失能等級，按月給付保險金。

一次給付型理賠方式：按照失能等級，一次性給付失能保險金

「病、死、殘哪一個項目最花錢？」筆者在多次保險講座中，第一個問題就會談這個嚴肅的話題。那麼多數人的回答通常都是殘最花錢。那根據筆者過去的理賠經驗來說，也的確如此，當中風發生的時候，人癱瘓需要他人照護的時候，會發生什麼狀況？

1). 收入大減。

2). 支出大增。

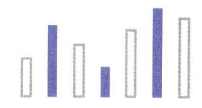

3). 時間會延續多久，這是未知的。

這三點造成了如果發生失能、需要他人長照時，巨大的經濟壓力與心理壓力（照顧病人是心理壓力是非常大的，因此我們偶而能見到久病之後的人倫案件），如果發生這種狀況的時候，保險公司能一個月理賠 3 萬至 5 萬元，那麼您覺得這個保險如何？

我們一位保險業的超業是這樣形容這種保險：這是一個投資，投資成功了獲利 100 倍，失敗了取回本金，這個商品好不好？

所以這位超業在失能險消失之前，光靠失能險就成為 TOT（保險業的高階獎項，門檻高）。

不過這也說明了，除了他的話術很好以外，他也說明了失能是大家所恐懼的事情。

在 2024 年 Q3，失能險消失之後，我們能買到類似的商品還有長照險，筆者也建議規劃保障型保險的時候，也務必把長照險納入規劃的範圍。

以下是長照發生時的基本支出。那麼我們應該要買多少額度？筆者提供兩個想法給大家參考。

公式一：最低照護成本

外籍看護(3萬) + 醫療器材(2萬) = 5萬

公式二：最低家庭責任成本

年所得 X 50% + 3萬看護費 > 5萬元

資料來源：作者整理、三立新聞網

表 4-4 長照發生時的家庭責任

支出頻率	支出項目	費用
一次性費用	特殊衛浴設備、輪椅、電動床、氣墊	4~20萬元
長期性看護費用（每月）	家人自行照顧	工作收入損失
	聘請本國看護(分日間、全天)	3~7萬元
	聘請外國看護	約2.4萬
	社區照護(日間照護，另有家人照護成本)	1.5~2萬元
	機構照護(護理之家、長照機構、養護機構)	2~4萬元
長期性耗材費用（每月）	營養食品、成人紙尿布、寢具、衣服、交通費、衛生醫療用品(濕紙巾、手套)...	約2萬元

資料來源：作者整理、行政院衛生署

　　而且失能險與長照險對應的理賠是出院之後長期照護的成本，跟大家常聽的醫療險不太一樣，醫療險通常都是針對住院與醫療使用的費用作為理賠，但是失能險與長照險的理賠，是針對治療後的體況來理賠，因此萬一疾病意外導致身體機能長受損，那麼就會啟動理賠，因此他的理賠時間可能是最長，並且理賠的金額是最多的。

　　就損害填補的原則來說：失能險、長照險是必備的險種。

　　圖 4-2 是保險理賠時序；長照險的理賠條件比較嚴格，因此理賠的時間會晚於失能險。

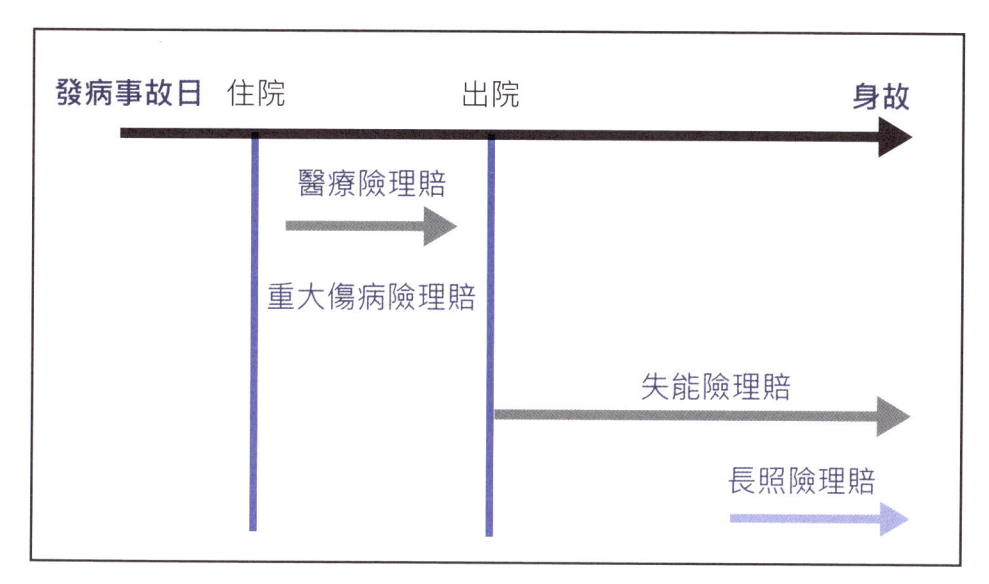

圖 4-2：醫療險、失能險、長照險理賠時序。　　　　資料來源：作者經驗整理

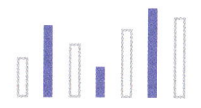

2. 實支實付醫療險

理賠內容：就實支實付限額內，給付超過全民健保給付之醫療費用。

2024 年第二季主管機關政策大轉向，將市面上所有副本理賠醫療險全數停售，未來市場上不會再出現雙副本理賠實支實付的規劃，而這樣規劃產生的原因是早期的保險，實支實付不被重視，多數額度非常低。

筆者以自身為例子，筆者父母早期規劃的瑞泰人壽住院實支實付雜費額度僅有 3.5 萬元，長大後筆者了解保險內容之後，在 2008 年前後買了全球人壽 XHR 實支實付醫療險，但是加總起來雜費上限也僅有 15.5 萬，於是在 2018 年再次加買了台灣人壽 HNRB 讓實支實付額度達到 30 萬，加上公司團險，實支實付額度有 33 萬，這樣的額度才能足夠面對現在高漲的醫療費用，以及足夠理賠高品質的醫療費用。

在主管機關這樣強勢規定之後，就會有一批受害者，如同筆者一樣，早期父母購買的實支實付醫療險僅有 3.5 萬至 5 萬的雜費額度，面對現在的醫療環境根本不夠，但是因為主管機關已經規定實支實付僅能正本理賠，而目前保險公司核保規則都改為，只能受理第一家實支實付，因此這些早先有買低額度實支實付的族群，就面臨很艱困的選擇，不是砍掉舊的保單買新的實支實付（但是會造成核保期間斷保的情況），就是只能將就早期的低額度實支實付醫療險。

　　實支實付險是理賠範圍最大而且最廣的險種，筆者建議每一個人都務必配置足額的實支實付醫療險，額度上最好超過 20 萬以上，因為達文西手術等較為先進的手術與治療，通常都是自費，並且費用較高，因此建議實支實付額度最好超過 20 萬元以支付這些高階手術與療法。並且這些療法都是自費，金額都超過 20 萬以上。

　　實支實付型的醫療險主要理賠的是因為醫療行為超過健保給付的範圍，實支實付險將會啟動理賠，在限額內理賠超過健保給付的金錢。

　　因此想要更好的醫療品質，例如較先進的手術達文西、較為好的醫療器材例如德國的鈦金屬關節、較好的原廠藥、較好的住院品質從健保病房更換到單人病房，這些都是實支實付的理賠範圍。

　　近期筆者還幫客戶申請了一個理賠：PRP 療法[註]，原因是客戶因為工作的關係導致韌帶受傷嚴重，並且需要住院治療，醫師建議使用這一種療法，讓身體恢復的速度加快。

　　PRP 是自費的醫療，按照醫院不同每一次約當花費 1 萬元左右，實支實付醫療險因為住院時也做了 PRP 的療法，保險公司也理賠了這一塊的費用。

註：PRP〔platelet-rich plasma〕又稱高濃度血小板血漿，是增生治療的一種。是抽自己的血液，離心後抽出其生長因子，利用自身的多種生長因子，注射到患處，來促進血管新生以及組織修復與再生。對於組織的修復會比傳統復健或藥物來的更快更有效。

相較於其他日額型醫療險與手術醫療險，實支實付的理賠範圍大，並且理賠項目多，費用還相對便宜，非常適合優先承保這一類型的險種。

　　最近筆者也遇到了客戶的分享：他因為進行了小手術，結果花費了 3.6 萬元實支實付醫療險全數理賠他的花費，但是早前親戚朋友銷售的終身醫療、終身手術理賠相加起來，理賠金額大約萬元上下，但是實支實付的年繳保費不到 5,000 元，但是終身醫療加終身手術每年保費卻是超過 2 萬元，實際理賠的效益相差甚遠，因此筆者建議，資產累計的過程中，不要去購買終身型的保險，會讓資金的效益降低很多。

　　其實保險在資產配置中，就是財富自由之前的過渡商品，讓損害能受到填補，不會因為疾病意外導致辛辛苦苦累計的金錢，受到重創。

3. 一次性給付重大傷病、重大疾病、癌症險

> 當初幫弟弟買的時候我們夫妻倆一起檢視是對的　　上午 10:30
>
> 當初沒人想到實支實付依損害賠償理賠
>
> 感謝吳老師夫妻倆的幫忙　　上午 10:31

圖 4-3：客戶回饋實支實付醫療險的好處。　資料來源：作者提供

理賠方式：取得重大傷病卡或重大創傷分數 16 分以上（臨時），一次性給付保險金

當醫療險已經有了實支實付為什麼還需要一次性給付的重大傷病、重大疾病、癌症險這類型的商品？

如果您有理賠實支實付醫療險的經驗，實支實付醫療險的理賠給付，是在醫療過程結束取得醫療收據之後才能開始向保險公司請求給付，那問題就來了，萬一是緊急開刀需要一大筆現金應急；或是住院醫療費用較少，但是長期醫藥成本很高的疾病，這時候的損害又需要什麼險種來補償？（癌症標靶藥物、雞尾酒療法）

這時候就需要一次性的重大傷病險這一種保險來填補了。

同一時間，筆者一些收入較高或是儲蓄率較高的客戶就跟筆者分享：如果我一年能存款超過 100 萬元，這類型的險種是不是需求性就比較低？

筆者回答：當然是的，但是如果身體健康保費又相對合理的時候，我們就花一點保費轉移風險無妨，但是隨著年紀漸長，保費三級跳的時候，這時候就可以考慮用儲蓄來去替代這類型的險種。

保障型保險建議：

筆者親身經驗分享：大三開始打工到出社會總共 6 年多的時間，透過郵政壽險存了 30 萬元，因為一次開車不小心，撞上了 BMW 的車尾，對方車子的修理費用 20 萬元。體傷部分所幸有強制險，而自己的車子只有強制險，所以修車費用約 6 萬元自己吸收，最後只好透過部分解約郵政壽險來填補這一次的意外損失。

會只有強制險是當時表哥跟我說：你買車體險這些一年快要 2 萬元，不如把錢省下來，修車就好了。剛停保車體險 1 年，就在第 2 年發生意外，得不償失，一次意外就把 6 年的累計資產將近歸零。

人生沒有太多 6 年可以累計資產，資產小的更應該要買保險；資產夠多夠大，保險需求反而相對降低。

如果您的資產低於新台幣 1,000 萬元以下，遇到了癌症，並且沒有足夠的保險來治病，請問這時候資產的狀況將會如何變化？

如果您的資產低於新台幣 300 萬元以下，如果遇到了癌症，並且沒有足夠的保險來治病，請問 300 萬治療癌症夠嗎？如果不夠誰會來承擔未來這些巨大的醫療費用支出？

買保險為的不是自己，而是不讓所愛的家人付出巨大的成本，讓家人過得更有品質一些，買保險是為了愛，只是這個愛需要付出成本與金錢。

在資產累計的過程中，保費如果太高，那就會降低資產累計的速度，反而有害，保障型的保險就買最有效益的幾個險種即可：主約加定期重大傷病、定期實支實付、定期意外死殘、定期意外實支實付、豁免保費、失能險或長照險。

以下是筆者就自身為例子，分享我自己的保險。

馬太福音有一句話：把房子蓋在磐石上；雨淋，水沖，風吹，撞著那房子，房子總不倒塌，因為根基立在磐石上。

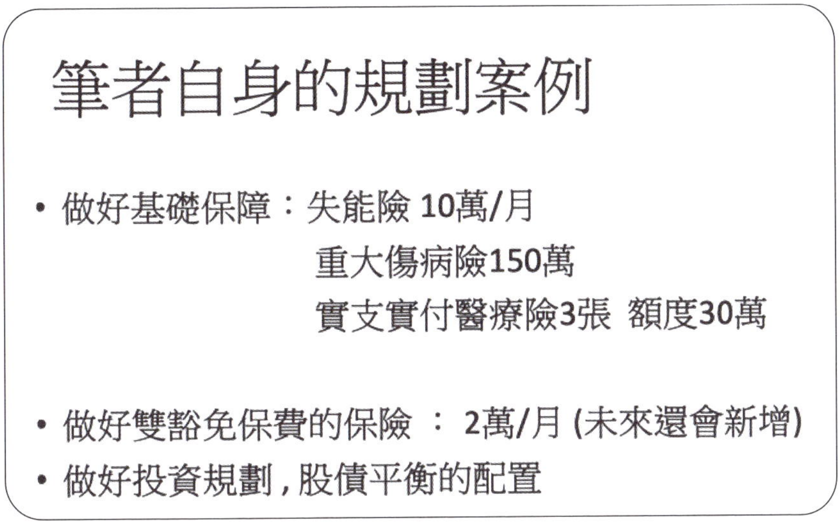

筆者自身的規劃案例

- 做好基礎保障：失能險 10萬/月
  重大傷病險150萬
  實支實付醫療險3張 額度30萬

- 做好雙豁免保費的保險 ： 2萬/月 (未來還會新增)
- 做好投資規劃，股債平衡的配置

圖 4-5：作者自身的保險範例。

資產配置就是把財務安全的根基立在磐石上，資產很高的人，這個磐石相對穩固，不需做太多補強也不會影響財務安全，但是資產比較少的人，就需要透過保險來穩固，因為人身風險才是理財計劃中最不可預料的事件，所以我們要透過保險來穩固這個基礎，直到我們的資產累計超過 350 萬美金以後。

1 億台幣如果只投資固定收益商品（投資等級債券加公債）假設年化殖利率 5％，一年就可以取得 500 萬台幣的現金流，基本上即便發生比較重大健康的事件，也能無懼，資產規模大到一定的程度，可以不需要保障型保險，而我們不是含著金湯匙出生的人，一開始要累計到新台幣 1 億可能需要 30 至 50 年的時間，在這段時間中，我們就需要保險來保障我們的人身與資產安全，所以保障型保險是財富自由之前必修的課題：把根基立在磐石上。

結論

1. 隨著主管機關改革保險，未來實支實付只能有一家，因此如果您實支實付額度低於 10 萬，筆者建議重新規劃，因為醫療通膨在台灣，是非常重的。

2. 失能險雖然在 2024 年 Q2 消失了，但是仍是重要的風險，應該要考慮長照險來移轉風險。

3. 保障型保險的真諦是愛，不要因為萬一風險發生，讓自己成為拖累家人的元兇，也替自己的財務安全做保障。

資產配置之理財型保險（傳統型）

這類型的保險，首先就必須先排除財務狀況不佳的保險公司，因為保險公司拿了保戶的資金之後，扣除掉成本費用與佣金費用後的保費就需要把資金投入市場。

就以國泰人壽 113 年 8 月的數字來說：國泰人壽帳面上已知的投

資資產有折合台幣約 7.7 兆（萬億）台幣，扣除掉銀行存款與放款之後，7.5 兆的資金去投入市場中。（PS：這數據上不包含匯率避險的衍生性商品）

尤其是海外投資佔了 5.5 兆台幣，是重中之重，佔了投資比重的近 70%，因此萬一投資失利管理不當，那就必將造成保戶的嚴重損失。

除了資金管理能力以外，我們拿保障型保險是理財規劃路上的保障與風險移轉，而理財型的保險就是理財工具的一環了。

規劃理財型保險的目的通常有幾種：

1. 取得比定存更高的利率：如果保險的報酬率低於定存，那定存就好，不要買保險。

2. 保險的主要功能：指定受益人。

表 4-5 國泰人壽資金運用表

國泰人壽保險股份有限公司 - 資訊公開說明文件

財務狀況 - 資金運用表

資料日期：中華民國113年8月
單位：新臺幣仟元

列號	項目	113年度最新一期金額	112年度金額	111年度金額	110年度金額
1	銀行存款	163,828,267	76,127,418	165,669,797	233,293,359
2	有價證券	1,127,321,192	1,093,868,012	922,282,284	1,062,786,259
3	不動產	510,026,187	501,757,599	492,269,496	479,759,424
4	放款	366,904,543	381,730,734	430,491,798	467,068,807
5	專案運用及公共投資	23,164,471	23,223,044	21,296,756	17,770,311
6	國外投資	5,534,759,552	5,358,394,255	5,105,780,828	4,820,414,740
7	保險相關事業	1,348,279	1,268,278	1,240,035	1,284,299
8	衍生性商品				
9	其他	27,142,350	19,933,343	15,255,840	3,349,275
10	資金運用總計	7,754,494,441	7,456,302,683	7,154,286,834	7,085,726,474

資料來源：保險業公開資訊觀測站

表 4-6 美國公債各年期的殖利率（2024 年 8 月 26 日）

Bonds	Yield		Day	Month	Year	Date
US 10Y	3.79	▼	-0.014%	-0.389%	-0.422%	Aug/26
US 4W	5.32	▲	0.020%	-0.051%	-0.076%	Aug/26
US 8W	5.24	▼	-0.001%	-0.145%	-0.175%	Aug/23
US 3M	5.13	▼	-0.006%	-0.150%	-0.372%	Aug/26
US 6M	4.87	▲	0.005%	-0.260%	-0.713%	Aug/26
US 52W	4.38	▼	-0.006%	-0.443%	-1.082%	Aug/26
US 2Y	3.90	▼	-0.022%	-0.512%	-1.152%	Aug/26
US 3Y	3.71	▼	-0.022%	-0.507%	-0.997%	Aug/26
US 5Y	3.64	▼	-0.019%	-0.445%	-0.775%	Aug/26
US 7Y	3.69	▼	-0.018%	-0.420%	-0.645%	Aug/26
US 20Y	4.17	▼	-0.006%	-0.372%	-0.322%	Aug/26
US 30Y	4.08	▼	-0.012%	-0.346%	-0.208%	Aug/26
US 10Y TIPS	1.67	▲	0.009%	-0.275%	-0.237%	Aug/26
US 5Y TIPS	1.65	▲	0.026%	-0.293%	-0.567%	Aug/26
US 30Y TIPS	1.98	▲	0.024%	-0.224%	-0.010%	Aug/26

資料來源：tradingeconomics

3. 保險的主要功能：預留稅源（有節稅的可能）。

1. 取得比定存更高的利率：

以現在的利率環境，如果理財型保險的宣告利率沒有高於美國十年期公債殖利率太多，那麼這種保險就不值得持有。

因為保險公司拿到我們的保戶的資金後，其實轉頭就去買債券，並且取得利差，保險公司就是這樣獲利的。

何況以 2024 年 8 月美金定存利率來起，市場上很容易找到 5％以上的優利定存，而保險公司的利變型壽險至多不過 4.05％的宣告利

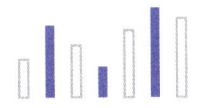

（宣告利率不等於報酬率，除非我們持有的時間接近無限大）

美國公債信評 AA-AAA，台灣主權信評 AA，台灣前兩大壽險公司國泰人壽與富邦人壽，信評 A。

更別說很多壽險公司沒有信評，如果壽險公司信評，RBC 低於 200%，淨值比低於 3% 的壽險公司，該公司的信用評等可能不是投資等級，而是垃圾級別。

所以只要是台灣的保險公司信用評等都低於美國主權信評。按照正常投資風險的邏輯，信評較低的應該要付出更高的風險溢價（利率要較高），但是我們買台灣保險公司發行的保險風險溢價反而是負數：意思是我們投資人取得高的風險，但是沒有取得更高的報酬率，反而風險更高，這一個時候就不是買保險的好時機。

那什麼時機適合買保險？例如 2020 年，當時美國十年期公債殖利率低於 1%，但是台灣美元利變型儲蓄險宣高利率高於 3.5% 以上，這時候買保險，才對保戶有利，這時候是適合買保險的時機。

筆者面對 2024 保險公司宣告利率遠低於的美元定存利率與美國公債利率的情況下，筆者會採取把資金挪出保險公司，做美金定存或是去買美國中短天期公債這種做法，會比把錢放在保險公司取得更高的利率。

題外話：

筆者自己的儲蓄險購買當年 2020 年 6 月宣告利率 3.6%，結果遇到美國暴力升息之後，宣告利率反而降低到 3%，直到 2024 年 3 月才把宣告利率調整到 3.35%，實在有違常理。

並且壽險公司現在承保美元利變傳統型壽險的新契約是 4%，似乎吃定保戶不會解約走人，才敢這麼做。

2. 保險的主要功能：指定受益人

這是保險在台灣最主要的功能之一。當年張榮發總裁走了之後，一

紙遺囑說要把所有的遺產都給四子張國煒，結果造成長榮集團內部發生了一系列的動盪，原因在於台灣的民法中，有規定特留份，並且遺囑有效性仍需要得到法院的認可，因此這一場世紀官司在台灣上演。

而保險中的指定受益，就有完全由要保人指定受益人的功能，只要當年張總裁把遺產在生前轉換為保險，那麼保險的理賠金，就完全按照張總裁的意思可以100%傳給四子張國煒（現為星宇航空董事長）。

當然以現在台灣的保險額度，是不夠張總裁來使用的，目前人壽險最高保額不過約當台幣3億元，以張總裁百億身家來看，根本九牛一毛，但是對於一般家庭來說，這是非常足夠的額度了。

除此之外，筆者實際上處理的案件中，還有一件值得分享：這是一位沒有結婚，上無父母，下無子女，也沒有兄弟姊妹的一位長輩，他的生活起居都是跟姪女相依為命。問題來了：如果這一位長輩走了，根據民法繼承篇，將會沒有合法的繼承人，這一筆遺產將會由中華民國政府繼承，但是這時候長輩如果想要把錢留給姪女，那麼保險就是一個可用的工具了。

當然上述的案例，最佳的解決方式是信託與保險綜合規劃。

3. 保險的主要功能：預留稅源（有節稅的可能）

這是筆者目前主要幫高資產族群規劃保險的主要目的。

董事長的資產超過3億元，按照國內遺贈稅法的稅率，超過新台幣1億元有效稅率是20%，因此董事長將來遺產稅最少應該會有接近新台幣6,000萬元，如果這時候董事長提早把錢就贈與給小孩，那麼就怕小孩拿到錢之後就不想努力了。

新聞就有這種案例，在拿到父母給了地產與金錢之後，就開始敗家不工作不努力了，更壞一點還拋棄父母，最後傷心的父母只能打官司拿回贈與的房產與錢。

而壽險的理賠只發生於身故確定之後，這時候如果第二代想要完全繼承董事長的3億元，就必須要先繳6,000萬元的遺產稅，那麼筆

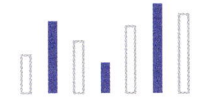

者就會先行規劃保額 200 萬美金保額的保險，作為將來的遺產稅金。

保險法 112 條：

保險金額約定於被保險人死亡時給付於其所指定之受益人者，其金額不得作為被保險人之遺產。

假設我們規劃正確，要保人與被保險人同一人都是董事長，那麼有一天董事長跟上帝喝咖啡時，繼承人取得死亡證明後，就可以跟保險公司申請保險給付，並且有機會因為保險法 112 條之規定，這一筆保險金給付不會被納入董事長的遺產總額中課稅，就有機會有節稅的效果。

警告：關於遺贈稅賦都由主管機關保留解釋的權利，以主管機關課稅標準為主，主管機關有實質課稅原則，有權利對所有繼承而來的財產課稅。

實務上筆者會以 20 年繳費的利變型壽險，並且這個壽險有高額的壽險保額與雙重豁免為主要規劃的保險。萬一董事長因為疾病意外導致失能的時候，還可以得到另外一筆失能保險金。

結語

許多有在做投資的投資人都會棄嫌把錢放在保險公司的投資效益太低，這一點筆者當然承認，但是如果是我們上一章節介紹的有高額壽險的保險，那麼我們買的其實就不只是一種理財規劃，更有風險規避的效果。

若用保險想要獲利，那幾乎是不太可能的事情。保險公司請一大堆的專業精算師就是希望把所有機率都計算進去，讓保險公司有利潤，因此買保險要賺到保險公司的錢是很困難的。

除非我們買了上述的保險，結果沒多久就發生身故或是失能的狀態，那麼保險公司就會立刻進行很高額的理賠，但是請問，如果是你，會想要賺到保險公司身故或是失能理賠這一塊嗎？相信沒有人想要在用

這一塊賺到保險公司的理賠金（除非真的心存不良才有可能）。

　　隨著主管機關對於保險公司的控管越來越嚴格，也越來越重視保險要能發揮保險的真義，要使用保險當成理財工具的功能也削弱中，但是保險仍有它存在的價值，正如筆者所舉例：預留稅源、指定受益人等功能。

　　筆者自己雖然反對類定存的儲蓄險，但也會買高額的壽險、失能險、醫療險等作為自己與家人的保障。保險是一項理財的工具，是能幫我們在財富自由的道路上走得更平穩的工具。

5

Chapter 05

不應忽視的結構型商品

　　FCN 是筆者規劃超高資產客戶實惠應用的工具,並且它有非常多種組合可以使用,而台灣的資料中,並沒有人把這些策略跟思考完整的表達過,筆者就用自己以前規劃的經驗,跟大家分享這個工具。

為什麼結構債（FCN）受到超高淨值客戶的青睞？ 當年是 2015 年，筆者回憶當時客戶在協助他管理資產的過程中，他問了我一句話：「有沒有一個產品，可以在股票崩跌的時候承接股票，並且在等待的過程中，能夠獲取利息，風險又不會比直接買現貨高太多。」

筆者按照經驗思考這個問題，最後想到了結構債（FCN）這一個衍生性商品。

本章節，筆者將會以跟超高淨值客戶的財富管理經驗當作基礎，跟大家分享他們比較青睞的產品。

筆者本身有直接管理、協助交易超高淨值客戶的投資組合的經驗（資產規模新台幣 10 億元以上），在這一段經驗中，高淨值客戶最常用的工具就是結構債 FCN。

一. FCN 的極端風險

結構型商品（FCN）的極端風險

筆者是一個重視風險的投資者，因此我們會先跟大家分享如果發生極端事件，你的資產會怎麼變化。

重點筆者說在前面：FCN 是衍生性金融商品，按照台灣的法規需要具備專業投資人，才可以進行投資。

要取得專業投資人資格：

1. 專業投資人需要具備良好的專業知識。

2. 資產超過 3,000 萬台幣以上，方能進行認證專業投資人。

3. 最近一年需要投資超過三個種類的交易：台股、美股、權證、期貨、換匯、基金、衍生性商品等。

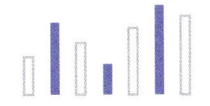

要取得法人的專業投資人資格：

1. 具備良好的專業知識。

2. 經會計師簽證財報上資產超過 5,000 萬台幣以上，具有充分財力的法人。

根據筆者管理資產的經驗，在美國、香港沒有這種專業投資人的限制，只要能符合接單的條件，都可以承作這種商品。（PS：因為境外投行開戶的資格普遍在 300 萬美金上下，因此可以輕易符合投資的資格。）

目前台灣投行接單最低單位來說：部分投行 20 萬美金可以接單，多數投行 30 萬美金才接單。香港與美國則要 30 萬美金以上才接單。

並且以台灣、香港、美國三地來說，同樣條件下的產品，也會因為成本不同，而報價有差異，通常境外的結構型報價會略微優於台灣（意思是同樣條件之下，利率會較高）。

筆者的習慣：說明商品的時候會把極端風險說在前面。

FCN 發生極端風險的時候，投資人的投資金額會歸零，但是不會 Over Lose。

FCN 發生極端風險的時候，投資人的投資金額會歸零，但是不會 Over Lose。

FCN 發生極端風險的時候，投資人的投資金額會歸零，但是不會 Over Lose。

最大風險等同於買錯股票。當發行股票的公司倒閉，股票的投資人最大的損失也是投資金額歸零（例如多年前的樂陞）。

投資金額歸零是極大的損失了，但是衍生商品因為產品非常複雜，最可怕的情況是 Over Lose，因為結構型商品多數是透過選擇權賣方包裝出來的商品，因此下單前務必瞭解最大風險。

台灣在數年前,銀行企金大量推廣連結人民幣的結構型商品TRF,就是其中一種。這個商品讓台灣的中小企業發生大量的倒閉潮,這種衍生性商品會讓投資人 Over lose,投資人務必弄清楚自己購買的商品,避免因為不清楚極端風險,造成重大損失。

就以FCN這個商品來說,發生投資人歸零的可能情況有兩種:1. 發行機構倒閉;2. 承接的標的物倒閉。

1. 發行機構倒閉歸零

發行機構倒閉是什麼意思?就是發行這一個產品的投資銀行(例如雷曼兄弟)倒閉,那麼投資人可能就血本無歸。

金融歷史上2008年金融海嘯的發生,就是因為發行眾多衍生性商品的發行商,因為房貸違約率上升,導致發行公司倒閉,進而引發金融海嘯,當年只要投資雷曼兄弟發行商品的投資人,多數都是血本無歸,投資金額幾乎歸零。

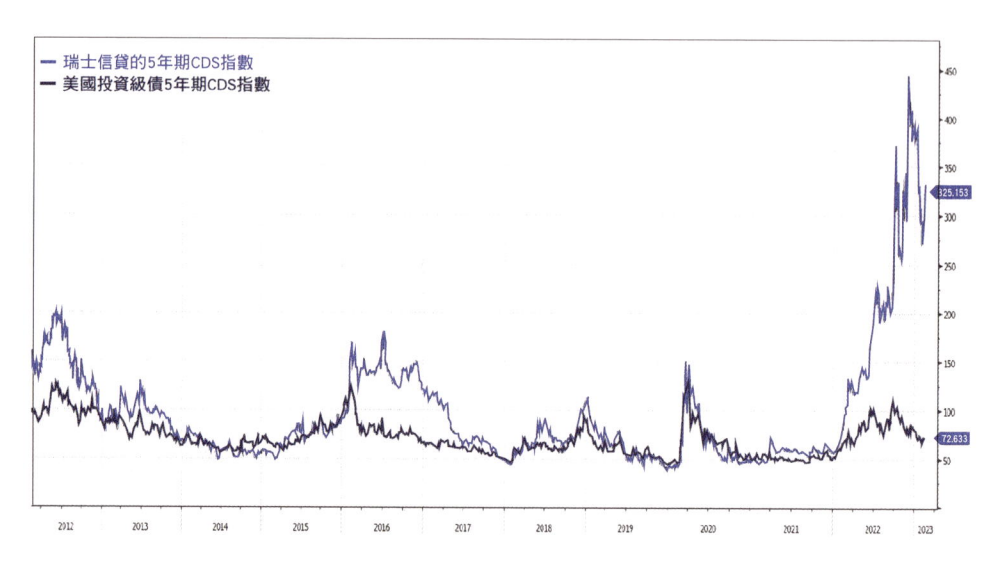

圖 5-1:瑞士銀行 5 年期 CDS 指數與美國 5 年期投資等級債 CDS 指數。

資料來源:彭博社(Bloomberg)

那我們一般投資人怎麼知道投行是否有倒閉的風險？其實發行機構會倒閉，通常都會有跡可循，我們可以觀察發行機構的信用評等是否穩健，未來展望是正向還是負向，最重要的，筆者會觀察投行的信用違約交換（CDS）是否有異常波動（這需要使用彭博社才比較方便查詢）。

　　例如：筆者在 2023 年 2 月的時候就發現瑞士信貸的 CDS 有異常的波動發生，筆者立刻就清查客戶是否有瑞士信貸相關的產品，並且跟客戶預警，如果有瑞士信貸的產品或是股票，可能要先做準備。

　　經歷過 2023 年 2 月之後，瑞士信貸果然因為財務狀況不佳，被瑞士政府強制安排瑞士銀行（UBS）去強制合併瑞士信貸，並且發生了金融史上罕見的金融事件。根據巴塞爾協議，額外一級資本債券（AT1）全數註銷歸零，但是股票沒有歸零。

　　同一時間瑞士信貸最後用雞蛋水餃價格被瑞士銀行收購。

　　其實一般投資人也不太需要擔心發行機構倒閉這一個風險，因為這一類型的結構型商品，合約期間最長是一年，一年內發生大型金融機構倒閉的機率很低，即使如上面瑞士信貸發生倒閉，他的客戶也沒

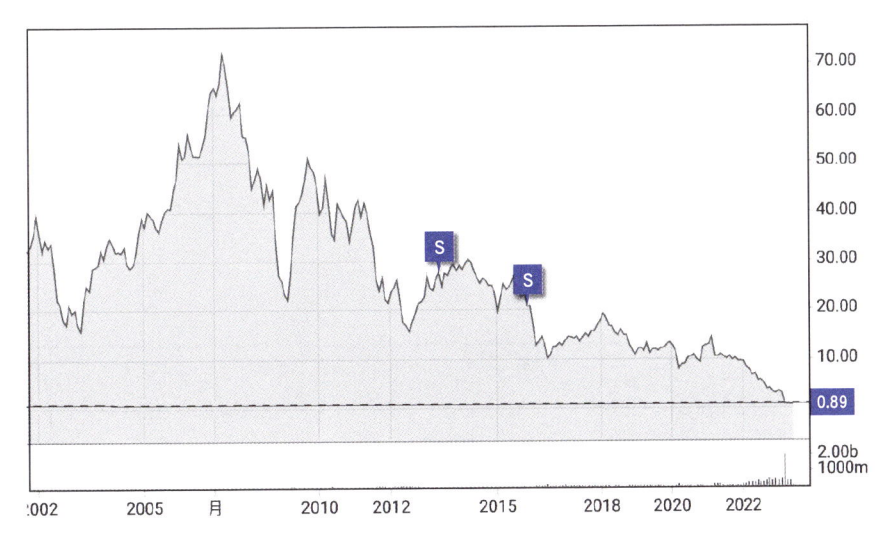

圖 5-2：瑞士信貸被收購前股價示意圖。　　　　資料來源：investing.com

有受到損失，反而是額外一級資本債券債券投資人受到嚴重損失。

2. 承接的標的倒閉，導致股價歸零

FCN 是股權連結式的商品，除了發行商倒閉這一狀況以外，第二嚴重的狀況就是發生承接的標的股票歸零，導致最終投資結果歸零。

而當我們在包裝 FCN 之時，就需要慎選標的，不要因為特殊標的所包裝出來的利率很高，就被高利率所吸引，最後承接了不是心目中所想要的股票，造成重大損失。

筆者從業的生涯中就曾經遇到用倍數做多波動率指數短期期貨 ETF（UVXY）當作連結標的的結構型商品，結果造成投資人重大損失的慘案。UVXY 經過多次的反分割，因此還在市場上存活著，沒有倒閉，但是通常持有他的投資人，幾乎等於歸零了（圖 5-3）。

所以在一開始選擇連結標的的時候，就要先想到，FCN 會造成損失的結果，除了發行商倒閉之外，就是承接表現最差的連結股票，因此選擇標的上就要非常謹慎，如果一開始就甘心樂意承接連結標的，那這個風險問題就不大了。

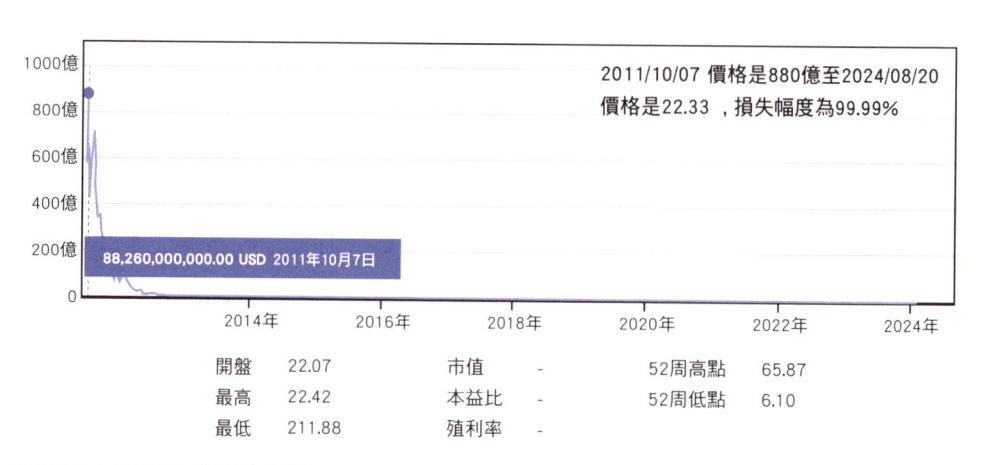

圖 5-3：UVXY 的歷史價格。　　　　　　　　　　　　　　資料來源：Google

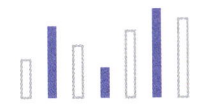

關於選擇標的，後面筆者會更詳細說明。

FCN 造成投資人重大損失的案例，其實也不算少數，例如在 2021 年如果有連結到一些當年的超級成長股：Zoom（科技公司）、SQ（科技公司）、SEA（冬海，蝦皮母公司）、MRNA（莫德納藥廠），但是最讓人驚訝的是，南韓也發生過 FCN 相關產品造成南韓投資人重大損失的新聞。

這些結構型商品，最終連結的標的是香港指數（圖 5-4），而銷售單位表示「除非香港倒閉，否則這個 FCN 連結的商品不會出現問題」，誤導投資人以為 FCN 是低風險商品。香港指數在 2023 至 2024 年 6 月發生了暴跌，但投資人用高價承接了香港指數，結果造成投資組合的重大損失。

天下沒有白吃的午餐，有高利率一定有高風險，這是不變的道理。

以最近幾年的香港恆生指數來看，香港從 2021 年見高點之後，就開始波段的下跌。以目前指數，大約是當年高點的一半。

因此即使挑選的指數是國家的指數，也要找國家長期向上的指數來投資。

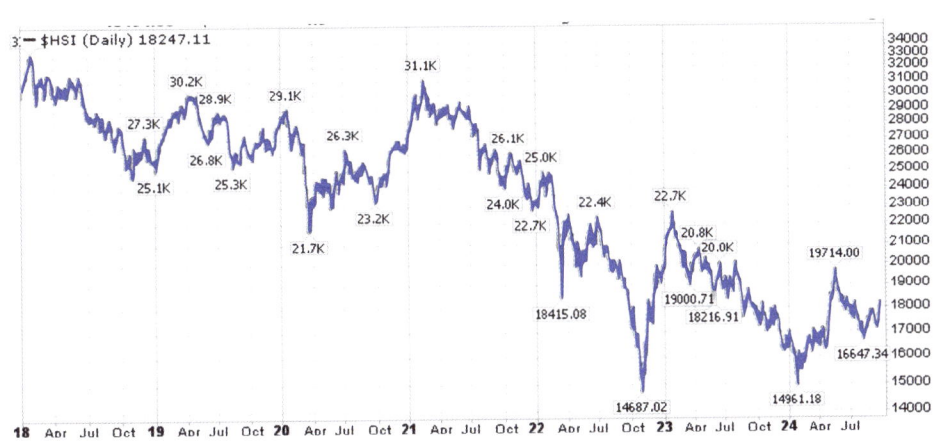

圖 5-4：香港恆生指數歷史價格圖（時間 2018 年 1 月 1 日至 2024 年 9 月 24 日）。

資料來源：StockQ

FCN 之基本知識

FCN 是衍生性金融商品，也是目前高資產客戶喜歡應用的工具之一，在台灣比較少有專門介紹的資料可以參考，因此筆者就在這跟大家分享，過去筆者在管理許多高資產客戶的實務上，會很常使用的 FCN。

當時在一場家族會議中，筆者被業主問到，為什麼你會選 FCN 當成主要規劃的商品？這對投資人有利嗎？

當時筆者就用 Bloomberg 列出投行報價的利率，跟我們直接透過選權賣方取得的權利金加上零息債券計算出來的利率相比，結果 FCN 的年化利率高於我們自己透過券商直接交易選擇權取得的利率。

後來筆者仔細思考原因：這是少數因為計算複雜，投資人有機會取得更優利率的方式之一，也是投行有時候為了競爭業務，會算出少數賠錢商品的地方。正常情況下，投行立於不敗之地，但是 FCN 有時候投資人會比較吃香，這種現象在其他商品上是沒有的。

FCN 是投行的衍生商品部門，按照自家公司的邏輯跟計算，包裝出來的商品。那麼投行怎麼透過金融專業包裝出來 FCN？他的基本架構是零息債券加上選擇權賣出賣權的權利金組合，至於利率高低則要看該投行的資金成本、避險利率等他的計算模型方法，這就是投行的秘方，沒有外人能得知了。

這是非常深入的財務工程，筆者無法得知細節，但是我們能了解他的基本架構即可，我們主要是應用這個商品，而非要當發行商。

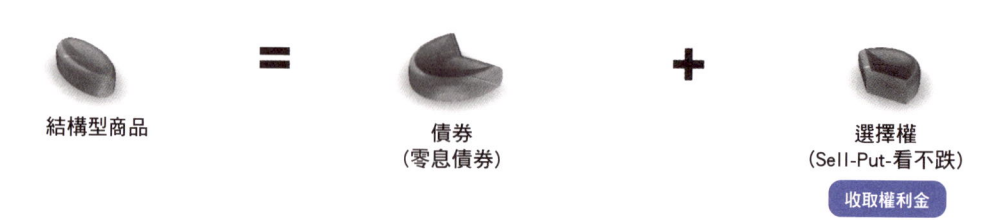

結構型商品　＝　債券（零息債券）　＋　選擇權（Sell-Put-看不跌）收取權利金

圖 5-5：結構債的基本架構。　　　　　　　　　　　資料來源：作者提供

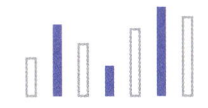

表 5-1 FCN PUT 的名詞解釋

期末評價日收盤價	承接效益
大於 Put	賺取權利金
等於 Put	賺取權利金
小於 Put	已執行價承接股票

資料來源：作者提供

當我們選擇賣出賣權之後，我們最大的風險，按照選擇權的基本知識：獲利有限風險無限（歸零）。當我們收取標的權利金之後，當標的物（連結的股票）跌破我們約定的 PUT 的時候，投資人將會接到股票。

假設只有連結一檔股票的時候，那就承接該股票。但是如果連結不只一檔股票的時候，那麼結算日會承接表現最差的股票，那麼結算日會承接表現最差的股票，那麼結算日會承接表現最差的股票，很重要所以說三次。

筆者實際舉例給大家參考：在 2024 年協助客戶的 FCN 是連結單一標的 TLT 的特殊型商品。

這一個特殊設計的 FCN，筆者達到幾個效果：

1. 他近乎於固定收益的債券，但是在波動 10％的範圍內不用直接承擔價格風險。

2. 他能取得比美國長天期公債更高的利息。

3. 如果美國 10 年期公債殖利率持續上升接近 5％的時候，我們可

表 5-2 兩家不同發行機構相同條件 FCN 報價示意圖

UDI 連結標的 1	UDI 連結標的 2	UDI 連結標的 3	UDI 連結標的 4	CCY 幣別	Tenor(M) 天期(月)	Cpn p.a. 年化配息	I Delay 發行日	Cpn Frequency 配息頻率	KO Type 提前出場型式	Autocall 提前出場價	Put Strike 執行價	KI Type 觸及生效型式	KI Level 下限價	Rebate 行銷通路費
TLT UQ				USD	12	6.42%	5BD	Monthly	Daily Memory	110%	90%	AKI	80%	0.5%
TLT UQ				USD	12	6%	5BD	Monthly	Daily Memory	110%	90%	AKI	80%	0.5%

資料來源：作者提供

以去承接美國長天期公債 ETF TLT。

表 5-2 大家會看到兩個報價（註）：其中 6.42％是 UBS（瑞銀）的報價，6％是 SG（法國興業銀行）的報價。

投資人承作上述 FCN 連結 TLT 的結構債可以得到什麼？結構債合約期間 1 年；連結標的 TLT；提前出場價 110％；執行價格 90％。

合約期間：一年取得約當 6.42％年化的配息，按月給付（無論 TLT 價格如何變化，一定按月給付）。

當時美國 10 年期公債殖利率約當 4.5％，因此這一合約風險溢價約當 2％，這個利率相當於補償了美國公債信評 AAA 跟發行商 UBS 信評 A 之間的信用利差，加上 TLT 長天期美國公債跟 10 年期公債之間因為天期更長之間的風險利差。

合約到期：如果 TLT 的價格低於發行價格的 90％，那麼投資人要按照合約用發行價格的 90％承接 TLT。

TLT 基本上是美國長天期公債的組合，美國公債又是信評等級最高的債券，目前金融體系都認為美國公債是無風險利率（以 10 年期為基準），因此標的歸零的風險極低。

合約存續期間每月比價：如果 TLT 在合約比價日價格超過其出價格的 110％，那麼合約將會提前出場，返還 100％本金（原幣別，美元進美元出，日幣進日幣出）。

把上面的資訊用情境圖解會更清楚：

情境一：假設合約期間沒有觸發提前出場的機制，並且最後比價日沒有觸發執行的情況。如圖所示：即使 TLT 價格上下震盪（110％至 90％之間），不會影響收息，並且到期取回 100％本金。

註：每一家的發行商都會提供不同的報價（知名發行有：UBS、高盛、花旗、摩根士丹利、法國巴黎、法國興業、星展……等投行），顧問做的是按照發行商的信評、利率條件，由顧問來協助客戶挑選利率較優，發行商較為穩健的發行商。

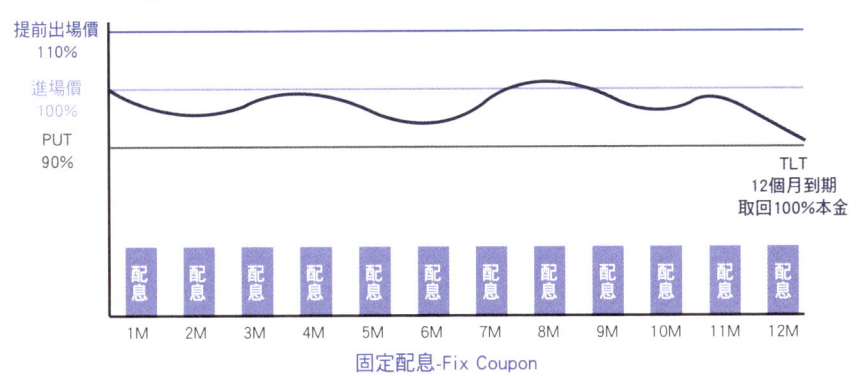

連結TLT股票股價，12個月，Put為期初價90%，KO為期初價110%

圖 5-6：承作 FCN 之後連結標的為 TLT 且價格在 90％至 110％之間示意圖。
資料來源：作者提供

投資人獲利：完整一年的利息與取回 100％本金。

情境二：假設第 7 個月發生 TLT 價格超過提前出場價格 110％的情境。如圖所示：即使 TLT 價格上下震盪（110％至 90％之間），但是在第 7 個月份超過提前出場價格 110％，提前出場。

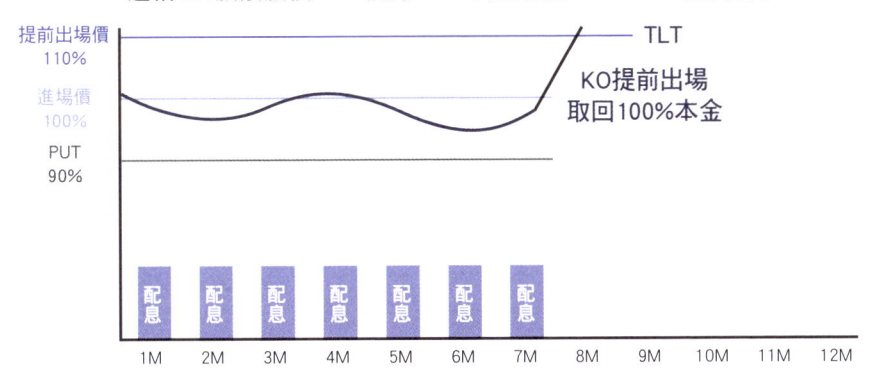

連結TLT股票股價，12個月，Put為期初價90%，KO為期初價110%

圖 5-7：承作 FCN 之後連結標的為 TLT 且價格在第七個月突破 110％（提前出場價）示意圖。
資料來源：作者提供

不應忽視的結構型商品

投資人獲利：取得 7 個月的利息（年化 6.42%）與取回 100% 本金。

情境三：假設合約到期後價格低於 Put 執行價格。中途表現不計，只看到期比價日的價格，如果低於 PUT 價格則承接標的。

投資人取得：12 個月的利息（年化 6.42%），並且用期初價格的 90% 承接 TLT。

而情境三則為投資人有可能虧損的情境，假設期初價格 100，我們承接價格是 90，當 TLT 的市價低於我們這一年所領取的利息更多時，我們就會產生實質的虧損。

因此以筆者規劃的案例來說，我們計算損益兩平線約莫是 1 x（1x0.9）x（1-6.42%）= 1 x 0.9 x 0.9358 = 0.84222 = 如果高檔回落超過約當 16% 那麼我們就可能面臨虧損。如果 TLT 高檔回落 10% 至 16% 之間，那們我們反而沒有受到損失，還小小獲利。

連結TLT股票股價，12個月，Put為期初價90%，KO為期初價110%

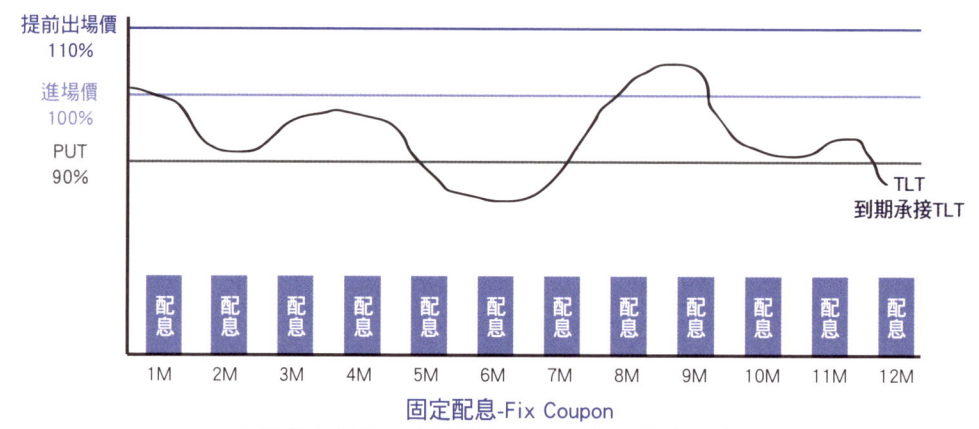

固定配息-Fix Coupon
未提前出場前，無論股價表現，每月皆有固定配息

圖 5-8：承作 FCN 之後連結標的為 TLT 且價格在合約到期時跌破 90%（執行價格）示意圖。
資料來源：作者提供

FCN 的基本組合

選擇權是一種契約，其買方有權利但沒有義務，在未來的特定日期或之前，以特定的價格購買或出售一定數量的標的物。

選擇權之賣方，於買方要求履約時，有依選擇權約定履行契約之義務。

例如：我們當賣方賣出 TLT 價格 100 元的權利期間為一年，買方則支付未來一年的權利金給賣方（我們），假設權利金為 10 元，中間不管 TLT 價格如何變化，我方獲取的權利金不變，買方到合約期間結束（一年），這時候可以要求執行以 100 元買進 TLT 的權利。

以買方來說 TLT 價格低於 100 元時，他不會去執行這個權利，因為市場價格更低，在市場買即可。

以買方來說 TLT 價格高 100 元時，他會去執行這個權利，因為市場價格高於執行價格 100 元，用 100 元去買 TLT 然後到市場去賣，有獲利空間。

FCN 是投資人決定當選擇權的賣方（收取權利金的一方）獲利固定（權利金），就看是否到期時我們需要以特定價格賣 TLT 給買方。

筆者 FCN 的實務經驗主要來自於協助家族管理資產而來，協助我們承作的通路分為境內跟境外：

境內：我們選擇券商當作主要交易對手

境外香港：大華繼顯（券商）、德銀（投行）

境外美國：高盛（投行）、美銀（投行）

通常境外的報價會優於境內的報價，券商的報價又會優於投行，投行費用比平常的通路高。

以下是影響利率的關鍵分享：

天期越高，年化配息率越越高；連結標的波動越大，年化配息率越越高；執行價格（KO）價格越高，年化配息率越高。執行價格不得超過 100%，最低不低於 50%；手續費越高，年化配息率越低。

在這些管理經驗中，筆者歸納出幾種可行的策略：

1. 高利率高風險的配置

表 5-3 以下是國內券商的報價，手續費 2%。

連結標的如下：美股 NVDA、美股 ADR TSM、美股 ADR ASML

合約期間：6 個月；

KO 提前出場價格是 100%；

PUT 執行價格是 80%；

這類型 FCN 的手續費率都會比較高：約莫 2% 至 5% 之間。

重點來了：年化配息率是 20.56%。

但我們又知道 FCN 是零息債券加選擇權賣方的組合，因此這就是筆者納入高利率高風險的主因，因為年化配息率 20.56% 這是比無風險利率高 3 倍的利率，因此我們就知道這三個標的組合起來的 Sell Put 權利金是非常驚人的。

請注意：只要是利率高於無風險利率很多的，通常連結標的都帶有超高的隱含波動率，意思是很容易因為高度波動遇到市場崩跌時，造成承接股票之後的重大損失。

通常利率能高到 12% 以上的連結標的，常態性的標準差應該都在 25% 以上。例如早年從業人員喜歡包裝的特斯拉，標準差都常態性的超過 40%，因此用特斯拉連結的結構型商品，利率都很高。因為賣出特斯拉股票的賣權，可以收取很多的權利金。

表 5-3 FCN 報價 以 NVDA TSM ASML 三檔美股為連結標的

UDI 連結標的 1	UDI 連結標的 2	UDI 連結標的 3	UDI 連結標的 4	CCY 幣別	Tenor(M) 天期(月)	Cpn p.a. 年化配息	I Delay 發行日	Cpn Frequency 配息頻率	KO Type 提前出場價	Autocall 提前出場價	Put Strike 執行價	KI Type 觸及生效型式	KI Level 下限	Rebate 行銷通路
NVDA UW	TSM UN	ASML UW		USD	6	20.56%	5BD	Monthly	Daily Memory	100%	80%	AKI	65%	2%

資料來源：作者提供

筆者的多年市場經驗，市場每 2 至 3 年就會遇到一次大波動。過去筆者曾經承接過的標的：X（美國鋼鐵），在 2020 年的崩盤後承接到，所幸後來因為原物料大漲，客戶承接到股票之後反而沒有損失（承接價格 8 元），後來在 16 元的時候賣掉承接的 X（X 的標準差就超過 30%）。

圖 5-9：美國鋼鐵（X）的歷史股價。　資料來源：GOOGLE（2024 年 8 月 21 日）

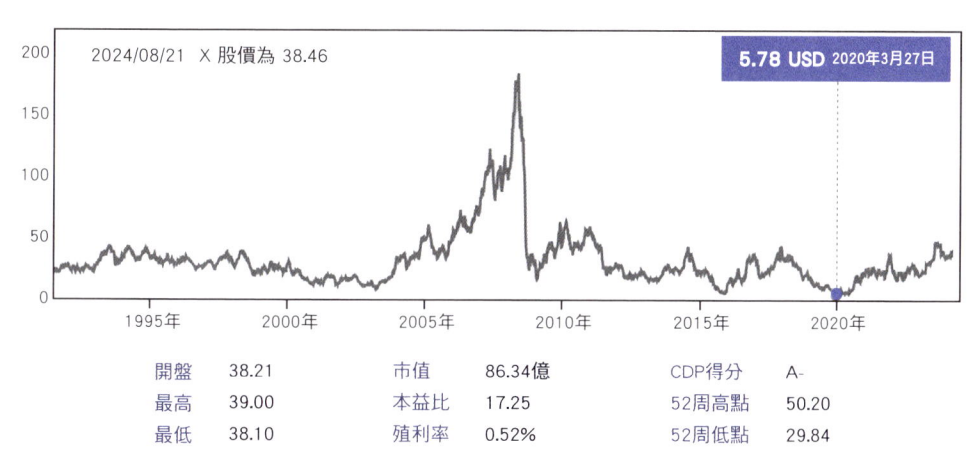

開盤	38.21	市值	86.34億	CDP得分	A-
最高	39.00	本益比	17.25	52周高點	50.20
最低	38.10	殖利率	0.52%	52周低點	29.84

2024/08/21 X 股價為 38.46
5.78 USD 2020年3月27日

圖 5-10：冬海集團（SEA）的歷史股價。資料來源：GOOGLE（2024 年 8 月 21 日）

2024/08/21 SEA 股價為 82.04
69.15 USD 2022年7月15日

開盤	81.04	市值	469.55億	52周高點	82.83
最高	82.50	本益比	-	52周低點	34.35
最低	80.23	殖利率	-		

不應忽視的結構型商品

開盤	64.92	市值	395.86億	CDP得分	C
最高	64.99	本益比	50.03	52周高點	87.52
最低	64.09	殖利率	-	52周低點	38.85

圖 5-11：**SQ** 公司的歷史股價圖。　　資料來源：GOOGLE（2024 年 8 月 21 日）

開盤	59.62	市值	184.73億	52周高點	75.90
最高	60.09	本益比	22.20	52周低點	55.06
最低	59.35	殖利率	-		

圖 5-12：**ZOOM** 公司的歷史股價圖。　　資料來源：GOOGLE（2024 年 8 月 21 日）

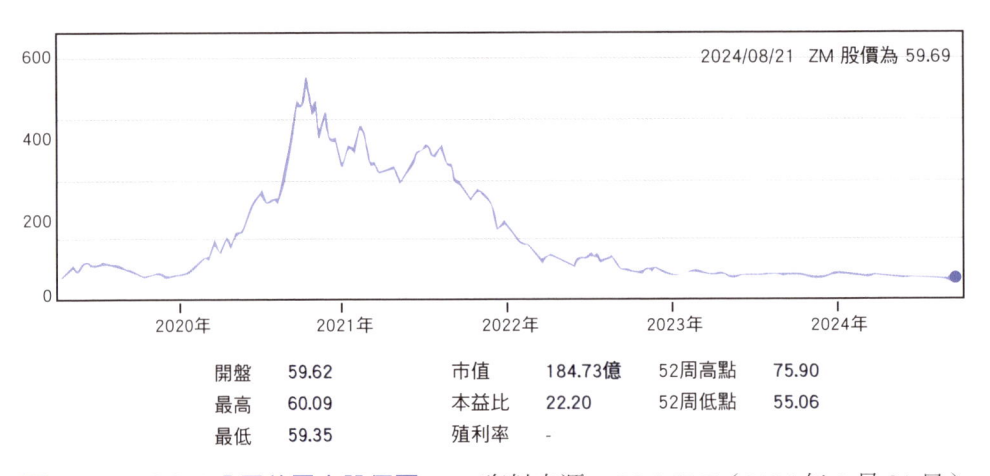

　　而 X 大量被納入 FCN 包裝的時間是 2016 至 2018 年之間，當年是鋼鐵股的一波高峰，但隨著 2019 至 2020 年疫情展開，價格從 25 至 40 元之間，崩跌到 2020 年 3 月的 5 至 7 元。

　　最近的一次大量承接股票並且至今都尚未回復的是 2022 年那一次強升息造成的大波動，許多當年的超級成長股：冬海（SEA）、SQ、

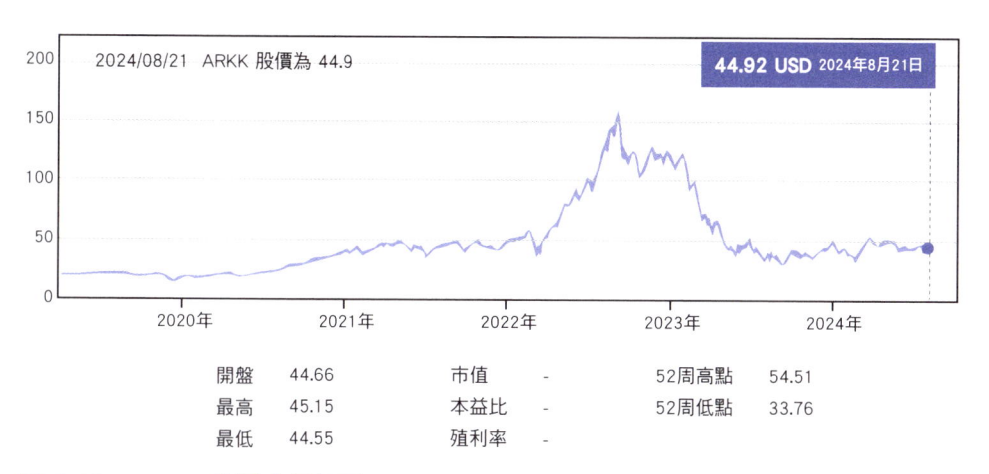

開盤	44.66	市值	-	52周高點	54.51
最高	45.15	本益比	-	52周低點	33.76
最低	44.55	殖利率	-		

圖 5-13：ARKK 的歷史價格圖。　　資料來源：GOOGLE（2024 年 8 月 21 日）

開盤	612.89	市值	356.52億	CDP得分	C
最高	623.28	本益比	30.32	52周高點	1,229.00
最低	601.78	殖利率	-	52周低點	226.59

圖 5-14：SMCI 公司的歷史價格圖。　　資料來源：GOOGLE（2024 年 8 月 21 日）

ZOOM、甚至是女股神的主動 ETF ARKK 等，可能都是當年承接股票之後，到今天為止，股票的報酬率仍是 -50％以上。

在 2024 年又將會有一批超級成長股，因為這種高利率高風險的結構型商品，即將到期而被大量承接。如果連結標的超過一檔，則將會承接表現最差的個股。

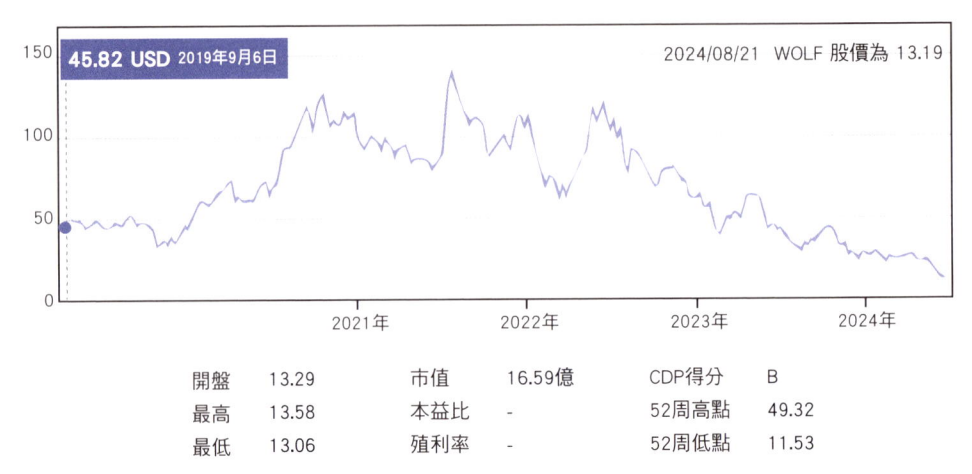

開盤	13.29	市值	16.59億	CDP得分	B
最高	13.58	本益比	-	52周高點	49.32
最低	13.06	殖利率	-	52周低點	11.53

圖 **5-15**：**Wolf 歷史股價圖**。　　　　資料來源：GOOGLE（2024 年 8 月 21 日）

例如：美超微（SMCI，AI 相關個股）（圖5-14）、Wolfspeed（Wolf，半導體 AI 相關個股）（圖5-15）。

2. 低利率穩健個股的配置：

連結標的如下：美股 QQQ、美股 AAPL、美股 GOOGLE

連結標的如下：美股 QQQ、美股 AAPL、美股 ADR TSM

合約期間：12 個月；

KO 提前出場價格是 100％；

PUT 執行價格是 80％；

年化配息率是 5 至 7％；

手續費率 0.5％至 1％；

這是筆者 2020 至 2021 年大量包裝與承做的兩種組合，為什麼選擇這幾個標的作為包裝？筆者主要有三個理由：

1) 這些股票與 ETF 有高度相關性：APPLE 公司（AAPL）是科技股 ETF QQQ 最大持股，Google 是科技股巨頭之一，TSM 更是台灣的護國神山，同時也是 APPLE 公司晶片主要的代工者，這些標的都有較深的連結，一榮俱榮，一損俱損。

其次筆者選擇相關性高的產業，還有避險的考量，如果發生極端風險時，通常大型權值股也會一起崩盤，那麼要幫客戶避險時，我們就可以選擇放空那斯達克的期貨，或是現貨市場也有反向那斯達克 ETF 可以提供我們避險的空間，甚至如果有境外帳戶，可以直接透過收到的利息，買入價外的 PUT，直接提供我們做有效的避險。

但如果連結標的中，有一個是無相關的產業，那麼避險就會變得困難，效率就會比較差了。並且如果選擇的標的物規模太小，可能會導致沒有個股選擇權可以避險。

2) 就以 2022 極端承接的情況發生後，筆者的客戶主要承接到的標的是 Google、TSM，承接當下，扣掉利息收入之後，大致上是損失大約 10%，但是隨著 2023 年的到來，美股開始扭轉趨勢向上，當時承接到的股票，現在都是大賺收場。（當時 TSM 承接價格在 95 元上下，GOOGLE 承接價格是 116 元）。如果不是科技權值股，現在可能仍還套牢中。

3. 低利率固定收益並且有高意願承接股票的組合：

連結標的如下：美股 BRK.B（股神巴菲特的公司）

連結標的如下：美國 20 年＋公債 ETF TLT

合約期間：12 個月；

KO 提前出場價格是 110%；

57.68 USD 2019年8月23日　　　　　　　　　　　　2024/08/21 googl 股價為 165.95

開盤	165.15	市值	2.05兆	CDP得分	A
最高	166.85	本益比	24.18	52周高點	191.75
最低	164.67	殖利率	0.48%	52周低點	120.21

圖 5-16：Googl 最近 5 年股價圖　　　　資料來源：GOOGLE（2024 年 8 月 21 日）

40.95 USD 2019年8月23日　　　　　　　　　　　　2024/08/21 TSM 股價為 171.61

開盤	170.36	市值	7883.72億	CDP得分	B
最高	173.08	本益比	30.77	52周高點	193.47
最低	170.32	殖利率	1.27%	52周低點	84.02

圖 5-17：TSM 最近 5 年股價圖　　　　資料來源：GOOGLE（2024 年 8 月 21 日）

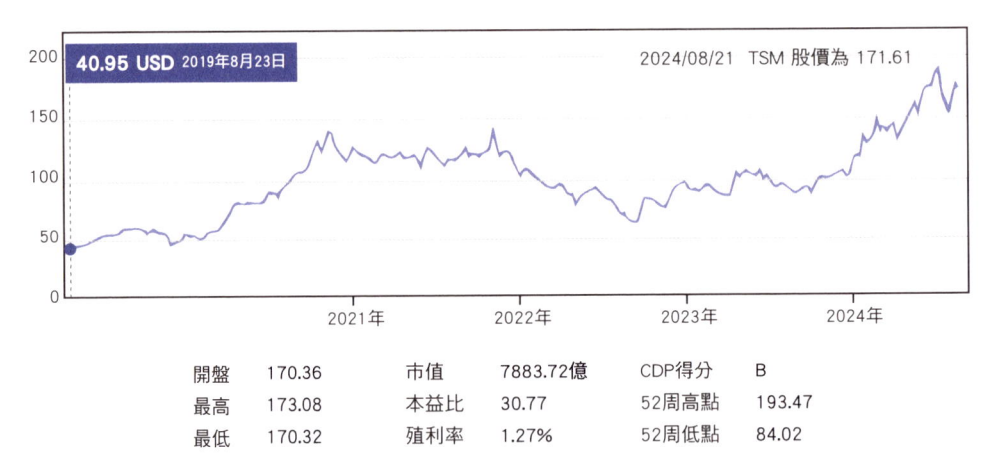

PUT 執行價格是 80%；

年化配息率是 5 至 7%；

手續費率 0.5%。

這是 2023 年至 2024 年筆者承作金額最大的兩種組合，無論是哪

個標的，都是筆者認為長期持有並且投資是沒有巨大風險的標的。

BRK.B 這個標的我們在本書第一章有深入的討論，這邊不另外再深入討論。

TLT 則是 2023 年至 2024 年 8 月之前，因為市場對升息、降息議題仍紛擾不已，因此為了不直接承擔買進後的價格波動風險，因此我們決定使用結構型商品來包裝，並且讓我們的價格風險降低，能夠取得比直接買長天期公債的現金殖利率更高的商品。

而這種組合因為連結標的物的價格波動相對於科技股、超級成長股低得多，因此利率相對較低，但是如果是穩健型的投資人，覺得連結標的物的價格現在仍偏高，想要低一些買進，這種連結單一標的的 FCN 就是可以考慮的工具。

4. 中低利率固定收益的組合：

連結標的如下：SPY + TLT；

合約期間：12 個月；

KO 提前出場價格是 110%；

PUT 執行價格是 90%；

年化配息率是 6 至 8%；

手續費率 0.5%。

股票上漲，債券下跌；股票下跌，債券上漲：這一種包裝的方式，是筆者透過 SPY 跟 TLT 負相關的關係，想出來的特殊包裝方式，通常這一種組合只有遇到股債同時都大漲的情況，才會遇到提前出場，否則他就是一個穩定的固定收益組合。

然而無論 SPY（標普 500ETF）或是 TLT（美國長天期公債 ETF）都是長期正報酬的商品，並且風險都不高，只要長期持有 10 年以上，幾乎不會出現負報酬的情形，因此這種負相關的商品特性，就讓筆者包裝出這種組合。

這也是 2023 至 2024 筆者承作的商品之一。

5. 特殊型中高利率，腦洞大開的 FCN 組合

連結標的如下：SPY + SH

連結標的如下：QQQ + PSQ

連結標的如下：FCX、BG、VALE、SH

組合 1 年化配息率是 6 至 8％

組合 2 年化配息率是 12％以上

SH 是標普 500 單日反向 ETF，基本上他的表現跟 SPY 是完全反向的關係，SPY 上漲，SH 就會下跌；SPY 下跌，SH 就會上漲，因此這種組合是完全反向，並且不會提前出場的組合，那麼這種腦洞大開的商品組合，就會讓 FCN 幾乎不會出場，變成一種固定收益型商品。

同理 QQQ + PSQ，一個是正向那斯達克指數，一個是反向那斯達克指數，也是一種神奇的固定收益。

它最大的風險就在於 SH，因為股票上漲可能會沒有極限，因此這個組合最大的風險就在於承接到 SH。

表 5-4 FCN 的特殊組合報價（境外）

Issuer	Min Size	Product	Currency	Guaranteed Period(m)	BBG Code 1	BBG Code 2	BBG Code 3	BBG Code 4	Strike (%)	KO Type	KO Barrier(%)	Coupon p.a.(%)	Tenor (m)	Barrier Type	KI Barrier(%)	Observation Frenquency(m)	OTC
SG	USD 300K or equivalent	FCN	USD	1	FCX UN	VALE UN	BG UN	SH US	83.00	Period End	100	12.00%	6			1	Note
SG	USD 300K or equivalent	FCN	USD	1	2318 HK	2628 HK	1398 HK	SH UP	86.66	Period End	100	12.00%	6			1	Note

資料來源：作者提供

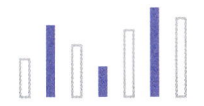

但是以當年想到這種組合 2018 年的情境來看，我們並不畏懼承接到 SH，因為我跟業主都認為指數有點過頭了，如果還持續上漲，我們就需要放空指數做避險，但直接現在就放空指數，業主也覺得不太好，因此我們就想出了這種腦洞大開的 FCN 組合。

兩種年化配息率是 6 至 8％。

6. 特殊型低利率，放空型 FCN

連結標的如下：SH

連結標的如下：PSQ

SH、PSQ 是標普 500 與科技股反向 ETF，配置這種特殊型 FCN 主要是因為當年客戶提出一個要求，希望放空時不是直接放空，因為現在的指數他認為直接放空會有風險，但是如果指數上漲超過 10％ 他就會有意願去放空，所以筆者就幫他包裝出這種特殊型的 FCN。

注意：反向 ETF 都會有成本（期貨轉倉），因此 FCN 賣出選擇權的權利金，剛好可以回收一些因為反向 ETF 成本導致的下跌，讓放空的風險更低一些，並且也能達到，萬一價格下跌之後，客戶就會取得反向 ETF 達成放空市場的目的。

目前的市場上，投資人應該只會看到第一種類型的包裝，因為對從業人員來說高利率就可以讓投資人忘記風險，所以從業人員不用花太大的力氣就能用高利率說服客人下單，但是他們沒想過的是：高利率就等於高風險。

筆者至少看過 3 輪的高利率高波動高風險的 FCN 翻車了，而筆者是風險趨避者，所以很少使用這種組合，但台灣市場上充斥著第一種高利率的包裝方式，因為這一種 FCN 很好銷售，手續費收入也很不錯。

最後跟大家重點提示：

1). FCN 除了發行商倒閉的極端情形外，仍有一種狀況會讓投資人產生重大損失，就是連結標的物崩盤，因此 FCN 包裝的重點就是選擇好的標的物。

2). FCN 在承平時期是固定收益的商品，但是遇到股票崩盤時就會被轉換成股權，因此風險略低於直接在市場上購買現貨（連結的股票）。

3). 不要因為眼睛看到高利率，就選擇包裝一些超高波動的股票，除非您本身就喜歡連結標的，並且能夠承擔該標的物的風險。

4). FCN 在筆者的高資產規劃客戶的規劃中，有舉足輕重的地位。

FCN 在資產配置的功能

結構型商品（FCN）在投資組合中也有非常好的降低波動度的效果。但是先決條件是，結構型商品（FCN）單一連結 SPY 或 BRK.B 等和跟大盤同步的標的。但是如果我們是使用高利率高波動的組合，就不會有以上的效果。

精通投資組合的投資人都知道，真正會讓投資組合產生重大損失的情境，都不是股票上漲時。那樣的市場環境下，投資人的問題通常是賺多賺少而已。真正需要透過投資組合移轉的風險，是如同 2024 年 8 月 15 日當天台股跌停的這種情境。

使用 FCN 的投資組合，也不會當天就遇到急速下挫，讓自己睡不好了，也因為 FCN 的特性關係，如果 FCN 連結標的仍高於執行價格我們將不會承接到股票。

假設我們真的是連結大盤 ETF，或是跟大盤表現非常接近的個股，就完全不擔心，以承接到美國標普 500 來看，如果承接到大盤 ETF 反而還有固定收益可以領取。

下面是市場各樣情境的情境分析。

投資組合（現金持有部位可用長天期公債來替換）：

股票 60％、現金 20％、FCN20％；

股票 60％、長天期公債 20％、FCN20％；

FCN 年利率 6％、連結標的 SPY、執行價格 80％。

表 5-5：在股市暴跌時，結構型商品（FCN）執行價格仍低於回落 10％。

商品	成交	漲跌	幅度
加權指	19830.88	1807.21	8.35%
台指近	19374	2152	10.00%
元大台灣50	158.75	15.95	9.13%
統一價值成長30N	23.49	1.86	7.34%
元大S&P500	53.30	2.00	3.62%
群益ESG投等價20+	16.32	0.04	0.25%
元大美債20年	32.20	0.92	2.94%
元大台灣價值高息	8.92	0.71	7.37%
台灣高鐵	28.90	0.95	3.18%
台積電	815.00	88.00	9.75%
聯電	49.95	2.95	5.58%

資料來源：Ileader

情境 1：股市大漲：因為配置了現金與 FCN，所以績效不如全數配置股票。

> **情境 1 指數大漲 20% 機率 10%**
> ▶FCN×0.2×6%=1.2%
> ▶股票×0.6×20%=12%
> ▶現金×0.2×5%=1%
> ▶總資產報酬率= 1.2%+12%+1%=14.2%
>
> 如果未來把現金換成長天期公債，則算式如下：
> ▶FCN×0.2×6% = 1.2%
> ▶股票×0.6×20% = 12%
> ▶公債×0.2×4% = 0.8%
> ▶總資產報酬率=1.2%+12%+0.8%=14%

情境 2：股市按照平均值：配置了現金與 FCN，所以績效不如全數配置股票。

> **情境 2 指數上漲 7% 機率 10%**
> ▶FCN×0.2×6%=1.2%
> ▶股票×0.6×7%=4.2%
> ▶現金×0.2×5%=1%
> ▶總資產報酬率=1.2%+4.2%+1%= 6.4%
>
> 如果未來把現金換成長天期公債，則算式如下：
> ▶FCN ×0.2×6%= 1.2%
> ▶股票×0.6×20%= 4.2%
> ▶公債×0.2×4%= 0.8%
> ▶總資產報酬率= 1.2%+ 4.2%+0.8% =6.2%

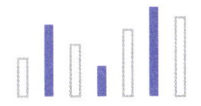

情境 3：股市按照不漲也不下跌，或是小漲小跌：配置了現金與 FCN，所以績效就超過了全數配置股票。

情境 3 指數不漲不跌機率 10%

▶ FCN×0.2×6%=1.2%
▶ 股票×0.6×0% =0%
▶ 現金×0.2×5%=1%
▶ 總資產報酬率= 1.2%+0%+1% = 2.2%

如果未來把現金換成長天期公債，則算式如下
▶ FCN×0.2×6%=1.2%
▶ 股票×0.6×20%=0%
▶ 公債×0.2×4%=0.8%
▶ 總資產報酬率= 1.2%+ 0%+0.8%= 2%

情境 4：股市進入大跌 20%：配置了現金與 FCN，所以績效就超過了全數配置股票，投資組合就非常抗跌。

情境 4 指數大跌 20% 機率 5%

▶ FCN ×0.2×6%= 1.2%
▶ 股票×0.6×-20% =-12%
▶ 現金×0.2×5%=1%
▶ 總資產報酬率= 1.2%+(-12%)+1%=-9.8 %
整體下跌幅度是全數投入市場的50%

如果未來把現金換成長天期公債,則算式如下
▶ FCN×0.2×6% =1.2%
▶ 股票×0.6×-20%=-12%
▶ 公債×0.2×10% = 2%
▶ 總資產報酬率= 1.2%+(-12%)+ 2%= -8.8%
整體下跌幅度是全數投入市場的40%

不應忽視的結構型商品

情境 5：股市進入大跌 40％：配置了現金與 FCN，所以績效就超過了全數配置股票，投資組合就非常抗跌，如果面對這種情形，要能抵抗崩盤，那就必須要拉高公債的配置比例。公債跟股票是負相關，因此非常能抵抗這種情景，如同 2020 年 3 月股票崩盤時，公債大幅度上漲，長天期公債的上漲幅度，幾乎跟股票下跌的幅度相當。

情境 5 指數大跌 40% 機率 5%
▶ FCN×0.2×(6-20%) = -2.8%
▶ 股票×0.6×-40% = -24%
▶ 現金×0.2×5%=1%
▶ 總資產報酬率= (-2.8%)+(-24%)+1% =-25.8 %
整體下跌幅度是全數投入市場的60%

如果未來把現金換成長天期公債,則算式如下
▶ FCN×0.2×(6-20%) = -2.8%
▶ 股票×0.6×-40% = -24%
▶ 公債×0.2×30%= 6%
▶ 總資產報酬率= (-2.8%)+(-24%)+6% = -20.8 %
整體下跌幅度是全數投入市場的50%

所以工具只要使用得宜，不是所有衍生性金融商品，都是高風險的。連結大盤的 ETF 或是跟大盤連動很高的 FCN，加入投資組合之後，反而有效的降低投資組合的風險。

但如果 FCN 連結的是高波動的股票，那就另當別論了，例如近期發生 Intel 公司因為財報不佳，一天暴跌 20％的狀況。

在筆者規劃的 FCN 中，幾乎沒有高波動的高利率的這種組合，除非投資人自己非常喜歡高波動的股票，這時候筆者會包裝單一標的的 FCN：例如連結標的只有一個連結標的 NVDA 的 FCN，這樣包裝雖然利率會比較低，但是比較不會受到其他標的的干擾，造成無法達成目的。

例如：連結標的 AAPL + NVDA 這種組合，AAPL 波動率只有 NVDA 的一半。新增了一個標的，雖然利率可能會提高，但是如果遇到 NVDA 上漲，同時 AAPL 財報不佳，反而造成 FCN 最後被迫承接 AAPL 的慘劇。

例如：連結標的 NVDA + SMCI 這種組合，兩者波動率相當，並且這種組合通常利率會比單一連結 NVDA 更高，並且 SMCI 跟 NVDA 是關聯的上下游公司，但是以現在遇到 NVDA 上漲，同時 SMCI 因為上漲幅度超乎預期，因此近期股價表現疲軟，最後反而造成 FCN 最後被迫承接 SMCI 而不是單一承接 NVDA，這樣反而得不償失。

更別說一些為了高利率而包裝的 FCN 連結標的：Wolf、NVDA、AMD，這樣組合在基本面上雖然都屬於半導體族群，但是 NVDA、AMD 有點是互相競爭的意味，有時候也會產生此消彼長的股價反應，如再加上 Wolf，更讓局勢難以分析。再次跟讀者說明：

FCN 如果發生極端風險，將會承接連結標的中，表現最差的個股！

FCN 如果發生極端風險，將會承接連結標的中，表現最差的個股！

FCN 如果發生極端風險，將會承接連結標的中，表現最差的個股！

很重要所以說三次。

因此在選擇標的時候，就格外重要了，不要選一些沒有相關性難以分析的標的湊在一起包裝成 FCN。

上述無論哪一種組合放入投資組合中，除了利率可能較高之外，就沒有降低投資組合波動率的機會了。要把高利率高波動的 FCN 當成投機的部位，性質跟連結大盤 ETF 或是跟大盤連動很高的 FCN 完全是兩回事。

最後跟大家複習一下 FCN 的幾種情境：

1. 提前出場，領取利息，這是獲利的情境（圖 5-18）

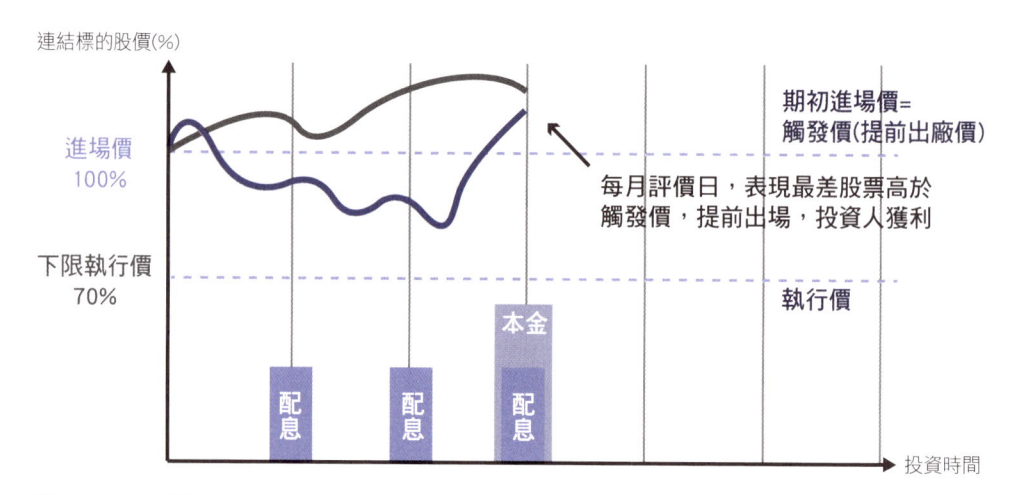

圖 5-18：結構型商品（FCN）運用情境：提前出場。　　資料來源：作者提供

2. 合約到期，領取利息，領取本金，這是獲利的情境（圖 5-19）

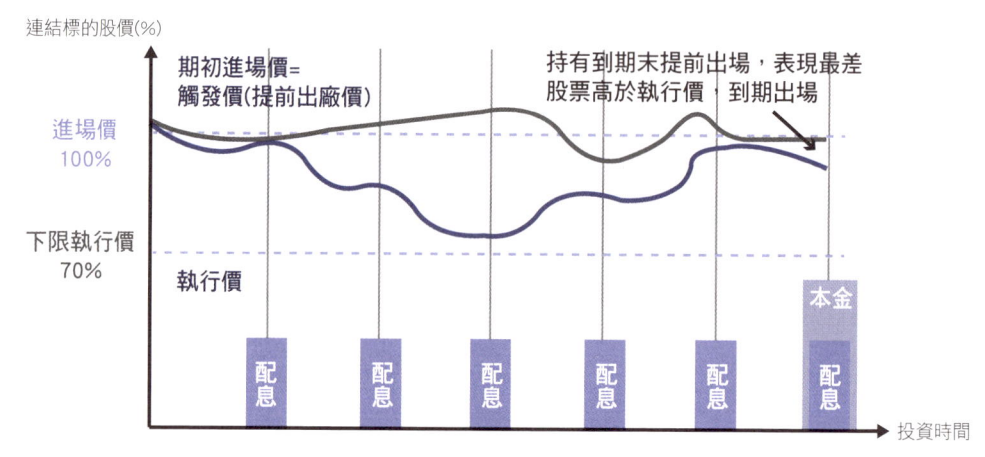

圖 5-19：結構型商品（FCN）運用情境：到期贖回本金＋累計配息。

資料來源：作者提供

3. 合約到期，領取利息，但是承接股票，這是可能獲利也可能產生重大損失的情境，並且是連結標的中，承接表現最差的股票（圖 5-20）

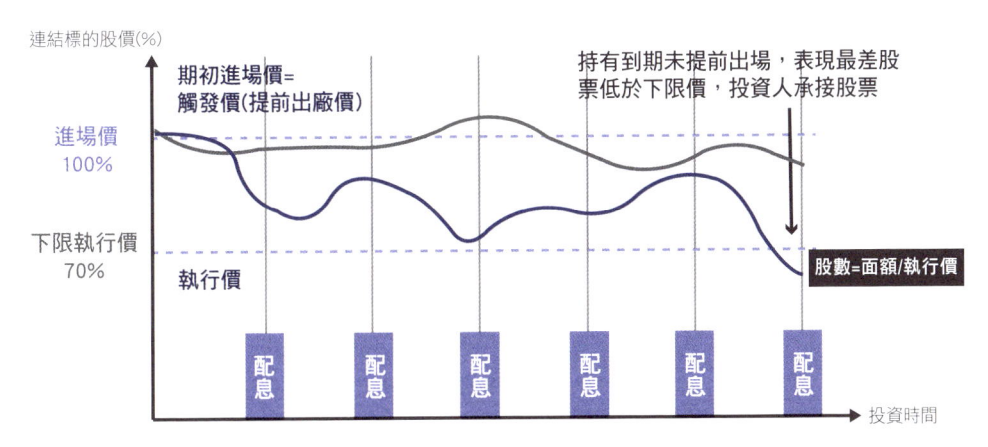

圖 5-20：結構型商品（FCN）運用情境：到期領回股票＋累計配息。

資料來源：作者提供

我們做投資規劃的人，都會以最差的情境作為主要衡量風險的依據，因此我們在選股上就會特別的用心。

FCN 是一個非常好的工具，正如同一把非常銳利的刀刃，端看投資人如何去應用這個商品。筆者管理的 FCN 規模最高的時候大約 2,000 萬美金左右，本章節就是當時我們管理眾多 FCN 組合中，凝煉出來的精華，分享給大家。

FCN 承作的資格：

個人具有 PI 專業投資人資格，財力 3,000 萬台幣以上

法人具有 PI 專業投資人資格，會計師簽證財報資產超過 5,000 萬台幣以上

是不折不扣高資產財富管理的工具。

6

Chapter 06

資產配置工具:債券、高股息股票、金融股、槓桿反向 ETF

　　投資使用的工具與商品專業,尤其是各類型工具與資產在遇到金融風暴時的表現,是資產配置很重要的決策關鍵,也能直接影響資產配置的成效。

資產配置實務之商品總覽

本章節說明我們在資產配置重點之一：了解市場的商品與定位和衰退時的表現。

當發生系統性風險，例如 Covid-19 與金融海嘯時，我們是否仍能讓資產，相對股市大盤，維持較低的穩健波動度，資產回落幅度也有效降低，因為這時候才是考驗資產配置是否成功的時間。好的資產配置遇到 Covid-19 與金融海嘯時甚至能不受到影響。

首先筆者把個類型金融資產分為兩大類：風險資產與避險資產。這兩大類資產的劃分標準為，長期來看，他跟標普 500（股票）的相關係數為正數或是負數。因為多數的資產配置都以股票為核心，萬一發生極端事件時，都配置在風險資產上，結果整個投資部位也都會受到重大損失，這樣就沒有達成配置的目標了。

上述這些資產類別，筆者多數以 ETF 做為代表。這些 ETF 都是該資產類別規模較大，並且比較具有代表性的意義。

市場上有非常多種類型的資產類別，筆者就以上述這幾種大家常見的股票與債券 ETF 為代表。

表 6-1：各類型資產 ETF 風險分類（依照與標普 500 正負相關性）

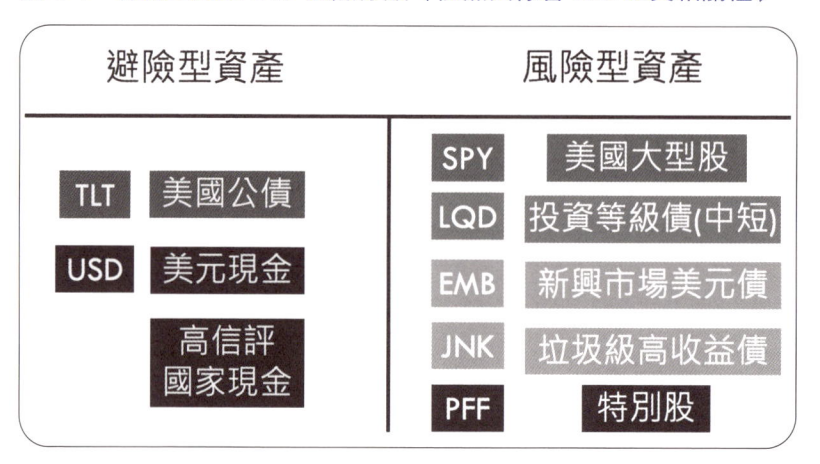

避險型資產		風險型資產	
TLT	美國公債	SPY	美國大型股
USD	美元現金	LQD	投資等級債(中短)
	高信評國家現金	EMB	新興市場美元債
		JNK	垃圾級高收益債
		PFF	特別股

資料來源：作者整理

表 6-2：各類型資產 ETF 介紹

TLT	美國20年期以上公債 ETF
SPY	美國標普500 ETF（世界最早規模最大的ETF之一）
LQD	美國投資等級公司債 ETF (中短天期)
EMB	新興市場美元債 ETF
JNK	高收益等級公司債 ETF（別稱：垃圾債）
PFF	特別股 ETF

資料來源：作者整理

　　股票類別的代表 SPY，他追蹤的是美國標普 500 指數，並且這個指數是按照市值加權法來計算的。市值加權法是只單純計算股數 x 股價計算出市值之後，按照市值大小決定比重，這個方法的特性是市值大的公司，所佔據指數的比例越高。這是世界最著名的指數之一，台股也跟標普 500 有高度相關性。

　　台股的加權指數也是市值加權指數，台灣最著名的 0050 台灣 50ETF，也是市值加權型。根據最新的資料，台積電一家的比重，佔了 0050 權重的 55%。

表 6-3：0050 成分股

持股明細

資料日期：2024/09/03

個股名稱	投資比例(%)	持有股數
台積電	55.08	229,456,953.00
鴻海	5.15	109,009,556.00
聯發科	4.45	14,275,154.00
台達電	2.05	20,461,008.00
廣達	1.80	25,876,330.00
富邦金	1.75	73,325,071.00
聯電	1.57	111,301,066.00
中信金	1.46	172,934,767.00
國泰金	1.42	87,176,408.00
日月光投控	1.28	33,158,248.00

資料來源：MoneyDJ（2024 年 9 月 3 日）

筆者在股票上不用 0050 當作代表也是因為台灣近期被列為窄基指數，意指單一一家公司佔了市值權重的 30% 以上，如此一來，指數代表的意義就降低了。即使標普 500 科技 5 巨頭權重非常高，也不至於讓一家公司權重達到 30%。

什麼時候需要資產配置？

筆者以 2024 年 9 月 4 日外資賣超千億台幣，達歷史最高這一天跟大家分享。資產配置在做什麼？他其實給投資人就是心理上的安穩，然後不會因為市場大幅度波動造成資產重大損失，而在慌忙中做了錯

商品	成交	漲跌	幅度
加權指	21092.75	999.46	4.52%
台指近	20947	1104	5.01%
元大台灣50	171.25	8.80	4.89%
統一價值成長30N	-	-	-
元大S&P500	55.25	1.35	2.39%
群益ESG投等債20+	16.23	0.02	0.12%
元大美債20年	31.14	0.40	1.30%
元大台灣價值高息	9.49	0.26	2.67%
台灣高鐵	29.00	0.35	1.19%
台積電	889.00	51.00	5.43%
聯電	53.30	1.80	3.27%

圖 6-1：2024 年 9 月 4 日台股收盤價。
資料來源：Ileader（證券下單系統）

商品	成交	漲跌	幅度
TLT	97.75	1.58	1.64%
BRK.A	715909.99	610.09	0.09%
BRK.B	476.83	0.91	0.19%
SPY	552.08	11.6	2.06%
QQQ	461.81	14.46	3.04%
GOOGL	157.36	6.02	3.68%
NVDA	108	11.37	9.53%
AMD	136.94	11.62	7.82%
AB	33.66	0.78	2.26%
SPG	163.92	3.43	2.05%
ISRG	483.44	9.19	1.87%

圖 6-2：2024 年 9 月 4 日美股收盤價。
資料來源：Ileader（證券下單系統）

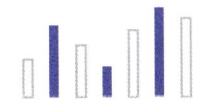

誤的投資決策。

2024年9月4日當天台股遭到外資大賣千億，整個加權指數下跌了將近5%。面對泰山崩於前，我們投資人怎麼能顏色不改？筆者在這一天這麼恐慌之下，因為淨值不但沒有下跌，反而新高，就能顏色不改。

下面是近期兩次衰退，筆者精選各種類別ETF的表現。

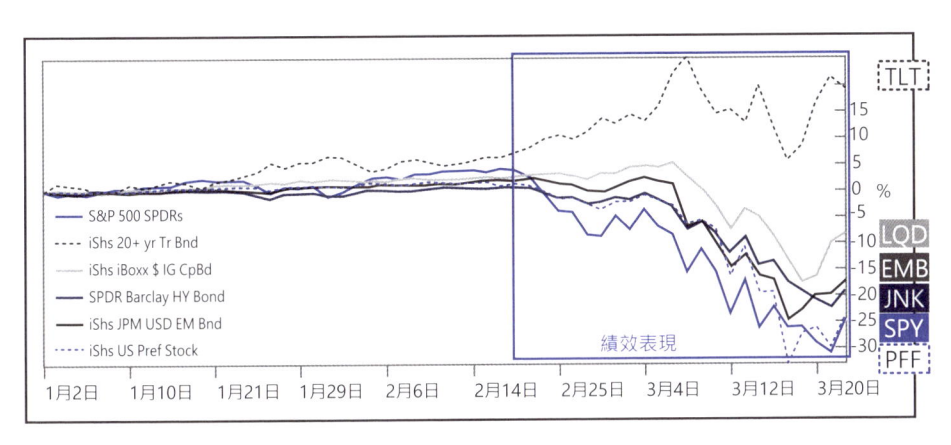

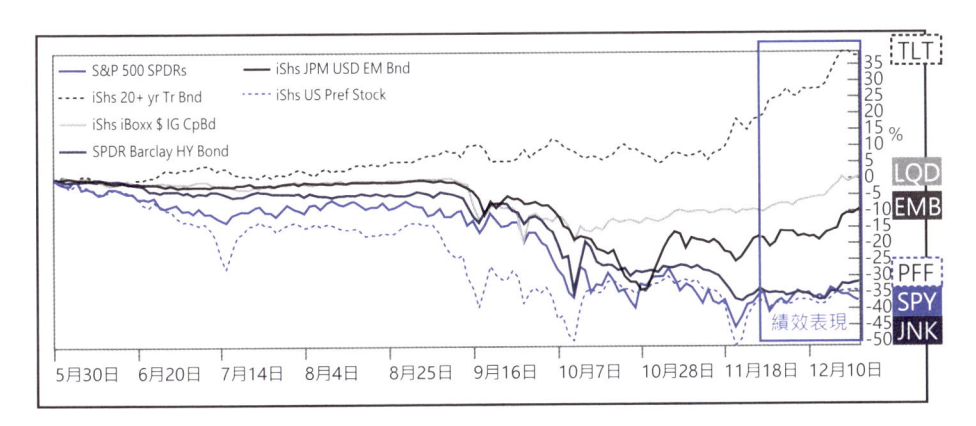

圖 6-3：股市因 Covid-19：崩盤的各類型標的績效表現（2020年1月2日至2020年3月24日）。　　　　　　　　　　　　　　　　資料來源：stockQ

圖 6-4：2008 股市發生金融海嘯崩盤的股債績效表現，資料時間 2007年5月30日至 2008年12月23日。　　　　　　　　　　　　　資料來源：stockQ

以上兩次衰退都讓風險型的資產下跌，避險型的資產上漲。

現在台灣的金融市場上，仍有許多從業人員沒有弄清楚各樣資產的屬性，因此常常誤把投資等級債券與高收益債，歸納成避險型資產，說股債平衡能有效降低投資組合的波動程度，這就是完全錯誤的概念了。

並且 PFF 所代表的特別股，實務上遇到金融風暴時，是波動性最大的一種資產類別，當市場恐慌流動性缺乏的時候，他的跌幅最深可以來到 70％，如果不了解這種資產，配置過多的時候，就會造成總資產面對系統風險發生時，整個資產價格大幅度崩盤。

結論：

1. 資產配置的目的除了降低資產最大回落幅度以外，還有讓投資人能安穩睡覺的主要宗旨。

2. 具體的行為，就是在風險資產與避險資產間取得平衡，隨著時間去調整比例。

資產配置實務之債券

本章節我們在資產配置重點之一：各類型的債券與特性。

以下部分介紹：

債券的基本介紹

債券是什麼？債券就是投資人把錢借給發行機構，發行機構按照票面利率，每年給付利息給投資人，到期時把票面本金還給投資人的商品。

因為票面利率是固定的，到期取回票面本金也是固定的，因此被市場稱為固定收益類型的商品。

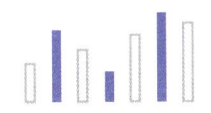

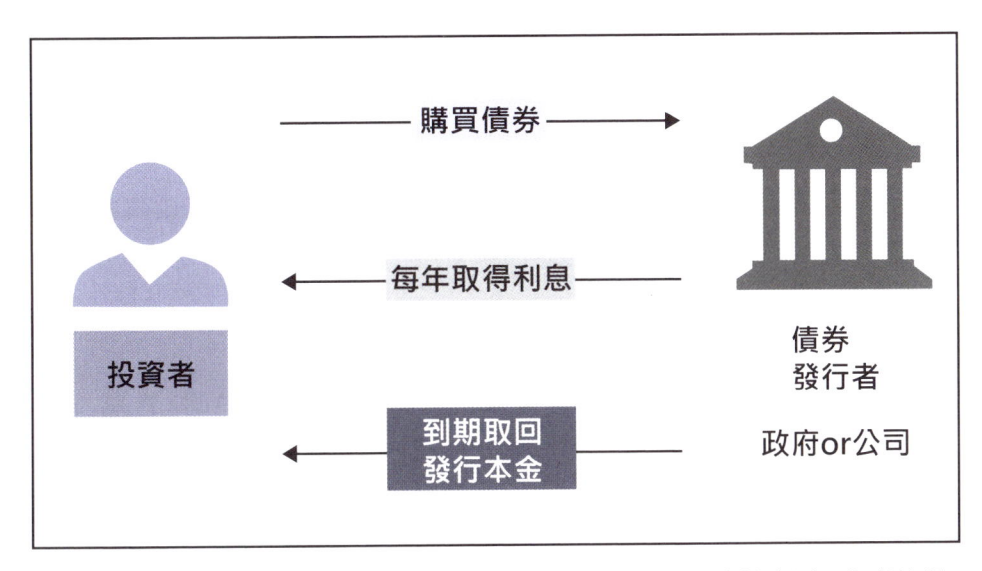

圖 6-5：投資債券金流表。　　　　　　　　　　　　　　資料來源：作者整理

下面筆者就以投資人買進洛克希德馬丁的債券為例，看看實務上的情況。

假設我們在 2024 年 1 月 1 日買進洛克希德馬丁的債券，並且持有到 2046 年 12 月 31 日到期，票面利率 4.7%，買進價格是 90 元，買進數量是票面 10 萬美金。

投資人將在未來的每一年度末，取得 4,700 元美金的利息。

假設到了 2046 年 12 月 31 日到期時，洛克希德馬丁公司沒有發生倒閉的事件，投資人會取得票面本金十萬美金。（圖 6-6）

從上面的例子，我們就知道債券其實是非常穩健的商品，買進之後的現金流與到期取回票面金額，這兩大特點，讓債券這一個金融商品成為除了貨幣以外，規模最大的金融商品，並且主要交易與持有的市場參與者，主要是政府：外匯存底投資、央行持有、退休基金、政府主權基金；法人機構：壽險公司、券商自營、銀行自營、投信公司；高資產大戶：淨值 100 萬美金以上的個人為主。

```
付出9萬美金                    CBFE洛克希德馬丁4.700%美元2026年        拿回10萬美金
                              固定收益債券
                              假設買進面額10萬元
    ───▶                      買進價格90元                              ───▶
                              買進時間2024年1月1日
                              持有至2046年12月31到期日
2024年1月1日                                                         2046年12月31日

利 利 利 利 利 利 利 利 利 利 利 利 利 利 利 利 利 利 利 利 利 利 利
息 息 息 息 息 息 息 息 息 息 息 息 息 息 息 息 息 息 息 息 息 息 息
                              每年取得4700元利息
```

圖 6-6：投資洛克希德馬丁債券持有到到期金流表。　　　　　資料來源：作者整理

在直接投資債券的交易者中，散戶投資人相對比較少，主要是交易金額較大（通常以票面 10 萬美金為一單位），並且幾乎沒有太多電子下單的平台（即使有券種也會相對少），並且債券主要以 OTC 為交易平台，資訊相對不透明，因此整個債券市場散戶參與者比較少。

以台灣的債券市場為例子，台灣債券市場參與者多數是法人，最低交易單位是 5,000 萬台幣，在這樣的門檻之下，台灣的債券交易相對冷清，並且多數是壽險公司與券商，買進之後，就幾乎都是持有到到期，也不會特別因為央行升息降息，就把債券拿出來交易。

也因為每年取得的利息是確定的與到期取回票面本金也是確定的，所以債券也常常應用在退休規劃之中，當作退休後被動收入的來源之一，並且收入的金額與頻率都是可以估計的。

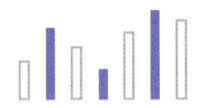

債券的風險與價格變化因素

信評與風險

債券本身是把錢借給發行機構的,但是發行機構也有分優質的跟相對不優質的。就跟如果是筆者跟銀行借錢,銀行給筆者的利率條件與額度,相較於張忠謀張董事長會有所不同;公務人員借錢跟自由業者去借錢,利率跟額度也會有不同,是一樣的道理。

那我們一般投資人怎麼分辨發行機構的信用好壞?這時候我們就可以使用信評機構的信用評等來當成我們的參考依據。

而世界知名的三大信評機構對於風險級別也會有不太相同的評等,筆者整理成表 6-4 給大家參考。

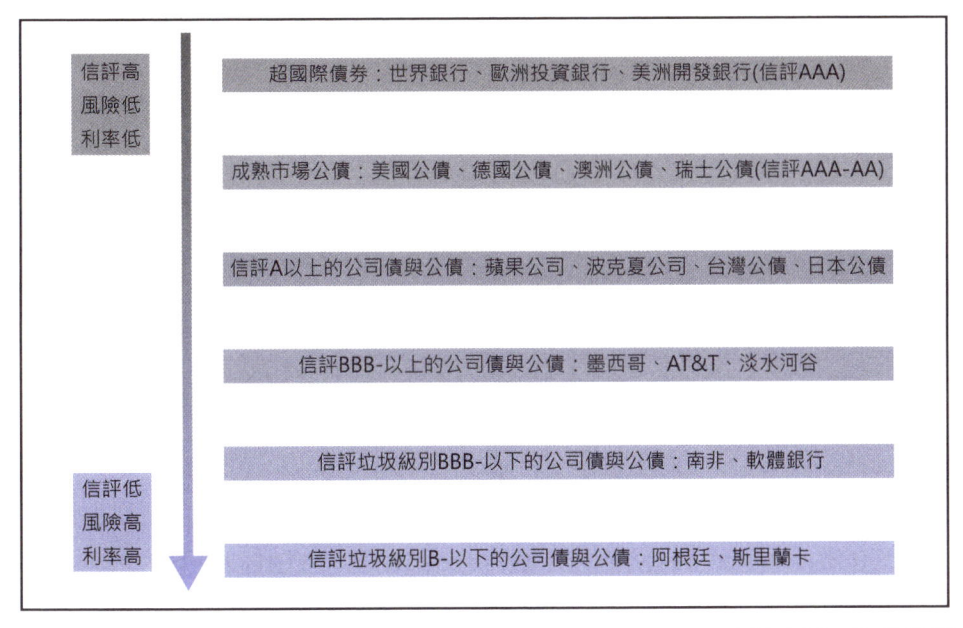

信評高 風險低 利率低 ↓	超國際債券:世界銀行、歐洲投資銀行、美洲開發銀行(信評AAA)
	成熟市場公債:美國公債、德國公債、澳洲公債、瑞士公債(信評AAA-AA)
	信評A以上的公司債與公債:蘋果公司、波克夏公司、台灣公債、日本公債
	信評BBB-以上的公司債與公債:墨西哥、AT&T、淡水河谷
	信評垃圾級別BBB-以下的公司債與公債:南非、軟體銀行
信評低 風險高 利率高	信評垃圾級別B-以下的公司債與公債:阿根廷、斯里蘭卡

圖 6-7:信用評等與風險利率示意圖。　　　　　　　資料來源:作者整理

表 6-4 三大信評機構信評比較表

Moody's Long-term	Moody's Short-term	S&P Long-term	S&P Short-term	Fitch Long-term	Fitch Short-term	Rating description	
Aaa	P-1	AAA	A-1+	AAA	F1+	Prime	Investment-grade 投資等級
Aa1	P-1	AA+	A-1+	AA+	F1+	High grade	Investment-grade 投資等級
Aa2	P-1	AA	A-1+	AA	F1+	High grade	Investment-grade 投資等級
Aa3	P-1	AA−	A-1+	AA−	F1+	High grade	Investment-grade 投資等級
A1	P-1	A+	A-1	A+	F1	Upper medium grade	Investment-grade 投資等級
A2	P-1	A	A-1	A	F1	Upper medium grade	Investment-grade 投資等級
A3	P-2	A−	A-2	A−	F2	Upper medium grade	Investment-grade 投資等級
Baa1	P-2	BBB+	A-2	BBB+	F2	Lower medium grade	Investment-grade 投資等級
Baa2	P-3	BBB	A-3	BBB	F3	Lower medium grade	Investment-grade 投資等級
Baa3	P-3	BBB−	A-3	BBB−	F3	Lower medium grade	Investment-grade 投資等級
Ba1	Not prime	BB+	B	BB+	B	Non-investment grade speculative	非投資等級 Non-investment grade aka high-yield bonds aka junk bonds
Ba2	Not prime	BB	B	BB	B	Non-investment grade speculative	非投資等級
Ba3	Not prime	BB−	B	BB−	B	Non-investment grade speculative	非投資等級
B1	Not prime	B+	B	B+	B	Highly speculative	非投資等級
B2	Not prime	B	B	B	B	Highly speculative	非投資等級
B3	Not prime	B−	B	B−	B	Highly speculative	非投資等級
Caa1	Not prime	CCC+	C	CCC	C	Substantial risks	非投資等級
Caa2	Not prime	CCC	C	CCC	C	Extremely speculative	非投資等級
Caa3	Not prime	CCC−	C	CCC	C	Default imminent with little prospect for recovery	非投資等級
Ca	Not prime	CC	C	CCC	C	Default imminent with little prospect for recovery	非投資等級
Ca	Not prime	C	C	CCC	C	Default imminent with little prospect for recovery	非投資等級
C	Not prime	D	/	DDD	/	In default	非投資等級
/	Not prime	D	/	DD	/	In default	非投資等級
/	Not prime	D	/	D	/	In default	非投資等級

資料來源：永豐金證券

　　以標準普爾（S&P，或稱標普）或是惠譽（Fitch）的信用評等來分類：BBB-以上的為投資等級債券，信用評等 BBB-以下的為非投資等級債券（高收益債、垃圾債券），信評越高違約機率越低，風險越低，通常發行債券的時候的票面利率也會比較低；反之信評越低，違約機率越高，風險越高，通常發行債券時的票面利率也會比較高：因為風險高也要更高的利率才能平衡風險。

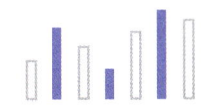

目前投資市場公認的無風險利率是：美國十年期公債殖利率（信用評等 AAA 至 AA 之間）與倫敦同業拆放款利率。

價格變化因素

公債（信評高的成熟市場）價格的變化主要依據兩個主要參數：1. 存續期間；2. 美國十年期公債變動數。

如果是公司債或是信評較低的公債，還要額外考慮信用評等上升、下滑與公司和國家狀況而定，情況會更複雜，也是另外一門更深入的知識。

存續期間越長，債券價格波動越高，反之亦然。

存續期間：與到期時間成正比，通常到期時間越久存續期間越長；票面利率越高，存續期間越短。

我們投資人要怎麼知道存續期間是多少？其實可以透過網站計算。

大家可以網路搜尋債券計算機，使用鉅亨網的網站來計算。

我們就應用鉅亨網債券試算中的到期殖利率計算出正確的數字之後，再用到期殖利率去計算存續期間。

就用文中的例子：2024 年 1 月 1 日買進洛克希德馬丁的債券，並且持有到 2046 年 12 月 31 日到期，票面利率 4.7%，買進價格是 90 元，買進數量是票面 10 萬美金。

因此我們就可以計算出來：2046 年 12 月 31 日到期，票面利率 4.7%，買進價格是 90 元的洛克希德馬丁債券，存續期間是 14.05 年。

如果當美國十年期公債殖利率從 4% 下降到 3%，洛克希德馬丁的債券理論上會波動 14.05 × 1% = 14.05%（上漲）；反之當美國十年期公債殖利率從 3% 上升到 4%，洛克希德馬丁的債券理論上會波動 14.05 × 1% = 14.05%（下跌）（圖 6-8）。

圖 6-8：洛克希德馬丁債券殖利率與存續期間試算表。

資料來源：鉅亨網、作者整理

就以目前筆者持有的美國長天期公債：國際證券代碼 ISIN Code US912810TB44，2051 年 11 月 15 日到期，票面利率 1.875％，他的存續期間是 19 年。（PS：會隨時間變化而減少）

當美國十年期公債殖利率從 4％下降到 3％，美國長天期公債 US912810TB44 的理論價格會波動 19 x 1％ = 19％（上漲）；當美國十年期公債殖利率從 3％上升到 4％，美國長天期公債 US912810TB44 的理論價格會波動 19 x 1％ = 19％（下跌）

從上面的計算後可以得知，洛克希德馬丁信評 A，但是美國長天期公債 US912810TB44 信評 AA 至 AAA，信用評等較高風險較低，但是因為存續期間更長，所以債券價格波動較大。

因此債券價格主要的變動我們必須要確認存續期間。

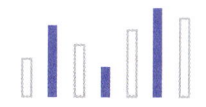

高信評公債（避險資產）

既然被稱作為避險資產，那麼這個債券的發行機構就必須要具有規模大、流動性佳並且幾乎不會發生倒閉的狀況，這樣才能被稱為避險資產。

以標普 2023 Annual Global Corporate Default And Rating Transition Study（標普年度全球企業違約與評等轉變研究）報告中摘要的各信評與歷史違約率來看：AA 至 AAA 這個信評區間的政府或是公司，違約倒閉的機率非常的低，也就是說高信用評等的債券，發生倒閉的非常稀少。

目前金融市場上，能被稱為避險資產的首推美國政府公債（信評 AA 至 AAA）、德國公債（信評 AAA）。這兩國分別是世界第一強國與歐洲第一強國，但是以投資人的角度來說，我們考慮的除了風險以外，更要考量利率。

正如同台灣民眾絕對相信台灣絕對不會破產倒閉，因此台灣公債可以視為台灣的無風險利率。但是台幣計價的台灣十年期公債殖利率 2024 年僅有 1.5％至 1.6％之間，比台灣約 1.7％定存利率更低，那誰會想要投資台灣的公債呢？

實務上美國信評也比台灣更高，利率也比台灣更高，那台灣公債在國際上就沒有吸引力了，除了特許行業強迫中獎要買以外，無論境內外投資人應該不會對台灣公債有購買的興趣。

因此筆者跟大家分享幾個成熟市場十年期公債殖利率與信評的資料。（PS：十年期公債殖利率這個數字隨時會改變，讀者請務必自行查閱最新資料。）

1. 歐盟區的兩國：德國與法國，十年期公債殖利率相對美國來的低，但是信用評等是相當的，就以投資人的角度來說，風險相當，投資人就會選擇利率較高的標的物去投資，並且以規模來說，美國公債的規模比德國公債加上法國公債來的更大，流動性更好。

表 6-5：各種高低信評各年度違約機率表

	AAA	AA	A	BBB	BB	B	CCC/C
1981	0.00	0.00	0.00	0.00	0.00	2.33	0.00
1982	0.00	0.00	0.21	0.35	4.24	3.18	21.43
1983	0.00	0.00	0.00	0.34	1.15	4.70	6.67
1984	0.00	0.00	0.00	0.68	1.13	3.49	25.00
1985	0.00	0.00	0.00	0.00	1.48	6.53	15.38
1986	0.00	0.00	0.18	0.34	0.88	8.77	23.08
1987	0.00	0.00	0.00	0.00	0.38	3.12	12.28
1988	0.00	0.00	0.00	0.00	1.05	3.68	20.37
1989	0.00	0.00	0.18	0.61	0.72	3.41	33.33
1990	0.00	0.00	0.00	0.58	3.56	8.56	31.25
1991	0.00	0.00	0.00	0.55	1.67	13.84	33.87
1992	0.00	0.00	0.00	0.00	0.00	6.99	30.19
1993	0.00	0.00	0.00	0.00	0.70	2.62	13.33
1994	0.00	0.00	0.14	0.00	0.28	3.07	16.67
1995	0.00	0.00	0.00	0.17	1.00	4.57	28.00
1996	0.00	0.00	0.00	0.00	0.45	2.90	8.00
1997	0.00	0.00	0.00	0.25	0.19	3.50	12.00
1998	0.00	0.00	0.00	0.41	0.98	4.65	42.86
1999	0.00	0.17	0.18	0.19	0.95	7.33	33.82
2000	0.00	0.00	0.26	0.36	1.15	7.68	35.96
2001	0.00	0.00	0.26	0.33	2.91	11.34	45.45
2002	0.00	0.00	0.00	1.00	2.83	8.11	44.19
2003	0.00	0.00	0.00	0.22	0.57	4.03	32.53
2004	0.00	0.00	0.08	0.00	0.44	1.45	15.83
2005	0.00	0.00	0.00	0.07	0.31	1.74	9.02
2006	0.00	0.00	0.00	0.00	0.30	0.81	13.33
2007	0.00	0.00	0.00	0.00	0.20	0.25	15.24
2008	0.00	0.38	0.38	0.49	0.81	4.09	27.27
2009	0.00	0.00	0.22	0.55	0.75	10.87	49.46
2010	0.00	0.00	0.00	0.00	0.58	0.86	22.83
2011	0.00	0.00	0.00	0.07	0.00	1.68	16.54
2012	0.00	0.00	0.00	0.00	0.30	1.57	27.70
2013	0.00	0.00	0.00	0.00	0.10	1.52	24.67
2014	0.00	0.00	0.00	0.00	0.00	0.78	17.42
2015	0.00	0.00	0.00	0.00	0.16	2.40	26.51
2016	0.00	0.00	0.00	0.06	0.47	3.74	33.00
2017	0.00	0.00	0.00	0.00	0.08	1.00	26.56
2018	0.00	0.00	0.00	0.00	0.00	0.94	27.18
2019	0.00	0.00	0.00	0.11	0.00	1.49	29.61
2020	0.00	0.00	0.00	0.00	0.94	3.54	47.88
2021	0.00	0.00	0.00	0.00	0.00	0.52	10.99
2022	0.00	0.00	0.00	0.00	0.32	1.10	13.84
2023	0.00	0.00	0.00	0.11	0.17	1.24	30.89

Sources: S&P Global Ratings Credit Research & Insights. S&P Global Market Intelligence's CreditPro®.

資料來源：信評機構標準普爾

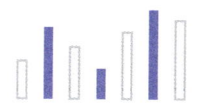

德國信評

評等機構名稱	目前評等情形
Fitch	AAA(2023/7)
S & P	AAA(2023/7)
Moody's	Aaa(2023/7)

德國十年期公債殖利率：2.4%
計價幣別：歐元

美國信評

評等機構名稱	目前評等情形
Fitch	AA+(2024/4)
S & P	AA+(2024/4)
Moody's	Aaa(2024/4)

美國十年期公債殖利率：4.3%
計價幣別：美元

圖 6-9：德國與美國信評與殖利率。

資料來源：tradingeconomics（2024 年 6 月 19 日）、作者整理

法國信評

評等機構名稱	目前評等情形
Fitch	AA-(2023/8)
S & P	AA(2023/8)
Moody's	Aa2(2023/8)

法國十年期公債殖利率：3.1%
計價幣別：歐元

日本信評

評等機構名稱	目前評等情形
Fitch	A(2024/1)
S & P	A+(2024/1)
Moody's	A1(2024/1)

日本十年期公債殖利率：0.9%
計價幣別：日元

圖 6-10：法國與日本信評與殖利率。

資料來源：tradingeconomics（2024 年 6 月 19 日）、作者整理

澳洲信評

評等機構名稱	目前評等情形
Fitch	AAA(2024/5)
S & P	AAA(2024/5)
Moody's	Aaa(2024/5)

澳洲十年期公債殖利率：4.22%
計價幣別：澳幣

中國信評

評等機構名稱	目前評等情形
Fitch	A+(2024/2)
S & P	A+(2024/2)
Moody's	A1(2024/2)

中國十年期公債殖利率：2.28%
計價幣別：人民幣

圖 6-11：澳洲與中國信評與殖利率。

資料來源：tradingeconomics（2024 年 6 月 19 日）、作者整理

2. 信評跟利率與美國相當的只有澳洲公債，但是如果您熟知澳幣的波動性，那就是如同新興市場貨幣一樣的超高波動，並且美國截至 2020 年人口約 3.3 億，澳洲人口約 2,400 萬，經濟體規模也有巨大的差異，無法容納太多的資金，因此相較於美國公債，澳洲公債當作無風險利率的避險資產，是可以考慮，但是不足以取代的。

3. 中國以信評來說，是 A 信評低於美國的 AA，計價貨幣是受到管制的人民幣，利率又遠低於美國，種種不利因素下，國際投資人不會以中國當成避險資產，反而是風險資產。

4. 日本國債：信評與利率都低於美國，除了日本境內投資人有可能投資以外，日本境外投資人不會想要投資日本公債。

所以當我們瀏覽了全球比較重要經濟體的十年期公債與信評，我們仍難以找到可以替代美國公債的選項，因此為了規避美國債務規模過大的風險，投資人就會把資金轉往黃金或虛擬貨幣作為去中心化的配置，但是短期間內仍無法撼動美元與美國公債互為綁定的避險地位。

美國公債是避險資產，他與美國標普 500 的相關係數為 -0.265，這意味著股票上漲，債券容易下跌；股票下跌，債券容易上漲。（圖 6-12）

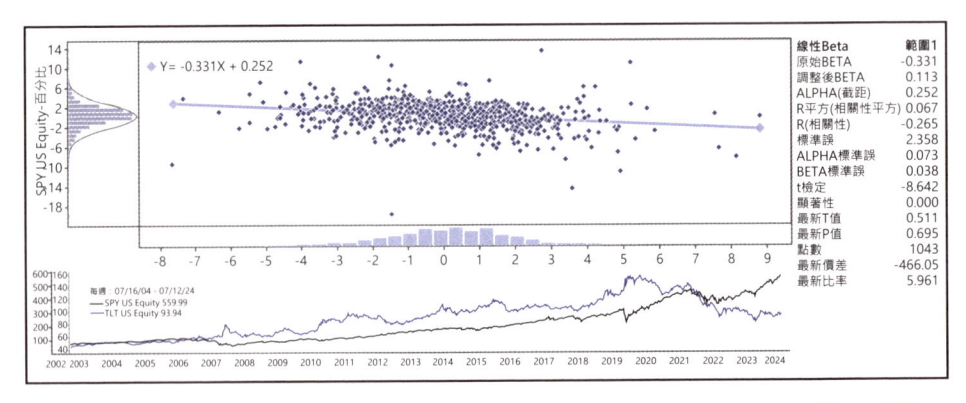

圖 6-12：SPY 與 TLT 相關係數（2020 年 07 月 13 日至 2024 年 07 月 12 日）。

資料來源：Bloomberg

投資人如果想要投資公債，大致上有以下幾種方式：1. 直接購買公債；2.購買公債相關的 ETF； 3. 購買公債相關的基金。筆者比較喜歡最直接的關係，因此筆者通常都是直接購買美國公債為主。

可以交易的對象以境內來說：券商、銀行；境外：券商、銀行、投行都是可以的交易對手，筆者以境內券商為主要交易對手。

公司債與低信評公債（風險資產）

以總經環境來說，如果是升息，那麼對債券相對不利，是債券價格的逆風；反之如果是降息環境，那對債券相對來說是有利的環境，是債券價格的順風。但是降息主要有兩種原因 1. 預防性降息：如 2019 下半年；2. 景氣衰退的降息：如 2020 年 3 月。同樣都是債券，面對這兩種不同的情況，表現都會完全不同。

1. 預防性降息的情境：無論避險資產（公債）與風險資產（公司債、高收債、新興債）都會上漲。

2. 景氣衰退的降息情境：避險資產（公債）會上漲，而風險資產、公司債、新興債、高收債等反而會因為景氣衰退，造成重挫。

原因就在，當景氣發生衰退的時候，不管是什麼公司都會受到景氣的影響，股價就會向下崩盤，而市場的巨量資金就會有避險的需求，而能避險的資產通常就是高信評的國家級公債，而此時因為股價下挫與景氣衰退，公司的收入就會受到影響導致償債能力下滑，投資人也會選擇降低風險，轉為去買進風險更低的政府公債。

在這種避險需求的作用之下，公債在崩盤時比較容易上漲，而隨後按照美國聯準會的標準動作：只要遭逢經濟危機，起手式就是降息，而降息也會直接再讓公債有上升的驅動力，在經濟衰退的時期，只有公債上漲，其他非避險資產就容易下跌。

實際上我們在 Covid-19 的經驗也是如此，景氣衰退的崩盤是除了避險資產以外，其餘資產包含股票、投資等級債、新興市場債、高收益債、特別股都是崩盤的走勢。

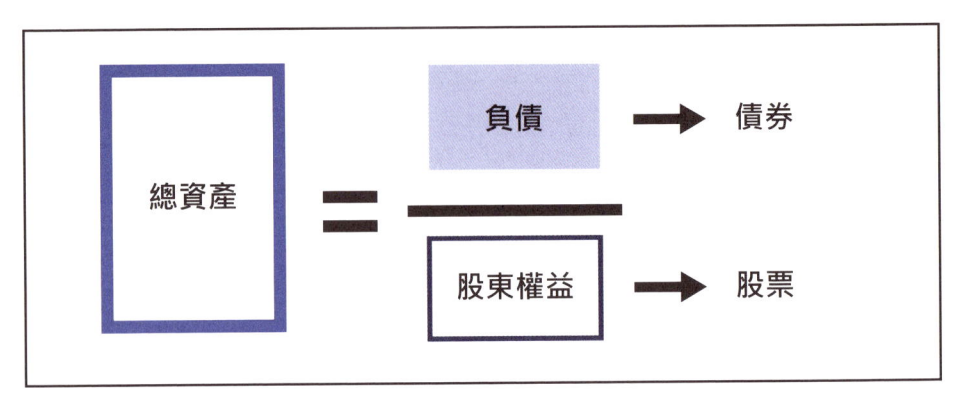

圖 6-13：財務報表結構中股票與債券。　　　　　　資料來源：作者整理

崩盤時表現公司股票與債券，都是一樣崩盤，那市場上怎麼會有一說：債券的波動比股票小，是比較穩健的資產？

筆者就從財報的結構與清償順位跟大家分享：

首先，債券在資產負債上屬於負債，股票則屬於股東權益。

負債 = 公司借的錢

股東權益 = 身為老闆股東，我們自己拿出來投資的自有資金。（圖 6-13）

所以如果有一天，公司發生倒閉事件遇到清算的時候，清算後的資金順位就會完全不相同，欠別人的錢要先還（負債要先還），所以負債先還，股票後還。（圖 6-14）

在公司收入面來看，如果公司取得收入之後，要先還負債，如有剩餘才會發行現金股利，這個順序不可以改變，因為如果負債不償還，債權人有權利可以主張清算公司。（圖 6-15）

因此從架構上來看，負債（債券）的償債順位優先於股東權益（股票）。

在公司獲利的情況下，資金也是必須優先償還負債（債券），有剩餘資金後才能給付股票股東的股票股息或是現金股息。

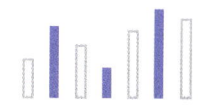

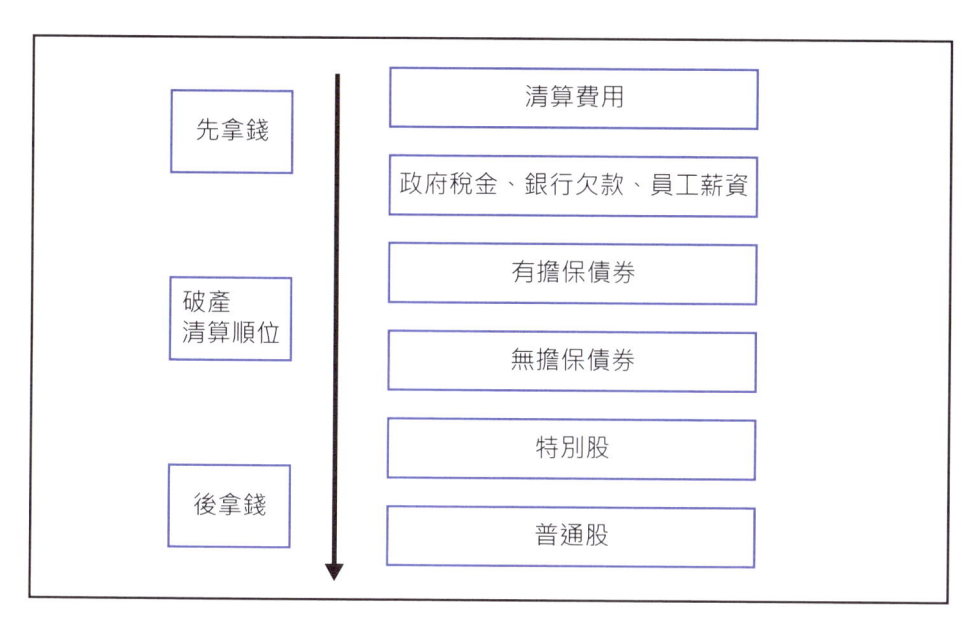

圖 6-14：公司破產時清算後償債順位表。

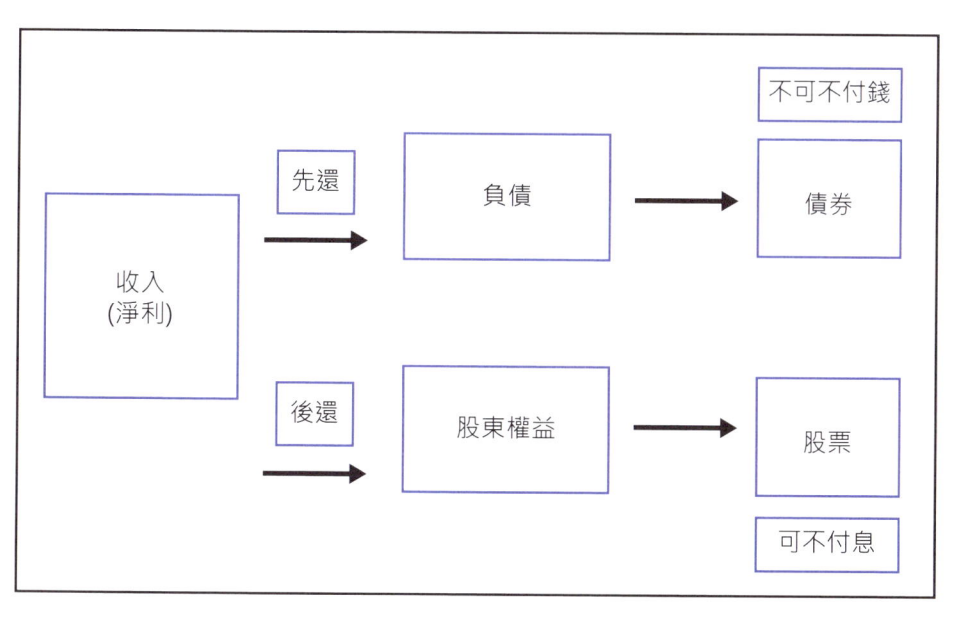

先拿錢 → 清算費用 → 政府稅金、銀行欠款、員工薪資 → 有擔保債券 → 無擔保債券 → 特別股 → 普通股 ← 後拿錢

破產清算順位

資料來源：作者整理

圖 6-15：公司稅後收入分配優先順序表。

收入(淨利) → 先還 → 負債 → 債券（不可不付錢）

收入(淨利) → 後還 → 股東權益 → 股票（可不付息）

資料來源：作者整理

資產配置工具：債券、高股息股票、金融股、槓桿反向ETF

該如何配置？

由上面的架構，我們就可以得知一個訊息：要穩健的取得利息，並且冒比較少風險的人要買公司的債券；想要取得公司長期成長，獲取資本利得，並且冒比較大風險的要去買公司股票。

因此以筆者專業投資人的角度來看，如果打算冒著比無風險利率更大的風險去買公司債，這樣會比較穩健嗎？我們用 2015 至 2020 崩盤這一次景氣循環來看投資等級債、高收益債、新興市場債、標普 500、美國長天期公債的表現。（圖 6-16）

我們看到了，無論投資等級債、高收債、新興市場債，標普 500 遇到金融風暴時也都是崩盤的表現，但是從 2015 年升息的景氣擴張階段，他的績效表現又遠低於股票。

以筆者的經驗，除了需要被動收入的族群以外，配置這些利率較高的投資等級債、新興市場債、高收益債的效益就相對低了。如果以資產配置避險與降低投資組合波動度的配置想法，則應該使用長短天期公債來跟股票互相搭配，就不會搭配這些跟股市同向的債券了。

（PS：TLT：美國長天期公債 ETF；SPY：標普 500 ETF；LQD：投資等級公司債 ETF；JNK：高收益債 ETF；EMB：新興市場債 ETF；PFF：特別股 ETF。）

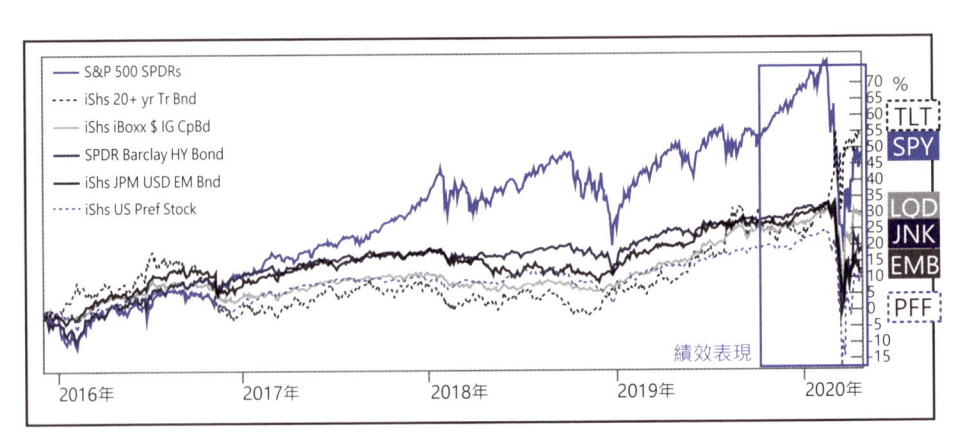

圖 6-16：2015 升息循環至降息循環各類型資產表現。

資料來源：StockQ（2015 年 12 月 2 日至 2024 年 4 月 24 日）、作者整理

同樣，在 2004 年至 2009 年來這一段時間從升息到降息這一個完整的景氣循環，也跟 2015年 至 2020 年的經驗相同。

這一次循環沒有加入 JNK（高收債 ETF）。EMB（新興市場債 ETF）。PFF（特別股 ETF）的原因是，上述這些 ETF 都在 2006 年以後才成立，在 2004 年尚未成立，因此沒有資料。但是這些 ETF 基本上跟股市是同向的，實務上應該會非常接近 2015 年至 2020 年。

因此以筆者個專業來看，基本上投資等級債、高收債、新興市場債等非避險資產的債券類別，除了一些需要固定收益與現金流的族群外，主要的需要資產成長的族群，應該不需要特別配置這些類別的資產。

在金融海嘯期間，其實在各種資產類別中，高收益債、新興市場債的波動也接近股票，但是報酬率就只有股票的 1/2 不到，在台灣在 2015 至 2019 年金融機構曾經風行過一陣子新興市場債的目標到期基金（美元債），透過投資型保單包裝才能買到，目前已經有部分基金到期，績效大多數比預期更低，因為 2022 年發生俄烏戰爭與多家中國景氣衰退，多家目標到期債券買到違約的碧桂園、恆大，目前也有多檔未到期的目標到期新興市場債基金，淨值尚未超過 10 元（賠錢）。

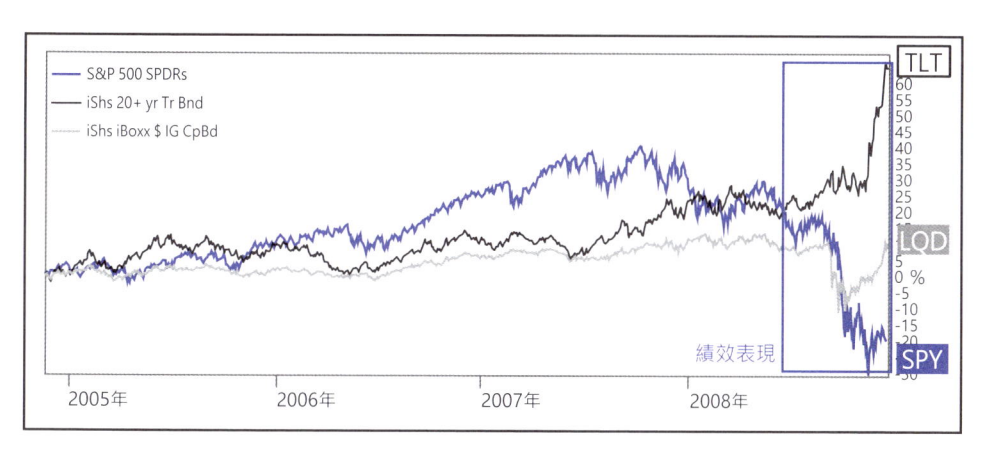

圖 6-17：2004 升息循環至降息循環各類型資產表現。

資料來源：StockQ（2004 年 11 月 19 日至 2008 年 12 月 23 日）、作者整理

至於新興市場當地貨幣債券基金，其新興市場當地貨幣債，除了近期因為債券表現不佳以外，新興市場當地貨幣在 2008 年以後兌美元都是強力貶值的，因此他的風險與波動，更非一般投資人能想像，因為除了利率波動與風險，信用風險還有匯率的風險更非投資人能分析與掌握的，筆者的建議是不要買自己不懂的資產類別，正如巴菲特所說，不要做自己不懂的投資。

　　目前金融市場上，最大的交易是外匯，其次就是所謂的債券市場了，因此債券這種相對於穩健並且固定收益的特色，非常值得我們認識。

　　最後筆者是常在交易債券的投資人，主要以避險資產的美國公債為主。債券交易對台灣投資人而言是比較難以接觸並且陌生的。並且債券的報價不是這麼的透明，也沒有辦法像股票一樣可以直接透過 APP 看到即時的報價。

　　因為一家公司，最多就是母公司與海外掛牌的股票。但是單一公司可能擁有數十，甚至數千檔類型發行利率、匯率、到期時間都完全不同的債券，因此造成了資料過於龐大，並且大多數的交易都是屬於店頭市場的交易，而不是集中市場用電腦自動搓合，仍需要人工去處理這些交易資訊。

　　因此債券市場的報價系統除了 Bloomberg 有完整的資料與即時報價以外，筆者沒有看到有任何（免費）的資訊系統，能夠提供這麼巨量的資訊。如果想要交易債券，請洽各家金融機構。以筆者的經驗來說，券商會有比較多的資訊可以取得，銀行就僅限於信託上架的商品，選擇性就很少了。

結論

1. 債券是資產配置的重要的一環，特性是同一公司相比之下，債券的風險較普通股低，並且債券的收益固定，到期時回收票面本金也固定。

2. 對投資人來說，筆者建議除了需要現金流的族群以外，多數都以公債做資產配置當作避險策略即可。投資等級債、新興市場債、高收債，這些難以理解與分析並且風險又比公債高的券種，建議大家讓專業投資人交易即可。

3. 如果投資人要買債券相關的標的，那筆者建議以債券型 ETF 為主，儘量不要自己挑選單一債券來購買，因為風險較高。

資產配置實務之高股息股票與存金融股

2024 年有一檔高股息股票 ETF 募集（元大台灣價值高息 ETF，代號：00940），造成了自從 1992 年股市創下當年新高 12,682 點以來最多新增開戶數的一年。台灣投資人喜歡股息，這是長久以來的台灣市場現象，但是這麼火爆的高股息股票募集情況，倒是筆者生平首見，什麼是高股息股票？他真的就能夠拿來當長期穩定現金流而沒有後顧之憂？並且近幾年存股異常火熱，其中大家最喜歡的存的股票就是金融股，本章節筆者就針對存金融股與高股息股票來分享。

表 6-6 台灣集保開戶銷戶數表

日期	開戶數	銷戶數	淨開戶數
11208	216,451	100,540	115,911
11209	217,588	147,569	70,019
11210	225,388	155,966	69,422
11211	137,686	125,718	11,968
11212	221,423	139,572	81,851
11301	117,406	15,120	102,286
11302	144,986	9,942	135,044
11303	251,158	16,769	234,389
11304	172,834	52,130	120,704
11305	144,785	28,458	116,327
11306	162,206	14,991	147,215
11307	262,940	98,795	164,145

資料來源：集中保管結算所

高股息股票 ETF

高股息股票，在固定收益類別中屬於風險最高的級別，因為公司營業取得營收獲利之後，必須先償還負債，如果有剩餘的現金流才有機會給付股東權益給股東，因此高股息股票相較於債券，他的發放來源更為不穩定，也因此股息當成被動收入來源，是不確定，也不穩定的。在筆者的規劃中，頂多配置一小部分，不會拿來當成主要配置。

那有沒有能發放股利，但是公司本身又沒賺錢甚至虧損也發放股利的方式？實務上筆者就見過一家台中上市櫃公司當年度虧損，剛辦完現金增資，公司拿到錢之後，立刻就把這一筆錢當成現金股利發放給股東。除了現金增資舉債等方法以外，還可以透過保留盈餘與資本公積當成發放現金股利的來源。（圖6-18）

針對上面這種股利發放的結構與樣態，筆者完全不見以高股息股票 ETF 或是存股的方式來當成主要的被動收入來源，因為很多投資人沒有真正經歷過比較長一點衰退，並且台灣 ETF 的成立是 2004 年以後才成立，高股息股票 ETF 的鼻祖 0056 更是 2007 年度末才成立，所以這類型的商品，存續的期間相對較短。

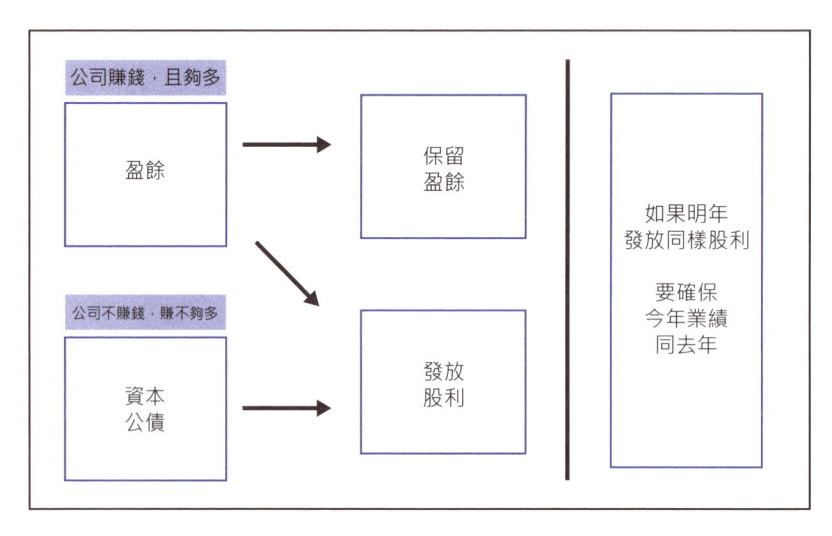

圖 6-18：公司配發股息來源。　　　　　　　資料來源：作者整理

但是因為他取得發放的是股息，因此就繞不開一個話題：如果景氣是衰退的，而且是嚴重衰退的時候，請問高股息股票能發放利息嗎？下面我們就用 0056 當成高股息股票的代表。

表 6-7 0056 元大高股息 ETF 歷年配息表

配息基準日	除息日	發放日	幣別	短期資本利得	長期資本利得	配息總額
2024/01/16	2024/01/17	2024/02/21	台幣			0.700000
2023/10/18	2023/10/19	2023/11/14	台幣			1.200000
2023/07/17	2023/07/18	2023/08/11	台幣			1.000000
2022/10/18	2022/10/19	2022/11/22	台幣			2.100000
2021/10/21	2021/10/22	2021/11/25	台幣			1.800000
2020/10/27	2020/10/28	2020/12/01	台幣			1.600000
2019/10/22	2019/10/23	2019/11/26	台幣			1.800000
2018/10/22	2018/10/23	2018/11/27	台幣			1.450000
2017/10/27	2017/10/30	2017/12/04	台幣			0.950000
2016/10/25	2016/10/26	2016/11/28	台幣			1.300000
2015/10/23	2015/10/26	2015/11/26	台幣			1.000000
2014/10/23	2014/10/24	2014/11/27	台幣			1.000000
2013/10/23	2013/10/24	2013/11/27	台幣			0.850000
2012/10/23	2012/10/24	2012/11/27	台幣			1.300000
2011/10/25	2011/10/26	2011/11/29	台幣			2.200000
2009/10/22	2009/10/23	2009/11/26	台幣			2.000000

說明：[短期資本利得]為在一年之內買進而又賣出的資本；[長期資本利得]是買進資本一年後才賣出的資本。

資料來源：MoneyDJ

圖 6-19：0056 元大高股息 ETF 與 0050 元大台灣 50 市價比較表。

資料來源：MoneyDJ（2008 年 1 月 1 日至 2024 年 9 月 6 日）

　　如表 6-7：眼尖的大家是否有發現一個特別的年代 2010 年，當年 0056 沒有發放股息。深究其原因：2010 年股息是 2009 年賺的，2009 年是剛經歷金融海嘯，景氣能見度最差的一年，因此多數公司都選擇保留資金，沒有發放股息，因此 0056 也沒有收到股息可以發放。

　　而根據歷史績效計算，高股息股票的累計報酬率的績效是輸給市值型的股票 ETF，而高股息股票的波動程度也不會比市值型的股票來得少。（圖 6-19）

存金融股

　　金融股在 2008 年之後，因為景氣長期發展與多頭的股市，就成為了穩健配息並且大到不能倒的機構，甚至被誇大成不會倒閉的這種神話。

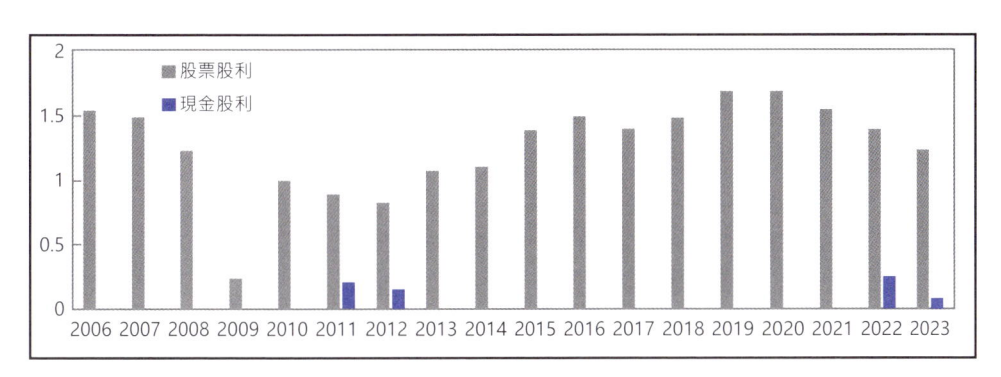

圖 6-20：兆豐金（2886）歷年股利政策及除權息一覽表。　　資料來源：玩股網

　　首先我們還是看看幾間具有代表性的公司的配息。

　　兆豐金是官股銀行，又是外匯指定銀行，也是官股金控，以銀行為主體，是少數在 2008 年以來每年都能夠發放現金股利的公司，只是 <u>2009 年股息比歷年平均低了許多</u>。（圖 6-20）

　　台新金是民營銀行是金控之一，以銀行為主體。2021 年購入保德信人壽，成為銀行、投信、券商、保險公司都有的複合型金控。但是 <u>2009 年台新金控沒有發放任何股票股利與現金股利</u>。（圖 6-21）

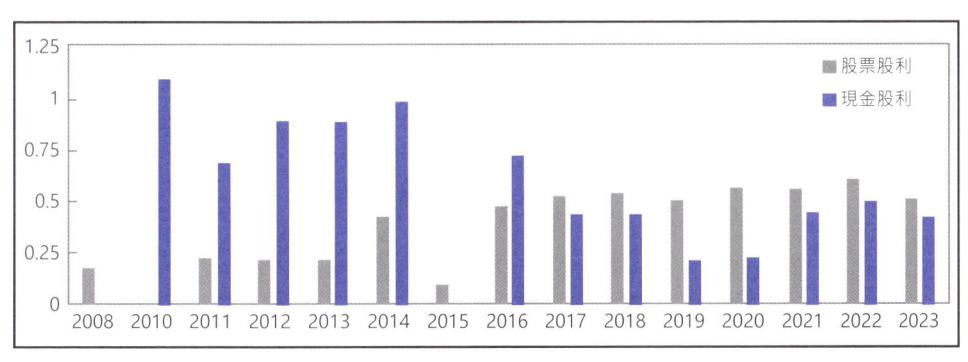

圖 6-21：台新金（2887）歷年股利政策及除權息一覽表。　　資料來源：玩股網

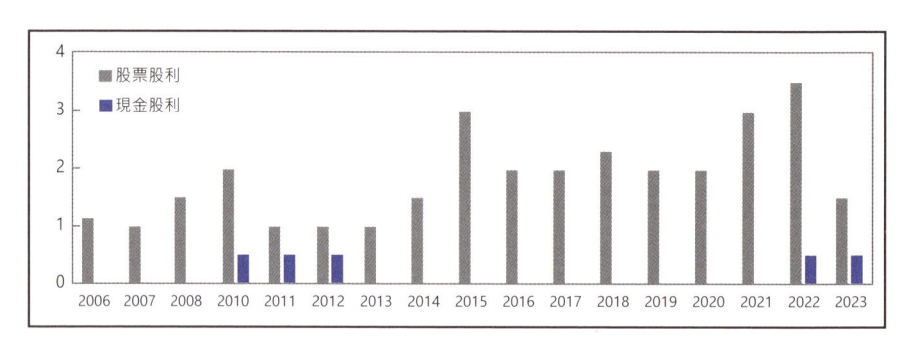

圖 6-22：富邦金（2881）歷年股利政策及除權息一覽表。

資料來源：玩股網

　　富邦金是民營銀行是金控之一，以保險為主體，富邦人壽更是國內第二大壽險公司，是銀行、投信、券商、保險公司都有的複合型的大型金控，更是金控獲利長年的第一名。即使是獲利第一名的金控，2009 年富邦金控沒有發放任何股票股利與現金股利。（圖 6-22）

　　國泰金是民營銀行是金控之一，以保險為主體：國泰人壽更是國內第一大壽險公司，國泰投信也是境內投信的資產規模第一大，國泰世華銀行也是金管會公布大到不能倒的銀行之一。國泰金控是銀行、投信、券商、保險公司都有的複合型的大型金控。即使是這樣等級的金控，2009 年國泰金控沒有發放任何股票股利與現金股利。（圖 6-23）

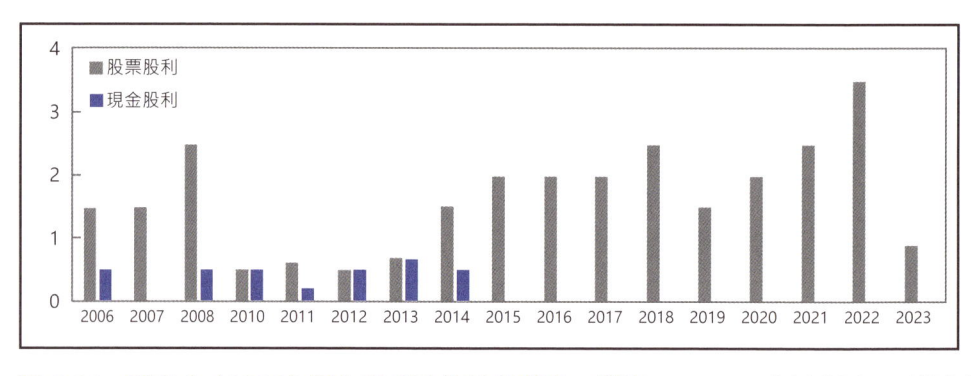

圖 6-23：國泰金（2882）歷年股利政策及除權息一覽表。

資料來源：玩股網

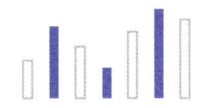

存金融股成為股民最愛的行為之一，這種現象跟高股息股票受到台灣投資人歡迎幾乎是同一時間發生的，因此筆者跟大家分享，金融業基本上是景氣好的時候幾乎年年都賺錢，但是只要一年發生景氣衰退，很有可能把多年累計的獲利一次賠光。

而且金融股的股價通常是股市的落後指標，以台灣來說，台灣以電子股為先鋒（台灣是出口為導向），往往加權指數開始上漲的時候，通常最先行反應的都是電子股，其次是傳產，最末才是金融股。

筆者就以國泰金（2882）當作例子給大家參考：金融股是景氣循環股，只要是景氣循環股，就需要非常有耐心才能長期領取股利股息，並且還要忍受 2008 年金融風暴的時候價格崩盤與 2009 年不發放股利股息。

結論

1. 無論金融股或是高股息股票 ETF，遇到真正的金融風暴的時候，可能都不會發放現金股息，因此這樣的商品在現金流為主的規劃中，只能配置部分資金，不能全數都放在這類型的資產。
2. 無論金融股或是高股息股票 ETF，在財報中都屬於股東權益，因此配息可能都是不穩定與不固定的，這對現金流穩定性是不利的因素。
3. 無論金融股或是高股息股票 ETF，都屬於風險資產，在金融危機發生的時候股價都是崩盤的。

資產配置實務之槓桿反向 ETF

2024 年筆者在參與總經的論壇上，主講人分享了一個特殊的投資組合：1/3 購買單日槓桿三倍的 ETF 加 1/3 Reits 加現金與短期國庫券 ETF，這樣的組合號稱可以跟上大盤，且資金效益更好，也有現金可

以應對未來變局。

表面上看起來沒有什麼比較大的破綻，看起來也可以追上大盤的走勢，不會落後太多，但實際上槓桿型 ETF 本身就是一個不安全不穩定的標的，在我們資產規劃的角度來看，這種商品不合適，應該完全不使用。

筆者下面跟大家分享，這類型商品的問題所在：不清楚、不透明、無法衡量。

適合當資產配置一環長期持有的標的，多數都具有穩健、安全等兩大最重要的因素，那槓桿型 ETF 是怎麼達成所謂的單日三倍槓桿？這個基礎建設的問題，大家就比較少去探討。

當財務規劃的根基不穩（商品不穩定、變數太多），他的結果跟立論也就不會是穩固的，是空中閣樓。

筆者就以三倍做多那斯達克 ETF：TQQQ 當例子跟大家分享。

表 6-8 ProShares 三倍做多那斯達克 ETF 基本資料

ETF名稱	ProShares三倍做多納斯達克指數ETF	交易所代碼	TQQQ
英文名稱	ProShares UltraPro QQQ	交易單位	股/張
發行公司	ProShares	交易所	NASDAQ
成立日期	2010/02/09（已成立15年）	計價幣別	美元
ETF規模	22,954.28（百萬美元）(2024/08/30)	淨值幣別	美元
成交量(股)	54,455,884（月均:55,271,437）	ETF市價	59.1100（09/09）
投資風格	大型股成長型	ETF淨值	59.1500（09/09）
投資標的	槓桿股票	折溢價(%)	-0.07(月均:-0.02)
投資區域	美國	配息頻率	季配
管理費(%)	0.75	殖利率(%)	1.45（09/09）
總管理費用(%)	0.98（含 0.23 非管理費用）	年化標準差(%)	50.03（09/09）
選擇權交易	Y	融資交易	Y
槓桿多空註記	3	放空交易	Y

資料來源：MoneyDJ

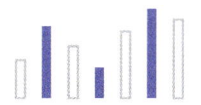

表 6-9 ProShares 三倍做多那斯達克 ETF 持股明細表

資料日期：2024/08/30

個股名稱	投資比例(%)	持有股數
NASDAQ 100 INDEX SWAP GOLDMAN SACHS INTERNATIONAL	38.55	449,708.00
NASDAQ 100 INDEX SWAP BNP PARIBAS	35.07	409,109.00
NASDAQ 100 INDEX SWAP CITIBANK NA	33.20	387,260.00
NASDAQ 100 INDEX SWAP BARCLAYS CAPITAL	31.14	363,237.00
NASDAQ 100 INDEX SWAP BANK OF AMERICA NA	22.83	266,346.00
NASDAQ 100 INDEX SWAP UBS AG	22.11	257,979.00
NASDAQ 100 INDEX SWAP JPMORGAN CHASE BANK NA	21.32	248,703.00
NASDAQ 100 INDEX SWAP SOCIETE GENERALE	20.30	236,784.00
NASDAQ 100 INDEX SWAP MORGAN STANLEY & CO. INTERNATIONAL PLC	19.83	231,314.00
NASDAQ 100 INDEX SWAP NOMURA CAPITAL	10.89	127,048.00

資料來源：MoneyDJ

通常美國發行的槓桿型 ETF 跟台灣是完全不同的兩種商品，台灣的槓桿反向型的商品，多數是使用具有公開市場交易的期貨所組成的，但是美國的槓桿型 ETF 就是一堆衍生性商品合約 SWAP 所組成的。

什麼是 SWAP？他基本上是一種交換合約，內容可以由投資人自訂。

投資人可以跟投行簽訂任何條件，任何槓桿的內容，我們上面看到的持倉，就是 ETF 發行公司 Proshares 跟各大投行簽訂的 SWAP。至於合約內容為何？因為沒有公布 SWAP 合約內容，我們也無從得知內容是什麼，例如：費用是多少？條件為何？有什麼不利因素？極端風險是什麼？這些都是迷霧，我們只能做一件事情：相信公司，還有禱告發行公司不要倒閉（2008 年金融海嘯就是因為大投行之一發行公司雷曼兄弟倒閉引起的）。

近期發生的一個事件為 Bill Hwang 的 Archegos 的大爆倉事件：該公司單日虧損 150 億美金，也讓跟 Bill Hwang 簽署 SWAP 的投資銀行：高盛、摩根士丹利、野村、瑞士信貸（已被併入瑞士銀行）造成約當 100 億美金的損失。

表 6-10 ProShares 三倍放空那斯達克 ETF 基本資料

ETF名稱	ProShares三倍放空納斯達克指數ETF	交易所代碼	SQQQ
英文名稱	ProShares UltraPro Short QQQ	交易單位	股/張
發行公司	ProShares	交易所	NASDAQ
成立日期	2010/02/09（已成立**15年**）	計價幣別	美元
ETF規模	2,408.32(百萬美元)(2024/08/30)	淨值幣別	美元
成交量(股)	167,290,848（月均:160,832,896）	ETF市價	9.3600（09/09）
投資風格		ETF淨值	9.3600（09/09）
投資標的	反向股票	折溢價(%)	0.00(月均:0.02)
投資區域	美國	配息頻率	季配
管理費(%)	0.75	殖利率(%)	9.95（09/09）
總管理費用(%)	0.99（含 0.24 非管理費用）	年化標準差(%)	51.04（09/09）
選擇權交易	Y	融資交易	Y
槓桿多空註記	-3	放空交易	Y

資料來源：MoneyDJ

表 6-11 ProShares 三倍放空那斯達克 ETF 持股明細表

--	--	TREASURY BILL	--	$99,801,757.00	100,000,000	BT029S9
--	--	TREASURY BILL	--	$178,109,328.60	180,000,000	BNM9J42
--	--	NET OTHER ASSETS (LIABILITIES)	--	$-1,171,875,828.40	-1,171,875,828	--
-3.90%	--	NASDAQ 100 E-MINI EQUITY INDEX 20/SEP/2024 NQU4 INDEX	-104,676,600	--	-280	
-13.42%	--	NASDAQ 100 INDEX SWAP NOMURA CAPITAL	-359,966,446	--	-19,290	
-24.40%	--	NASDAQ 100 INDEX SWAP JPMORGAN CHASE BANK NA	-654,582,841	--	-35,078	
-27.38%	--	NASDAQ 100 INDEX SWAP GOLDMAN SACHS INTERNATIONAL	-734,618,926	--	-39,367	
-27.41%	--	NASDAQ 100 INDEX SWAP BANK OF AMERICA NA	-735,533,304	--	-39,416	
-29.57%	--	NASDAQ 100 INDEX SWAP BARCLAYS CAPITAL CITIBANK NA	-793,381,722	--	-42,516	
-30.95%	--	NASDAQ 100 INDEX SWAP CITIBANK NA	-830,479,353	--	-44,504	
-31.84%	--	NASDAQ 100 INDEX SWAP MORGAN STANLEY & CO. INTERNATIONAL PLC	-854,234,526	--	-45,777	
-33.19%	--	NASDAQ 100 INDEX SWAP BNP PARIBAS	-890,604,386	--	-47,726	
-34.76%	--	NASDAQ 100 INDEX SWAP SOCIETE GENERALE	-932,628,463	--	-49,978	
-43.18%	--	NASDAQ 100 INDEX SWAP UBS AG	-1,158,511,681	--	-62,083	

資料來源：ProShares 網站

當時 Bill Hwang 就是跟各大投行簽訂了 5 倍槓桿的 SWAP，讓資金 150 億美元的 Archegos 得以在不驚動市場的情況下持有了超過 750 億美元股票，最後因為股票開始下跌，投行為了逃命被迫快速砍倉，讓這些投行加總起來損失了百億美元，Bill Hwang 則從 100 億美元變成負 100 億美元。這起事件也為壓垮瑞士信貸的最後一根稻草之一，最後瑞士信貸被瑞士央行在短期間內賤價賣給 UBS。

以 SWAP 為組成的三倍槓桿 ETF 會不會有什麼隱藏的風險，或是不為人知的費用？筆者很負責任的跟大家說：我不知道……因為這是 Proshares 跟各大投行簽訂的內容，並沒有揭露給大家知道。

因此筆者完全不建議使用這種不透明的交易工具當成資產配置的一環，他的地位頂多就是拿來投機使用。

除了 TQQQ 是這種結構以外，反向三倍 ETF 也幾乎沒有例外，都是以 SWAP 為主要的持倉。（表 6-10 表 6-11）

眼尖的讀者一定會發現：為什麼筆者在正向三倍 ETF 資料基本資料，持倉來源都採用 MoneyDJ，到了反向三倍持倉資料就變成了 ProShares？（表 6-10 表 6-11）

表 6-12 元大台灣 50 單日正向兩倍 ETF 基本資料

基金名稱	元大台灣50單日正向2倍基金		
成立日期	2014/10/23	興櫃交易代碼	
基金規模	261.58億元(台幣)　規模日期:2024/07/31	成立時規模	12.12億元(台幣)
基金總規模	261.58億元(台幣)　規模日期:2024/07/31	基金公司	元大投信
基金類型	國內股票開放型指數型	基金經理人	曾逸川
計價幣別	台幣		
投資區域	台灣	保管銀行	華南商業銀行
基金評等	★★★★	主要投資區域	台灣
基金統編	38619904	配息頻率	
單筆最低申購	元	風險報酬等級	RR5
定時定額		最高管理年費(%)	1.000
最高手續費(%)	1.000	最高保管費(%)	0.040
買回手續費率	最高不超過每受益權單位淨資產價值之百分之一	是否為ESG	

資料來源：MoneyDJ 網站

MoneyDJ 並沒有完全揭露那斯達克反向三倍 ETF SQQQ 的完整資料，在 MoneyDJ 中只能找到零息債券的持倉資訊，其餘是空白的。只有到 ProShares 網站把所有持倉資料展開之後，才能看到反向 SWAP 的資訊。

　　因此上述持倉資料我們也發現了，無論正向三倍反向三倍 ETF，他們都是使用 SWAP 作為主要成分，因此筆者反對使用這種工具作為資產配置的一環。

巴菲特的名言：不要買不懂的股票

　　筆者承認不懂正反三倍槓桿 ETF，因為筆者無法掌握真正成效，也不能保證他的安全性，甚至無法評估他是否能真正符合三倍績效的這個名詞（實際上為單日正向反向三倍），也無法衡量萬一有一天流動性缺乏，會不會造成跟 Bill Hwang 被迫砍倉，造成市場加速崩盤的

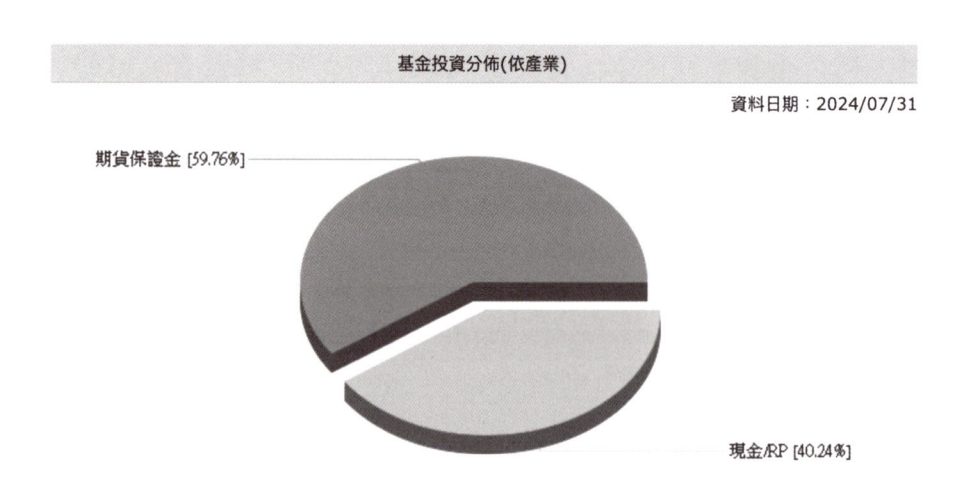

基金投資分佈(依產業)

資料日期：2024/07/31

期貨保證金 [59.76%]
現金/RP [40.24%]

產業	投資金額(以萬元為單位)	比例(%)
期貨保證金	1,563,212	59.76
現金/RP	1,052,604	40.24

圖 6-24：元大台灣 50 單日正向兩倍持倉比例表。　資料來源：MoneyDJ 網站

非商品資產	
項目	金額
保證金	NTD $22,595,412,908
現金	NTD $6,184,889,287
附買回債券	NTD $5,350,000,000
應收利息	NTD $33,749,254
應付受益權單位買回款	NTD $-414,023,356
應付申購預收款	NTD $-144,076,152

基金權重–期貨				
商品代碼	商品名稱	商品數量	商品權重	商品年月
TX	臺股期貨	15450	193.92	202409
NYF	台灣50ETF股票期貨	1200	6.14	202409

圖 6-25：元大台灣 50 單日正向兩倍 持股明細表。

資料來源：元大投信網站（2024 年 9 月 10 日）

惡性循環等因素，因此筆者決定完全不推薦，也不建議使用這種類型的 ETF，因為筆者不知道也不懂，也無法衡量，因為他是 SWAP，只有公司知道投資人不知道。

那麼槓桿反向商品到了台灣，會比較公開透明嗎？筆者的答案是肯定的。

台灣的槓桿反向商品，多數是使用期貨所包裝出來的，相較於 SWAP 來說透明度高很多，但缺點就是成本就是比較高。

如果投資人對於元大台灣 50 單日正向兩倍 ETF 的明細還有興趣想研究，那麼元大投信的網站裡面就有紀錄明細，這樣也可以讓我們看如果未來要轉倉的時候，會折價還是溢價。從圖 6-25，我們得知元大台灣 50 單日正向兩倍 ETF 組成的成分是台股期貨與台灣 50ETF 期貨 9 月份的合約，這時我們就可以使用交易系統觀察，現在的期貨是折價還是溢價，有時候可以洞燭機先，發現一些事情。

當年元大石油正二還在在台灣市場掛牌的時候，筆者就看到持倉都是 2020 年 6 月的合約（圖 6-26）。

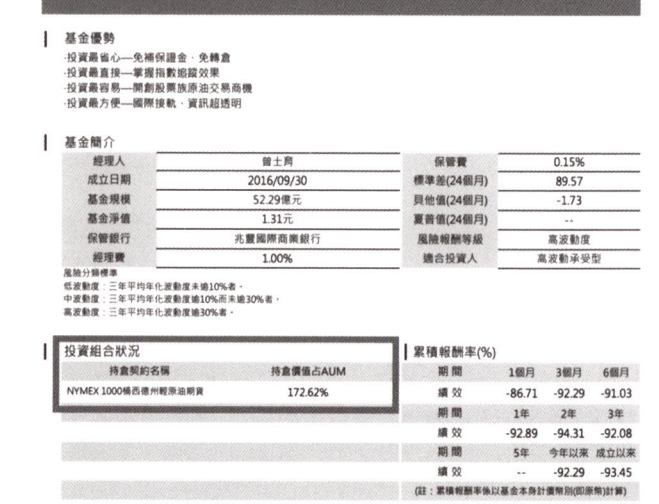

圖 6-26：元大台灣 50 單日正向兩倍，持股明細表。

資料來源：元大投信網站、作者整理

但是一看 2020 年 9 月，2020 年 12 月的合約是比目前合約價格高出非常多，當期貨要轉倉的時候，就會產生嚴重的自然耗損（表 6-13）。

2020 年 4 月元大石油正二淨值約當 1 元上下，但是市價接近 3 元深度溢價 200%（表 6-14）。

直到 2020 年 11 月元大石油正二正式下市，結束了溢價最高 500% 的歷史數據。

因此公開透明的資訊，能讓我們提早趨吉避凶。因為知道他內部本身會有轉倉的問題，並且有高度溢價的問題，我們就能根據這些公開資訊，提早避開這些有問題的標的。反之，一個標的物如果根本無法公開透明，我們直接不要買不公開透明的標的就好，何必一賭人品呢？

表 6-13 2020 年 4 月 15 日 紐約輕原油期貨價格表

商品	成交	漲跌	幅度
輕原油 2005	21.02	-1.39	6.20%
輕原油 2006	27.9	-1.36	4.65%
輕原油 2007	31.93	-1.03	3.13%
輕原油 2008	33.62	-0.8	2.32%
輕原油 2009	34.52	-0.54	1.54%
輕原油 2010	35.14	-0.39	1.10%
輕原油 2011	35.71	-0.23	0.64%
輕原油 2012	36.11	-0.18	0.50%
輕原油 2012	36.11	-0.18	0.50%

資料來源：Ileader（2020 年 4 月 15 日）

　　筆者在 2020 年至 2022 年期間因為台股突破萬點之後，很多投資老師說：台股萬點之上不會是常態，總有一天會下跌的，因此鼓吹會員們存台灣 50 反一這一個反向的 ETF。實務上某壽險公司在 2020 年也存了這一個標的，到了 2024 年仍尚未停損完畢，因此造成壽險公司虧損數十億的商品：元大台灣 50 單日反向一倍 ETF。（表 6-15 表 6-16）

　　他就是單純的反向 ETF，並且使用期貨為主要的放空工具：台股

表 6-14 2020 年 4 月 17 日 元大投信各種 ETF 折溢價表

基本資料		淨值				市價				折溢價		初級市場
股票代碼	基金名稱	昨收淨值(註1)	預估淨值(註2)	漲跌	漲跌幅	昨收市價	最新市價	漲跌	漲跌幅	折溢價(註3)	幅度	可否申贖
00635U	元大S&P黃金	04/16 24.55	24.28	▼0.27	1.10%	24.77	24.41	▼0.36	1.45%	0.13	0.54%	+
00642U	元大S&P石油	04/16 6.41	6.52	▲0.11	1.72%	8.50	8.60	▲0.10	1.18%	2.08	31.90%	+
00672L	元大S&P原油正2	04/16 1.23	1.23	0.00	0.00%	3.11	3.82	▲0.71	22.83%	2.59	210.57%	+
00673R	元大S&P原油反1	04/16 29.87	29.89	▲0.02	0.07%	28.65	28.86	▲0.21	0.73%	-1.03	-3.45%	+
00674R	元大S&P黃金反1	04/16 14.15	14.31	▲0.16	1.13%	14.06	14.24	▲0.18	1.28%	-0.07	-0.49%	+
00682U	元大美元指數	04/16 20.10	20.13	▲0.03	0.15%	20.00	20.01	▲0.01	0.05%	-0.12	-0.60%	+
00683L	元大美元指數正2	04/16 20.64	20.69	▲0.05	0.24%	20.50	20.41	▼0.09	0.44%	-0.28	-1.35%	+
00684R	元大美元指數反1	04/16 17.98	17.96	▼0.02	0.11%	17.97	18.00	▲0.03	0.17%	0.04	0.22%	+
00706L	元大S&P日圓正2	04/16 17.47	17.42	▼0.05	0.29%	17.34	17.40	▲0.06	0.35%	-0.02	-0.11%	+
00707R	元大S&P日圓反1	04/16 19.82	19.85	▲0.03	0.15%	19.65	19.60	▼0.05	0.25%	-0.25	-1.26%	+
00708L	元大S&P黃金正2	04/16 28.07	27.45	▼0.62	2.21%	28.58	27.78	▼0.80	2.80%	0.33	1.20%	+
00738U	元大道瓊白銀	04/16 17.33	17.08	▼0.25	1.44%	17.33	17.32	▼0.01	0.06%	0.24	1.41%	+

資料來源：MoneyDJ（2020 年 4 月 17 日）

期貨與台灣 50ETF 期貨 9 月份的合約（會隨著時間變化而轉倉至更遠的月份）。（表 6-16）

因此筆者對這個商品的意見是：如果想要放空台股，又不想要使用期貨、權證、選擇權等工具時，這就是一個品質單純的工具，但只要是期貨衍生的 ETF，筆者都不太建議長期持有，即使他的內容很單純。

根據筆者從業的經驗，台灣投資人非常喜歡投資這類型三倍槓桿的商品，原因在於除了從業人員推薦以外，他們的目的是快速達成短進短出的效果。單純的購買指數型 ETF 獲利的速度太慢了，因此三倍槓桿類型的 ETF 主要的受眾，都是投機一族，因此策略多半是採取短進短出，不會採取長期持有的策略。

即便如此，筆者也是比較不建議使用槓桿反向的 ETF，畢竟要達

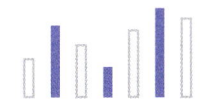

表 6-15 元大台灣 50 單日反向 1 倍 ETF 基本資料

基金名稱	元大台灣50單日反向1倍基金		
成立日期	2014/10/23	興櫃交易代碼	
基金規模	285.11億元(台幣)　規模日期:2024/07/31	成立時規模	14.43億元(台幣)
基金總規模	285.11億元(台幣)　規模日期:2024/07/31	基金公司	元大投信
基金類型	國內股票開放型指數型	基金經理人	陳威志
計價幣別	台幣		
投資區域	台灣	保管銀行	華南商業銀行
基金評等 ?		主要投資區域	台灣
基金統編	38619910	配息頻率	
單筆最低申購	元	風險報酬等級 ?	RR5
定時定額		最高管理年費(%)	1.000
最高手續費(%)	1.000	最高保管費(%)	0.040
買回手續費率	最高不超過每受益權單位淨資產價值之百分之一	是否為ESG ?	

資料來源：MoneyDJ

表 6-16：元大台灣 50 單日反向 1 倍 ETF 持股明細表

非商品資產

項目	金額
保證金	NTD $12,353,718,353
現金	NTD $2,739,279,610
附買回債券	NTD $22,245,000,000
應收利息	NTD $29,520,404
應付受益權單位買回款	NTD $-722,570,400

基金權重-期貨

商品代碼	商品名稱	商品數量	商品權重	商品年月
TX	臺股期貨	-7830	90.13	202409
NYF	台灣50ETF股票期貨	-2100	9.86	202409

資料來源：元大投信

成三倍槓桿的效益，我們可以直接使用期貨，或是直接採取融資的方式購買現貨就可以達成這樣的目的，這樣成本更低，效益更好。

結論

1. 筆者完全不建議在資產配置中使用槓桿反向 ETF，因為這些標的不適合長期持有，並且三倍槓桿 ETF 的組成主要是 SWAP 這種無法衡量的交換合約，在風險無法控管的情況下，不利長期持有。

2. 如果是境內槓桿反向 ETF，相較於境外的槓桿反向 ETF 是比較透明的，真的需要使用這類型的工具，筆者認為境內的優於境外的。

3. 真的需要比較高的槓桿，應該直接使用期貨、選擇權等工具，相較於槓桿反向 ETF，這是更好的選擇。

7

Chapter 07
資產配置的實例

　　本章節將以資產配置實務為主要的分享。沒有被執行的資產配置，等於沒有配置。本章節是筆者在協助多人在資產配置中遇到的許多問題與市場熱門問題的分享。

資產配置實務之投資心理

筆者在投資上有一定的經驗，但有時候也常常懷疑自己，為什麼心中想的跟實際上做的會有一些差異？例如：筆者覺得某標的物不錯，但是卻遲遲沒有下手去買，當該標的物真的如預料上漲，會感覺有點悵然若失，思考為什麼自己不下手去買？筆者追根究底的思考，原來實際上自己沒有真的很確定，所以沒有任何動作。

筆者下面就幫大家整理心理狀態與實務用量化的方式。

聖經雅各書 2 章 18 節可以詮釋買賣心理與實務之間的關係：

你有信心，我有行為；

你將你沒有行為的信心指給我看，

我便藉著我的行為，將我的信心指給你看。

當我們真心認為某個標的一定會上漲，並且明天就要上漲的時候，這時我們在實務上就會立刻行動，並且購買相對大量的部位；如果沒有任何動作，真實的心理狀態可能是看不懂，自己認為上漲的機率 50%，下跌的機率 50%，因此沒有任何動作。

1. 當我們真心認為看漲，並且心中的算盤認為機率是 100% 的時候，那麼我們動作上會直接就買進了，並且買進大部位。

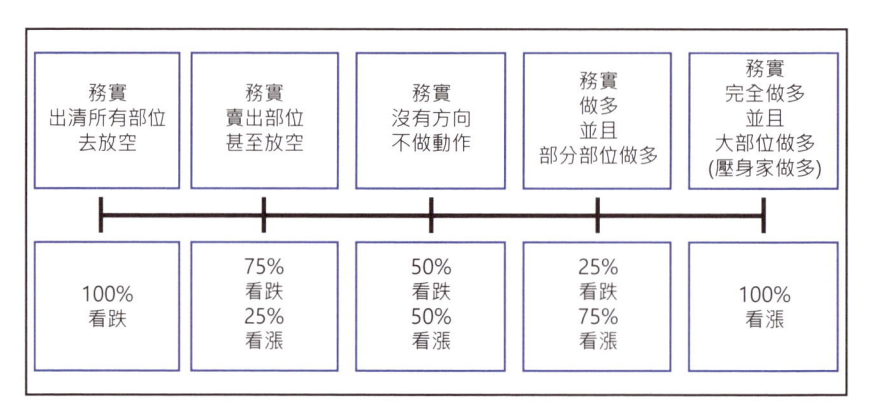

務實 出清所有部位 去放空	務實 賣出部位 甚至放空	務實 沒有方向 不做動作	務實 做多 並且 部分部位做多	務實 完全做多 並且 大部位做多 (壓身家做多)
100% 看跌	75% 看跌 25% 看漲	50% 看跌 50% 看漲	25% 看跌 75% 看漲	100% 看漲

圖 7-1：筆者表達心中真實看漲與看跌的實務表。　　資料來源：筆者整理

2. 當我們真心認為看跌，並且心中的算盤認為機率是 100％ 的時候，那麼我們動作上會直接就出清持股，並且實務上去放空這個部位。

3. 當我們心中有所遲疑，並且心中的算盤認為上漲的機率是 75％，下跌的機率是 25％，那麼我們上漲的確信就會被下跌的恐懼所平衡，我們的信心相對就降低了，實務上我們因為仍然看多，但是不到自信心爆棚的地步，實務上我們就會買進這個部位，但是不會買很大的巨量部位，只有買自己認為安全的部位。

4. 當我們心中有所遲疑，並且心中的算盤認為上漲的機率是 50％，下跌的機率是 50％，那麼我們上漲的確信就會被下跌的恐懼所平衡，變成毫無信心，因為毫無信心，所以實際上我們也不會做出任何動作了。

人的心理很微妙，只有真心認為他會上漲，我們才會有實際的行動。

但是我們常常在市場聽見散戶投資人說：早知道ＸＸ股票，會上漲成今天這樣子，我早就買了！這時候會有很多人附和嘆息。

實際上這些投資人在告訴我們一件事情：他沒有買進這個動作的原因不是因為他真的了解ＸＸ股票，而在跟我們說他根本不了解ＸＸ股票，因為他的不了解，所以他的信心不足以驅動他的行為，所以沒有任何買進的動作。

沒有行為的信心，那個信心是死的。

在金融行業中更常聽見一些業務人員，因為工作需要說：我們應該買基金；我們要買儲蓄險；我們要複委託；我們應該推廣投資型保單等。這時筆者就會觀察他們實際上的行為是否如他們所說。

判斷方式很簡單，當從業人員向我們推銷時，請他拿出對帳單來，他是否真實買入這個商品，來表達從業人員是否真的認為推廣的東西很棒，並且是有益處的，那麼從業人員實務上的行為一定也會認

同並且購買。反之如果這個業務人員根本買不起，或是根本沒有買，那麼我們就可以粗淺的判定，他是認真執行工作，並且用話術跟我們分享而已，聰明人就看破不說破了。

筆者認識一位從業人員，他總是拿某位客戶的對帳單來跟人分享說他買這個商品賺了多少錢之類的當成行銷話術，而這個客戶之所以能有比較高的長期持有報酬率主要是因為客戶不聽從業人員的建議，堅持長期持有。而從業人員很容易因為需要業績，建議短線進出。實際上該從業人員本人沒有投資任何商品，他只買房地產，這就是標準的心口不一。

在風險與報酬中配置

資產配置實務上在做什麼？就是在風險與報酬中間做配置。有複雜的心理狀態，涉及到兩個甚至更多標的相互的比較包含：勝率、報酬、失敗後的損失，還有最關鍵的因素：時間與資產規模。

下面我們就來做一個實務上的投資模擬：如果有四種投資的模擬，參加費用都是 100 元；如果資金不足，那就默認參與投資四。

投資一：投擲硬幣，投出正面可以得到 170 元，投擲出反面則可以退還 1/2 的參加費。

投資二：投擲硬幣，投出正面可以得到 115 元，投擲出反面則可以退還 95 元的參加費。

投資三：投擲硬幣，投出正面可以得到 105 元，投擲出反面則可以退還 99 元的參加費。

投資四：投擲硬幣，投出正面可以得到 102 元，投擲出反面則可以退還 100 元的參加費。

如果沒有選擇任何一種投資那就默認參與投資四。

如果用計算，我們可以得知：

投資一的期望值是 $170 \times 0.5 + 50 \times 0.5 = 110$

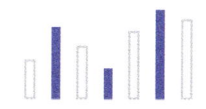

投資二的期望值是 115×0.5 + 95×0.5 = 105

投資三的期望值是 105×0.5 + 99×0.5 = 102

投資四的期望值是 102×0.5 + 100×0.5 = 101

當我們如果有無限多次的機會可以參加投資，那理性的我們應該都會參加投資一，因為根據計算他的期望值比較高，雖然有 1/2 機會造成重大損失，但是報酬率更高。如果有無限多次的機會，經過長期參與累計下來，我們會取得更好的投資成果。

但問題就出在：

1. 我們可能沒有無限多次的時間來參加遊戲。
2. 我們手上的有多少 100 元也會決定我們參加哪一種遊戲的意願。

資產配置其實就是在這幾種投資方式中決定參與哪一種，實務上報酬率、勝率、損失都是未知，只能用歷史上的平均值去計算。

投資一的結果跟股票相近，投資二的結果跟高風險債券相近，投資三則跟高信評債券相當，投資四的結果跟定存相近。

目光拉回到實務上，從年紀高低開始推理

常理來說年紀較大的投資人，他的投資行為是否就會比較傾向投資二或是投資三甚至是投資四。因為他的投資機會比較少，比較難忍受萬一出錯損失 50％ 的風險，因此行為上自然就會傾向規避風險，而不是創造較高的報酬率。

年紀比較輕的投資者，就應該比較傾向投資一，因為年輕的投資者常理上會有比較多的次數可以參與。長期下來他們有很高的機率可以取得較高的報酬率，並且年輕的投資者如果失敗了，也比較有重新再來的機會。

從資金規模大小來推理

資產中有很多 100 元的投資者，會比較傾向投資一，因為他能夠容許夠多次的出錯，並且多次平均下來，會取得較高的報酬率。

但是口袋中只有 100 元的投資者比較傾向投資二與三，因為他們可能沒有太多次在錯誤中翻盤的機會，即使他們知道遊戲一的期望值比較高，但是損失的恐懼仍會讓他們不敢去冒險，因為他們可能沒有再來一次的機會。

剩下就是連 100 元都湊不出來的投資者，那很可惜的他只能選擇投資四。

投資四的特性就是不會虧錢，但是這只在帳面上沒有虧錢。現實中購買力會因為通貨膨脹而被稀釋，投資四只會讓購買力越來越低，雖然資產名目上的數字增加，但是資產價值越來越低。

因此透過上面的經驗與推理，我們資產配置與規劃要做的就跟投資股票一樣專注兩件事情：選股、選時。

目標如下：

1. 提高勝率，降低失敗機率：選擇長期績優的標的物。
2. 降低失敗的損失：選擇出錯率更低更穩健的標的物。
3. 提高獲勝的報酬：在對的時間看清楚未來的趨勢、選擇龍頭股。
4. 資產配置降低投資者偏好導致的重大錯誤：適度分散標的分佈。

這樣我們就能夠把資產配置做得更好。

下面的章節筆者就針對實務規劃的經驗跟大家分享。

資產 1.5 億以上的配置

按照瑞銀的台灣財富金字塔，淨資產超過 1.5 億新台幣（約當 500 萬美金）以上基本上就算是財富自由的階段；但是筆者建議 1.5 億（約當 500 萬美金）淨資產應該要扣除掉自用不動產後，仍有 1.5 億（約當 500 萬美金）新台幣以上的可即時變現的淨資產比較穩當；因為除非真的過不去了，才有機會把自住的不動產拿去抵押借款 or 賣掉變現，自住不動產原則上是不會隨意去更動的，就跟起家厝一樣。

因此筆者重新定義：扣除掉自用不動產，淨資產超過 1.5 億新台幣（約當 500 萬美金）以上的，就屬於這一個族群，是筆者認定的財富自由的階段。

這一階段的富人應該怎麼安排自己的財富？

筆者的規劃通常分為幾個面向：

地緣政治的風險

這些高淨值族群第一個問筆者的問題通常是：如果解放軍來台灣了，那應該怎麼辦？

這個問題之所以重要，主要就是這些富人的財富中有非常大的一部分在台灣的地產中（很多都是地主、房東等），他們會關注如果有一天戰爭發生，他們的資產是否能得以保全。

身分

根據目前所有關於戰爭的資訊，最早能知道的都是美國的情報單位，無論近期發生的俄烏戰爭、真主黨與以色列的戰爭，美國都是最早發出撤僑通知的國家，他們的情報精準程度都非常的高。

根據公視 2023 年 7 月 19 日報導推測：AIT 的擴建目的是為了如果有一天戰爭爆發，美國可以用 AIT 將美國公民透過直升機的方式接駁到外海的美國海軍艦艇，以保障美國公民的權利。

面對中國解放軍的威脅，首先就是要取得除了中華民國以外的國籍身份，最好是取得美國籍。並且台灣本身是允許雙重國籍的，只要不參與政治以及是中華民國公務人員的身份，就不會有被迫放棄美國籍的可能。

因此筆者面對地緣風險這個無可迴避的狀況，建議擁有除了中華民國國籍以外的第二國籍，就以台灣來說，實務上擁有台美雙重國籍的台灣人不在少數，這樣面對地緣戰爭爆發的時候，會比較有機會成功離開台灣，遠離戰爭。

就筆者觀察：台灣的富裕階級、政治領袖，大家可以去查詢他們的第二代、第三代的國籍狀況，相信可以給我們很多的啟示，台灣很多權貴、富人很早就預想好退路了。

地產

既然考慮到解放軍攻台的可能性，那搬不走的地產就是我們要規劃的重點。考量到地產多數人想保留地產的所有權而不去變賣的情況應該思考：把台灣的地產轉換成貨幣與金融資產，用貨幣利息以及金融資產的配息與獲利，來支付地產轉換的成本（利率）。

因為當解放軍攻台之後，請問台灣的貨幣與地產會發生什麼狀況？根據 1996 年台海導彈危機的歷史，大致上就是會發生台股崩盤、貨幣貶值、不動產流動性凍結甚至殺盤賣出的狀況。

如果解放軍攻台，屆時全世界各國都已經在準備撤僑的活動了，這時候想要變賣資產，還有賣不出去的可能。所以當事情臨到頭，才想要撤退是來不及的，必須提早規劃：狡兔三窟。

台幣與台股

歷史上只有美國在面臨戰爭狀態時，仍能保持開盤，烏克蘭的戰爭給了我們很多的啟示。當真的發生戰爭，台幣不可避免地會崩盤，

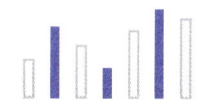

台股能否運作變現,都是一個很大的挑戰。我們這一輩人並沒有遇到這種狀況過,所以要避免這種風險,我們就必須要全方位的布局,除了台灣的資產以外,還需要境外資產作預備,只要金融體系仍能運作,屆時都還是能移轉資產的。

海外投資

筆者一些高資產客戶,如果是以貿易為本業的,通常台灣、香港、美國、新加坡,甚至澳洲、紐西蘭都會有帳戶,我們能做的就是不要把所有的資產與資金都放在一個地方,至少是多重分配資源。

現金黃金

家中保險箱預備美金現鈔與黃金,網飛電影:泳出新生,裡面就描述了敘利亞遭逢戰爭之後,逃難的過程,他國貨幣現鈔是需要準備的,並且根據1949從中國撤退來台的長輩們口述,當時他們是在衣服裡面縫碎金塊,用這些金塊到台灣之後,才有錢(當時的貨幣已經是廢紙了),然後太招搖拿著金條金塊的,在路上就被消失了,所以我們需要準備一些現金與黃金,作為萬一無法第一時間離開台灣的第二預備。

上述是筆者跟高資產客戶分享,萬一解放軍攻台筆者的想法。

資產配置的比例

筆者在證券公會的從業人員的投資風險與資產配置課程中,通常第一句話會問在場的從業人員:如果是高資產客戶,您認為高資產客戶的資產配置是境內多,還是境外多?為什麼?多數從業人員認為:境外多,比重不是最多的境內與境外比重是2:8與3:7。

這個結果跟筆者的想法一致,因為目前台灣最大的投資機構是壽險公司,並且壽險公司的投資部位巨大,對風險與報酬非常專業與敏感。

財務狀況 - 資金運用表

資料日期：中華民國113年8月
單位：新臺幣仟元

列號	項目	113年度最新一期金額	112年度金額	111年度金額	110年度金額
1	銀行存款	163,828,267	76,127,418	165,669,797	233,293,359
2	有價證券	1,127,321,192	1,093,868,012	922,282,284	1,062,786,259
3	不動產	510,026,187	501,757,599	492,269,496	479,759,424
4	放款	366,904,543	381,730,734	430,491,798	467,068,807
5	專案運用及公共投資	23,164,471	23,223,044	21,296,756	17,770,311
6	國外投資	5,534,759,152	5,358,394,255	5,105,780,828	4,820,414,740
7	保險相關事業	1,348,279	1,268,278	1,240,035	1,284,299
8	衍生性商品				
9	其他	27,142,350	19,933,343	15,255,840	3,349,275
10	資金運用總計	7,754,494,441	7,456,302,683	7,154,286,834	7,085,726,474

圖 7-2：國泰人壽保險股份有限公司資訊公開說明文件。

資料來源：保險業公開資訊觀測站

人壽公司的投資屬性以長期穩健為主，並且還帶有一些成長的因子。高資產人士很適合學習人壽公司的配置。筆者下面以台灣最大的人壽公司：國泰人壽的資金運用當作借鏡（如圖 7-2）。

國泰人壽的資金運作總額約當 7.75 兆台幣：第一大的部位是海外投資，約莫有 5.5 兆元，佔整體的比重約當 70%；第二大的部位是國內有價證券約當 1.1 兆元，佔整體的比重約當 14%；第三大的部位是不動產約當 5,000 億元（PS：因為這些不動產都是成本認列，因此市價會比這些數字更高得多），佔整體比例約 6%。

因此我們就以國泰人壽的資產配置為模板，境外投資應佔 70%，境內股票與不動產加上現金約當 30% 為範例。

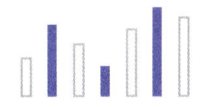

境外投資：筆者建議選股的範圍不要太過於廣，集中於 ETF 或是持有相對看好的個股，總管理的標的數量建議低於 20 個標的以下，甚至我們可以全數都以市場上的 ETF、CEF 作為主要的配置，不一定需要購買單一公司。

以高資產求穩健的情況而言，基本上維持股債比例 1：1。

股票

以 VT（全球股票 ETF）、SPY（標普 500ETF）、BRK.B（波克夏海瑟威）、0050（台灣 50）這幾個投資範圍夠分散的標的為主要持倉，如果對某些國家產業的發展特別有興趣，那我們也可以配置一部分的部位例如：INDA（印度 ETF），或是以 AI、機器人為主的 ETF。

其次可以根據自己的偏好，投資一些自己特別喜歡或是特別偏愛的科技股與個股。

單一個股

例如筆者的醫師客戶族群，通常都持有直覺外科（ISRG）達文西手術機器人的公司；科技業的族群會持有台積電（代號 2330）、輝達（NVDA）、艾司摩爾（ASML）等科技相關個股；另外筆者也會因為地緣性政治的因素，建議配置軍工股例如：洛克希德馬丁（LMT）、雷神公司（RTX）等。

軍工股的特性是如果世界發生戰爭，這時候通常所有股票都容易下跌，但是軍工股因為是戰爭概念股，反而會上漲，降低地緣性風險對股市的影響。最後筆者還會跟高淨值客戶分享一個產業：奢侈品產業，因為奢侈品產業比較不受到景氣影響，年年價格上漲，並且營收獲利在近年仍是持續新高，因此我們會考慮配置：LV 集團（LVMH）、愛馬仕（HERMES）、法拉利汽車（RACE），這些個股都會因為族群偏好不同，會有不同的選股。

表 7-1 國泰人壽台股前 18 大持股

公司名稱	股數(千股)	持股月份	收盤價	持股比率	推估質押比率	市值(千元)
2412 中華電	200,123	2024/09	125	2.58%	0.00%	24,915,314
1216 統一	257,008	2024/09	88	4.52%	0.00%	22,488,200
3045 台灣大	177,019	2024/09	115	4.75%	0.00%	20,357,185
2454 聯發科	17,494	2024/09	1,155	1.09%	0.00%	20,205,570
4904 遠傳	215,800	2024/09	91	5.98%	0.00%	19,659,380
2886 兆豐金	408,507	2024/09	39	2.75%	0.00%	15,931,773
2382 廣達	59,679	2024/09	253	1.55%	0.00%	15,098,787
2308 台達電	30,715	2024/09	389	1.18%	0.00%	11,948,135
8069 元太	38,684	2024/09	288	3.38%	0.00%	11,140,992
2912 統一超	33,620	2024/09	293	3.23%	0.00%	9,850,660
2891 中信金	275,074	2024/09	32	1.4%	0.00%	8,843,629
3008 大立光	3,226	2024/09	2,705	2.42%	0.00%	8,726,330
5274 信驊	1,602	2024/09	4,710	4.24%	0.00%	7,545,420
6488 環球晶	14,269	2024/09	460	2.98%	0.00%	6,563,740
2892 第一金	210,658	2024/09	27	1.5%	0.00%	5,772,029
3533 嘉澤	3,554	2024/09	1,425	3.16%	0.00%	5,064,450
3653 健策	3,832	2024/09	1,300	2.68%	0.00%	4,981,600
5347 世界	46,181	2024/09	106	2.82%	0.00%	4,895,186

資料來源：網龍大富翁網站、國泰人壽

台股

筆者就以國泰人壽 2024 年 9 月的持股給大家參考：以穩健、長期成長的個股股票為主，台股的部分國泰人壽持股約當 3,000 億台幣，約當總投資金額的 4%（如表 7-1）。

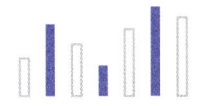

FCN

根據 FCN 的特性，我們可以適度搭配上面一些自己特別偏好的個股，但是覺得他的股價很高，需要下跌一些價格我們才認為有足夠的安全邊際，因此我們可以這些個股作為 FCN 的連結標的，配置上比例不宜過高。

債券

債券的配置對筆者來說，主要目的是為了領息與避險的資產配置，筆者會以長短天期美國公債為主要配置，搭配上投資等級債 ETF、市政債 CEF、高收債 ETF、高收債 CEF、特別股 ETF、特別股 CEF 等組合，做出一個符合客戶現金流需求的模型，而平均信用評等會落在 BBB 以上，我們以投資等級債券為投資主體。

基於報酬率的觀點，如果真的非常看好公司，我們會偏向投資該公司的股票，而非債券，因此在投資債券上，我們會儘可能地降低單一公司債券的持有（真的很喜歡該公司買股票獲利更高）。

如果需要現金流，我們就會避開選債，因為會增加錯誤的機率，筆者較為偏好投資債券範圍夠大的 CEF、ETF，這樣我們把注意力集中在選股即可，這樣既可以降低標的物過多導致的績效降低與出錯率增加，也能充分地分散投資組合，這樣是一舉兩得的方法。

資產移轉的問題

最後這個問題是多數高資產客戶的共通問題，筆者比較習慣作量身定做的規劃，使用的工具會有閉鎖型公司、控股公司、特別股、信託、保險等工具相互搭配。

結論

1. 高淨值客戶的資產配置的核心為穩健，壽險公司的配置就是我們很好的借鏡。

2. 以股票投資來說：應該以全球分散的投資為主，或是選擇部分有潛力的國家 ETF，最後才以個股特別偏愛的個股為配置。

3. FCN 配置的比重不宜過高，可用自己喜歡的個股為連結標的。

4. 以債券投資來說：應該以無風險的美國國庫券或是其他信評 AA 以上的國債作為主要配置，其他市政債、投資等級債、高收益債、特別股等，筆者就建議以 CEF、ETF 的形式持有，不以直接持有債券為主，這樣可以降低風險與適度分配標的物，而現金流的來源因為主要來自於信評 AA 以上的國庫券、CEF、ETF，也不用擔心因為選債錯誤而造成沒有配息的狀況。

5. 資產移轉都屬於量身定做，我們就依照實際情況規劃。

資產 1,000 萬至 1.5 億的配置

資產 1,000 萬至 1.5 億這一資產階段的族群，財富尚未完全自由，但是已經建立了基本的護城河，只要沒有遭受到重大的意外與人身風險，基本上只要穩健地持續下去輔以足夠的時間，應該都能成為資產超過 1.5 億的富人。

在規劃上，最重要的是資產穩健成長重於保險保障。

穩健現金流

這一群族的投資配置：筆者建議股債比 6：4 能夠承擔波動者甚至可以 7：3，因為資金相對比較多了，資產水位也達到了一定的水平，所以我們更有餘裕不去冒風險，而求取穩健成長。

首先這一族群在債券的配置上，我們可以部分採取現金流為主的配置：讓被動的收入解決一些費用的問題。筆者還記得 2017 年蔡賢龍醫師在演講中提到：我們怎麼完成財富自由？一次就說要資產 1,000 萬元目標實在太大，因此我們必須把目標切割的小一些。例如：我們

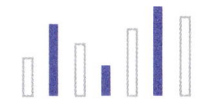

一般家庭的水費，一個月是 500 元，一年就是 6,000 元。以現金殖利率 5% 來反推，大約需要 12 萬的本金，並且購買現金殖利率 5% 的商品，這樣就能一年取得 6,000 元，相當於一個月 500 元，這樣我們就水費自由了。

那怎麼達到水費自由？一個月存 1 萬元，連續存 12 個月，到年底的時候我們就水費自由了。

同理如果我們要電話費自由：現在一個月的手機月租費相當於一個月 1,000 元，一年 1.2 萬元。以現金殖利率 5% 來反推，大約需要 24 萬的本金，並且購買現金殖利率 5% 的商品，這樣就能一年取得 1.2 萬元，相當於一個月 1,000 元，這樣我們就電話費自由了。

那怎麼達到電話費自由？一個月存 1 萬元，連續存 24 個月，到 2 年後我們就電話自由了。

按照上述的邏輯，當我們現在有 1,000 萬的資產，我們分配 100 萬至 200 萬購買固定收益類型的商品，讓我們的水、電、瓦斯、電話、大樓管理費、人身保險費等都現金流自由，這樣後顧之憂就降低很多，可以更安心的追求穩健的報酬率。

選擇標的上筆者就會建議以足夠分散的 CEF、ETF 為主要架構，例如：美國市場交易的：市政債 CEF、投資等級債 CEF 與 ETF、高收債 CEF 與 ETF；台灣市場交易的：投資等級長天期債 ETF、長天期金融債 ETF、高收益債 ETF 等，長期配息穩健的標的，就可以組合成約當現金配息 6% 的投資組合。

對自己選股有自信的，更可以按照自己的專業，選擇單一特別股如 C-N（花旗銀行 ETD）、TBB、TBC（AT&T 交易所交易債券）、ATCO-H（西斯班公司特別股）這些特別股，現在在美國市場交易，很容易找到一年現金殖利率超過 7% 以上的標的，但是相較於 CEF、ETF 的風險就大得多了，筆者就建議適度配置即可，應該以 CEF、ETF 為主要的配置，剩餘的一些部位再來購買單一特別股或 ETD。

台灣也有一些特別股,例如:國泰金乙特、富邦金乙特、台新金乙特、國喬特、中鋼特等,但是因為這些特別股的配息來源為境內公司配息,如果單筆超過 2 萬元以上,配息要被台灣課 2.11％健保補充保費(目前有消息說要提高健保補充保費的課徵比例),並且如果收入高一點的族群,還有股息 28％分離課稅,稅後會降低很多台灣特別股的吸引力。

而以境外收入為主,無論台灣發行或是掛牌在美國的標的,都受到最低稅負制課稅,以 2024 年來說有高達 750 萬元的扣除額,基本上光海外所得配息,很難超過這一個數字,因此無論境內外配息來源為海外的 CEF、ETF 都比台灣境內發行的特別股稅負來得優惠。

穩健投資

以 VT(全球股票 ETF),SPY(標普 500ETF),BRK.B(波克夏海瑟威),0050(台灣 50)這幾個投資範圍夠分散的標的為主要持倉,並且必須每個月都固定做定期定額,持續不斷地提高自己投資資金,並且如果願意冒風險,我們可以選擇 1 至 2 檔個股當成配置,選擇自己熟悉的潛力股,加快自己的資產成長速度。

筆者過去就有在台積電工作的客戶,他對自己的公司深具信心,除了配置上述分散型的 ETF 之外,還配置了 2330 台積電。ETF 比 2330 約莫 7:3 的比重,他就以這樣的投資組合,績效勝過大盤,也加速了自己資產成長的速度。

然後以資產成長到 1.5 億元台幣(約當 500 萬美金)為目標。

債券投資

以信評 AA 等級以上的的政府公債為主要標的,因為市場不會只有上漲而永遠不下跌,高信評的政府公債在面對股市崩盤的時候,不會下跌反而會上漲的特性,這樣能降低整體投資組合的波動。

標的以美國政府公債為主,其次可考慮德國、英國、法國公債。

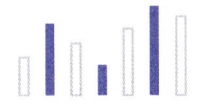

保險保障

財富來到了 1,000 萬至 1.5 億這一階段，能夠讓財務狀況急速惡化的只有三種狀況：1.失能長照； 2.突發的身故； 3.重大疾病（癌症），這時候我們仍需要透過保險來規避這些風險，並且我們可以規劃現金流的投資來支付這些費用。

例如身家來到 3,000 萬，我們配置 500 萬在殖利率 5%的投資標的上，一年就可以取得約當 25 萬元台幣的現金流，這些資金用來購買上述三種保障型保險是非常足夠的。

如果這時候還買了房子有貸款，我們就需要規劃壽險與意外險來規避這個風險。筆者的規劃經驗：醫師夫婦在新北買了房子，貸款金額約當新台幣 5,000 萬元，雖然醫師夫婦的收入很高，但是如果發生失能長照、身故、重大疾病等，也會顯得非常吃力，因此我們就透過訂做的保險規劃來解決這個問題。

最近還有一位好朋友問筆者一件事情：小孩的醫療險規劃都是以定期險為主，定期險會隨著年齡越來越高，保費也會越來越貴，這樣未來會不會造成負擔？

筆者回答：以您的狀況，20 年後雖然保費成長了 50%，但是以我們目前資產成長的速度，遠遠高過保費成長，並且現在光是一年的現金流收入，就超過了 100 萬台幣，20 年後預估會超過 300 萬台幣。目前一年 3 萬台幣的保費，20 年後成長了 50%到一年 4.5 萬，那時候以我們的投資與現金流規劃來說，應該是小菜一碟。

因此從上面幾個例子來看，保險雖然重要，但是對財富來到了 1,000 萬至 1.5 億這一階段的人來說費用不是什麼大問題，重點仍在使用相對便宜保障較高的定期險，來完成階段性的保障目標。

當年筆者被一位超高淨值的客戶更新了思維，當時筆者幫這位超高淨值的客戶規劃了完整的保障：失能一個月 15 萬，醫療實支實付 40 萬，重大疾病與重大傷病 300 萬，規劃完之後筆者很滿意。

超高淨值客戶看了規劃之後，問了筆者一個問題：我現在銀行帳上有 10 億元，什麼事情都不做只做定存，一年也有 1,500 萬的利息收入，請問這些保障對我有什麼特別的意義？

因此筆者更新了自己的保險觀念，保險是針對資產相對不是這麼足夠的時候，我們要透過保險來規避自己的人身風險。當資產夠多的時候，保險的目的就不再是保障，而是分配資產與節稅的其他目標。

對筆者來說，完全不需要保障型保險的資產劃分以 1.5 億元台幣為界線，因為 1.5 億元台幣，全數投資在現金殖利率 5% 的標的物上，一年可以產生約當 750 萬台幣的被動收入，這樣的收入即使面對失能、重大疾病等風險也非常足夠了。

超過 1.5 億資產的族群不太需要額外規劃保障型保險，應該把目光放在可指定受益人、有節稅可能的險種上。

在 1,000 萬至 1.5 億這中間，我們仍以保費便宜、保障高的險種為主。

結論

1. 穩定的現金流可以讓我們的許多費用無後顧之憂，因此財富達到這一階段人可以善用此工具。
2. 穩健的投資可以加快資產成長的速度，目標是 1.5 億台幣。
3. 這一階段的保險重要性相對降低，但是遇到高額房貸、重大疾病等，仍有可能侵蝕過去的努力，因此也必須配置，而保費來源可以透過現金流投資而來，並且規劃的險種應以保費便宜、保障高為主。

資產 1,000 萬以下的配置

　　資產 1,000 萬以下的族群基本屬於財富累積的時期，為什麼筆者以 1,000 萬台幣作為劃分？當我們的金融資產超過 1,000 萬以上的時候，我們光是把這 1,000 萬拿去做穩健的現金流配置：分散這些資產買 AA 以上公債加上投資等級債 CEF 與 ETF 與高收益債 CEF 與 ETF，這樣就有機會組成現金殖利率 5% 至 6% 的組合。以目前台灣薪資中位數不到月薪資 5 萬元，年薪資不到 60 萬元來看，資產超過 1,000 萬的固定收益組合，就可以帶來約當台灣一個勞動人口一年年薪的收入。

　　超過 1,000 萬以後，勞動收入的比重就會降低，整體的人身風險也會降低，如果將來家庭成員想要做自己喜歡的事情，那生活費就有機會用資產的孳息來使用，而不會動用到本金。

　　因此新台幣 1,000 萬是一個重要的分界，而低於 1,000 萬的族群務必以扣掉自住不動產之後，金融資產超過新台幣 1,000 萬為目標。

　　以筆者規劃的經驗來說，資產 1,000 萬以下主要是 18 至 50 歲之間，收入主要來源是勞動收入為主，並且年薪低於 100 萬的族群為主。

　　這一族群最重要的目標：增加儲蓄與收入能力、穩健投資與人身保險為最重要的三大關鍵。

　　這三樣目標最重要的是增加儲蓄與收入的能力，其次是人身保險，最後才是穩健的投資。

增加儲蓄與收入能力

　　這一族群多半都以勞動收入為主要來源，因此這時候應該要特別的節制，克制自己個人的慾望，例如買新車、買奢侈品等。一個月存一萬元去投資跟一個月存二萬元去投資，經過複利之後產生的效果是截然不同的。

　　筆者建議除了降低支出以外，還需要把自己的收入提高。

一般行業要提高自己的收入，需要非常專業與學歷與經驗，這時候筆者就建議，在工作之餘務必去進修，讓自己的能力提升，能力一但提昇了，薪資就有機會提升。月薪 3 萬跟月薪 5 萬的儲蓄能力是有顯著的差異的，何況月薪 7 萬甚至更高。

　　如果在公務機關服務，筆者也建議應該積極的準備升等與專業加給，唯有升等與專業加給，能讓薪資收入有比較大的提升，這些都需要花時間與花錢，但是對整體財務非常有幫助。

　　但是如果難以升等或是取得專業加給，那麼我們就要在支出上面下功夫，要節制支出，因為公務機關的薪資提升是按照年資計算的，收入成長在相對低的情況下，支出的控制就變成最重要的議題。

人身保險

　　為什麼保險會是三大重點之一，並且重要性高於穩健的投資？因為根據筆者的經驗，這一族群的主要收入自於勞動收入：有上班有錢領，沒有上班沒錢領。

　　萬一因為疾病跟意外發生，導致收入中斷並且要支出大筆資金的時候怎麼辦？

　　如果我們經過 10 年的累計，好不容易股票淨值來到了 300 萬元，但這時候因為癌症的發生，請問我們的 300 萬去面對重大疾病的發生夠嗎？能不拖累家人嗎？這時候我們就需要就需要保險來移轉這個風險。

　　筆者的經驗中，就有客戶家庭遭逢這樣的狀況，月薪約 4 萬台幣。他們家庭好不容易存了 100 萬，結果就遇到了重大疾病，而他又是家庭主要的收入者，一時間家庭的財務狀況就崩毀了。

　　這個階段因為資金相對少，並且收入也相對低，這時候我們的人身保障請務必以定期型的險種為主要規劃方式，要把最重要的失能、長照、重大傷病、重大疾病、醫療實支實付、壽險都考慮進去，並且

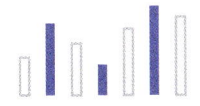

筆者建議，年保費支出不要超過年所得的 10%，避免保費支出吞噬了投資所需要的資金，讓自己資產成長的速度變慢了。

當我們做好了保障的規劃，這樣我們才不會畏懼因為疾病意外發生，導致家庭收入中斷，醫療費用大增，導致原本就比較缺乏的財務狀況，雪上加霜，甚至把數年累計的資金，一次就花光。

穩健投資

這一群族的投資配置：筆者建議股債比 7：3。能夠承擔股價大幅度波動者可以達到股債比 9：1，因為資金相對少且比較年輕，應該可以多冒一些波動的風險，去獲得更高的投資報酬率。

不冒險才是高風險：因為資產不足的情況下，面對任何風險都沒有抵抗的能力：例如景氣不好的失業、人身的疾病意外、家庭的突發支出等。

因此必須要積極一點求取穩健並且較高的報酬率。

股票

以 VT（全球股票 ETF），SPY（標普 500ETF），BRK.B（波克夏海瑟威），0050（台灣 50）這幾個投資範圍夠分散的標的為主要持倉，並且必須每個月都固定做定期定額，持續不斷地提高自己投資資金，除了強迫自己儲蓄以外，還能跟上通膨與全球的資產成長列車，並且上述這些標的，除了景氣衰退的時間以外，長期而言都是持續向上的，這些標的能有效的降低因為錯誤選股而造成的資產停滯，養成持續不間斷的儲蓄習慣。

實務上，筆者在 2016 年遇到一位媽媽，當筆者跟她分享完股神巴菲特的公司 BRK.B 之後，她立刻決定要投資，並且幫自己的兒子投資 10 萬美金 BRK.B，而她自己帳戶也投入 10 萬美金，由她自己本人短線操作。

2024 年 8 月時這位媽媽問了我贈與稅的問題，因為她想要把兒子的資金部分轉回自己的帳戶，當年波克夏股價約當 160 元，到了 2024 年 8 月平均股價都超過 400 元以上，經過 8 年的時間報酬率超過 100%，而她本人的帳戶反而降低到 8 萬美金，因為短線操作股票失利，沒賺到錢反而還賠錢。

在投資上，基本上能長期勝過大盤的專業人士不到 20%，如果是一般投資人更低於 1%，這相當於 PR99 以上的人，才有機會透過選股與選時勝過大盤，只是多數投資人都認為自己是 PR99，而不去追求 PR90 以上的穩健標的。

筆者常問這些投資人為什麼這麼做？多數人都回答，VT、SPY、BRK.B、0050 這些太慢了，他們希望報酬率更直接更快一點，因此他們常常使用高波動的股票、槓桿型 ETF 去投機，但是多數的績效是遠遠落後大盤的，長期下來虧損的也大有人在。

債券：

筆者建議完全以無風險的 AA 等級以上主權債為配置即可，因為這一階段目標是以長期報酬率最佳為目標，除了避險與配置因素以外，不需要現金流的收入，因為資產過小，現金流的意義不大，反而因為要選擇現金流，降低了資產成長的速度。

可以在定期定額中直接設定美國公債 ETF 或是成熟市場公債 ETF 為主要扣款的標的，其他投資等級債、高收債等筆者都不建議配置，會降低整體投資的效益。

結論

1. 資產淨值低於 1,000 萬的族群是財務風險最高的族群,但是這一族群多數分布在較年輕較低薪的族群中,因此筆者優先建議透過自我投資,增加薪資與加強專業為主要目標。

2. 因為財務狀況與收入相對不足,並且主要的收入來自於勞務收入,因此務必優先把保險規劃好,避免因為意外與疾病導致收入降低、支出暴增,並且這一階段筆者建議以保障高費用低的定期型險種為主,不要規劃終身型的險種,先把保障做好,等資產增加了之後,再來考慮下一步的保障需求。

3. 在投資上,必須要更積極一些,股債比 7:3 是一個合適的比例,穩健成長最重要。

4. 筆者建議,不要因為資產少,就輕易的去冒險而忘記穩健。

過去筆者認識一位朋友,他透過期貨與選擇權的操作,一年內從原本的 30 萬積極的操作到財富突破千萬,但也在很短的時間輸光。當時是海運股風行的時候,使用個股期貨,高槓桿高風險的操作,至今財富仍在百萬的規模打轉,但是人已步入中年。

總結

筆者一次在 YouTube 上聽到士林靈糧堂的劉群茂牧師講道，他提到了一位神學家約翰‧衛斯理（John Wesley），劉牧師總結了約翰‧衛斯理一生對於金錢的觀念：

1. 要儘量的賺錢

2. 要儘量的存錢

3. 要儘量的捐錢

這也變成筆者對金錢的主要想法與思考，筆者的經驗中：投資而賺到的錢未必是自己真的很行，很有可能是因為運氣（無論透過選股、選時）。筆者過去也曾經掌管足夠操弄一些小型股的資金，非常清楚資本可以怎麼運作拉抬一些股票，也見證過主力的拉抬與出貨，那是人的斧鑿，而非自己的能力所致。如今我們能買到一些好的公司並且如我們預期的長期上漲，這是多麼的幸運，我們能從中獲利。

如果在 2000 年高點買進標普 500 ETF，那麼最快解套的時間是 2007 年的高峰，如果這時候您錯過了，那麼下一次解套的時間是 2013 年之後，數十年的光陰啊！很幸運的，筆者沒有在那一段時間買現在人人稱頌的標普 500ETF，而是選擇相信股神巴菲特的公司。

試問：2000 年的時候標普 500 ETF 是好標的嗎？即使買入之後可能會套牢很久。標普 500 當然是好的標的！那為什麼買標普 500 ETF 要套牢數年？筆者無法明確地給出答案，只能分享：這不是人力所及的。因此跟大家分享，其實透過股票取得獲利真的是來自於上天的恩賜，背後有一隻看不見的手，有人說是運氣，筆者說那是上帝。

因此在努力賺錢努力存錢的過程中，筆者更重視努力的捐錢，因為投資的獲利基本上很可能是運氣，筆者也不知道自己的策略會不會現在可行，未來就不這麼可行了。投資人能想像，現在「股市長期向上」這通用的共識，有一天會被打破？我們只能謙卑下來的禱告，希望在有生之年持續有效。

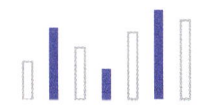

股市長期向上的根源這來自於人類社會長期穩健成長的結果，如果人類社會遭逢災難巨變例如：黑死病、核戰爭、天地異變，屆時股市會長期向上，財務目標有辦法達成？

　　股市長期上漲：筆者認為這來自於社會母體的正向運作，這背後的手是上帝，然後我們應該要做的是：取之於社會，用之於社會，讓社會孕育我們，我們也能反哺社會，讓彼此更好，因此筆者非常認同要儘量的捐錢，並且目前也持續中。

　　金錢的意義，除了我們吃喝花用以外，有更大的意義，就是我們能透過我們的手幫助更多的人，神學家約翰 衛斯理更發出感嘆：**我算什麼？上帝透過我的一生，將幾百萬英鎊，透過我給別人。**

　　施比受，更有福。因為我們有豐盛有餘，還有餘糧可以捐助。

　　願大家能從本書看到筆者一步一步地邁向財富自由，也期許大家能透過筆者的經驗，獲取一些知識，讓自己的財富之路走得更加順利，能夠少走一些冤枉的路。

　　願上帝的慈愛與智慧與我們時時同在，也祝福大家能夠及早達成財富自由的目標，並且在實現財富自由的路上，可以時時關心社會的需要而伸出援手，讓社會越來越好，越來越平安。

台灣廣廈 國際出版集團
Taiwan Mansion International Group

國家圖書館出版品預行編目（CIP）資料

全方位資產配置&理財規劃：面對崩盤有底氣！不浪費血汗錢，賺錢與避險同時共進/吳盛富 著．
-- 初版. -- 新北市：財經傳訊, 2024.11
面；　公分. -- (view;74)
ISBN 978-626-7197-74-5（平裝）
1.CST:資產管理 2.CST:財務管理 3.CST:投資管理

563.51　　　　　　　　　　　　113014306

財經傳訊
TIME & MONEY

全方位資產配置＆理財規劃：
面對崩盤有底氣！不浪費血汗錢，賺錢與避險同時共進

作　　　者／吳盛富	編輯中心／第五編輯室
	編 輯 長／方宗廉
	封面設計／張天薪
	製版・印刷・裝訂／東豪・紘億・弼聖・秉成

行企研發中心總監／陳冠蒨　　線上學習中心總監／陳冠蒨
媒體公關組／陳柔彣　　　　　　數位營運組／顏佑婷
綜合業務組／何欣穎　　　　　　企製開發組／江季珊、張哲剛

發 行 人／江媛珍
法 律 顧 問／第一國際法律事務所 余淑杏律師・北辰著作權事務所 蕭雄淋律師
出　　　版／台灣廣廈有聲圖書有限公司
　　　　　　地址：新北市235中和區中山路二段359巷7號2樓
　　　　　　電話：（886）2-2225-5777・傳真：（886）2-2225-8052

代理印務・全球總經銷／知遠文化事業有限公司
　　　　　　地址：新北市222深坑區北深路三段155巷25號5樓
　　　　　　電話：（886）2-2664-8800・傳真：（886）2-2664-8801
郵 政 劃 撥／劃撥帳號：18836722
　　　　　　劃撥戶名：知遠文化事業有限公司（※ 單次購書金額未達1000元，請另付70元郵資。）

■出版日期：2024年11月
ISBN：978-626-7197-74-5　　版權所有，未經同意不得重製、轉載、翻印。

NOTE

NOTE

NOTE

NOTE